U0925388

萧红传

苦难冰河绽孤红

夏墨◎编著

中国工人出版社

图书在版编目（CIP）数据

萧红传：苦难冰河绽孤红／夏墨编著．—北京：中国工人出版社，2015.10
ISBN 978-7-5008-6239-0
Ⅰ.①萧… Ⅱ.①夏… Ⅲ.①萧红（1911～1942）—传记 Ⅳ.①K825.6
中国版本图书馆CIP数据核字（2015）第223847号

萧红传：苦难冰河绽孤红

出 版 人	芮宗金
责任编辑	杨博惠　左　鹏
责任校对	董春娜
责任印制	黄　丽
出版发行	中国工人出版社
地　　址	北京市东城区鼓楼外大街45号　邮编：100120
网　　址	http://www.wp-china.com
电　　话	（010）62350006（总编室）　（010）62005039（出版物流部） （010）62379038（社科文艺分社）
发行热线	（010）62005049　（010）62005042（传真）
经　　销	各地书店
印　　刷	北京市密东印刷有限公司
开　　本	710毫米×1000毫米　1/16
印　　张	17
字　　数	227千字
版　　次	2015年10月第1版　2016年8月第2次印刷
定　　价	29.00元

本书如有破损、缺页、装订错误，请与本社出版物流部联系更换

Foreword 引言

传奇似乎总在生活之外，于是，我们常常将目光抛掷到一段过往岁月，看一看不同时代的景致，品一品老故事里的余味悠长。

这一段传奇的开篇带着冰凉的气息，那是封建时代的末端，在中国北方的冰城，一户封建宅院，有一个性格倔强又接受过新思想的女孩，张廼莹，她有一个美丽的名字，却没有得到同样美好的命运；她渴望父母的关爱，偏偏尝尽了亲情的冷漠；她渴望一片自由的天空，偏偏受到了家庭的重重禁锢；她渴望在青春里写满浪漫与幸福，偏偏命运让她饱受寒苦……

生命之初，便被一笔笔地勾勒出尖锐的矛盾。为与命运抗衡，她成为出走的“娜拉”，踏上了追梦路，开始一生跋涉，故事由此便丰富起来。故事里有过痛苦和绝望，有过残酷和无助，有过苦难和饥寒……而她也得到了人生中最美好的一切。

她在深陷旅馆、负债累累、困窘不堪时，遇见一生挚爱萧军。在爱情泉水的浇灌之下，她完成了生命中华丽的蜕变，与萧军组成“小小红军”，她便是萧红。他们投身于大时代，漂泊相守，共度饥寒，在那些细碎的时光里，烙下深刻的幸福印记。读过他们那一段岁月，会让人发自内心地感觉到，幸福那么简单，又那么难得。

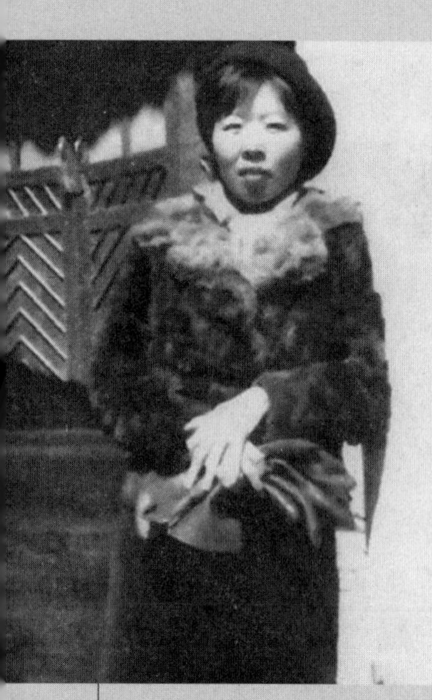

在一路漂泊中，萧红也遇到了志同道合的朋友，他们因为梦想相遇，共同度过一段诗酒年华、欢歌岁月，又在命运的洪流之下四散分离、追逐梦想。她也遇到了伟大的精神导师，引领着她走出困惑，走向文学的更高境界。

在命运百般锤炼之后，萧红对生命有了独特的领悟，也因此留下了永恒的文学经典，她笔下的饥饿、寒冷、苦难，像一首首时代悲歌，触动人心，任时光荏苒，她笔下的故事却日日如新。

纵观这一生跋涉，她经历了苦难，却也收藏了丰实的回忆。就如同呼兰河水，在漂泊中起起伏伏，向远方奔流，浪花滚滚，波澜壮阔。

翻开书页，便可与萧红一起，活过一生爱恨悲欢，涂画一个绚烂如虹的梦幻。

目录 CONTENTS

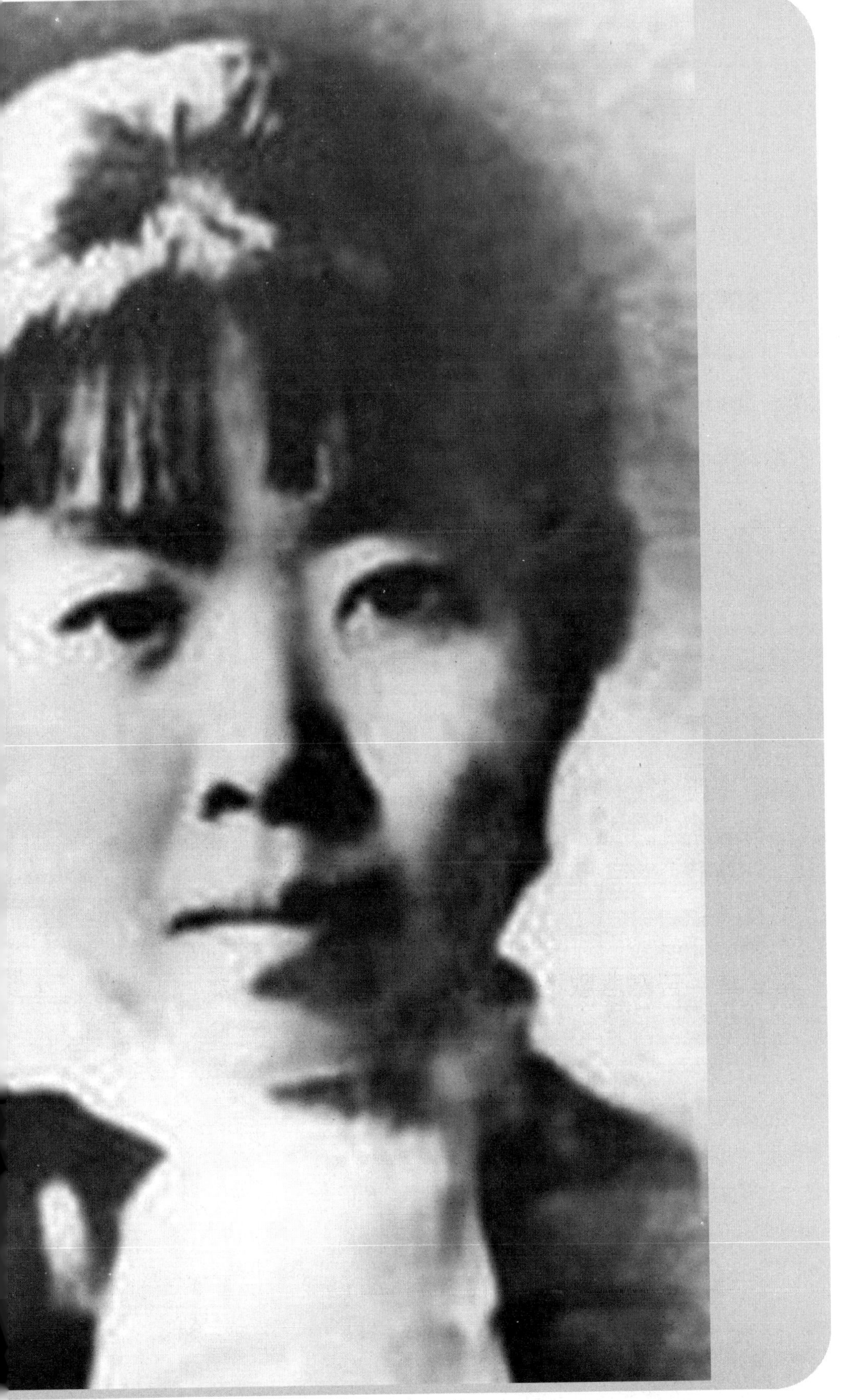

第四章　苦乐跋涉·黑夜之后的暴雨

第五章　双色人生·在冰寒里绽放的春天

第六章　浓情时光·漂泊者的爱与寂寞

第七章　爱情苦杯·昨夜明灯，昨夜的梦

第八章　乱世漂泊·一段无法治愈的伤

第九章　劳燕分飞·别离是不可逃避的宿命

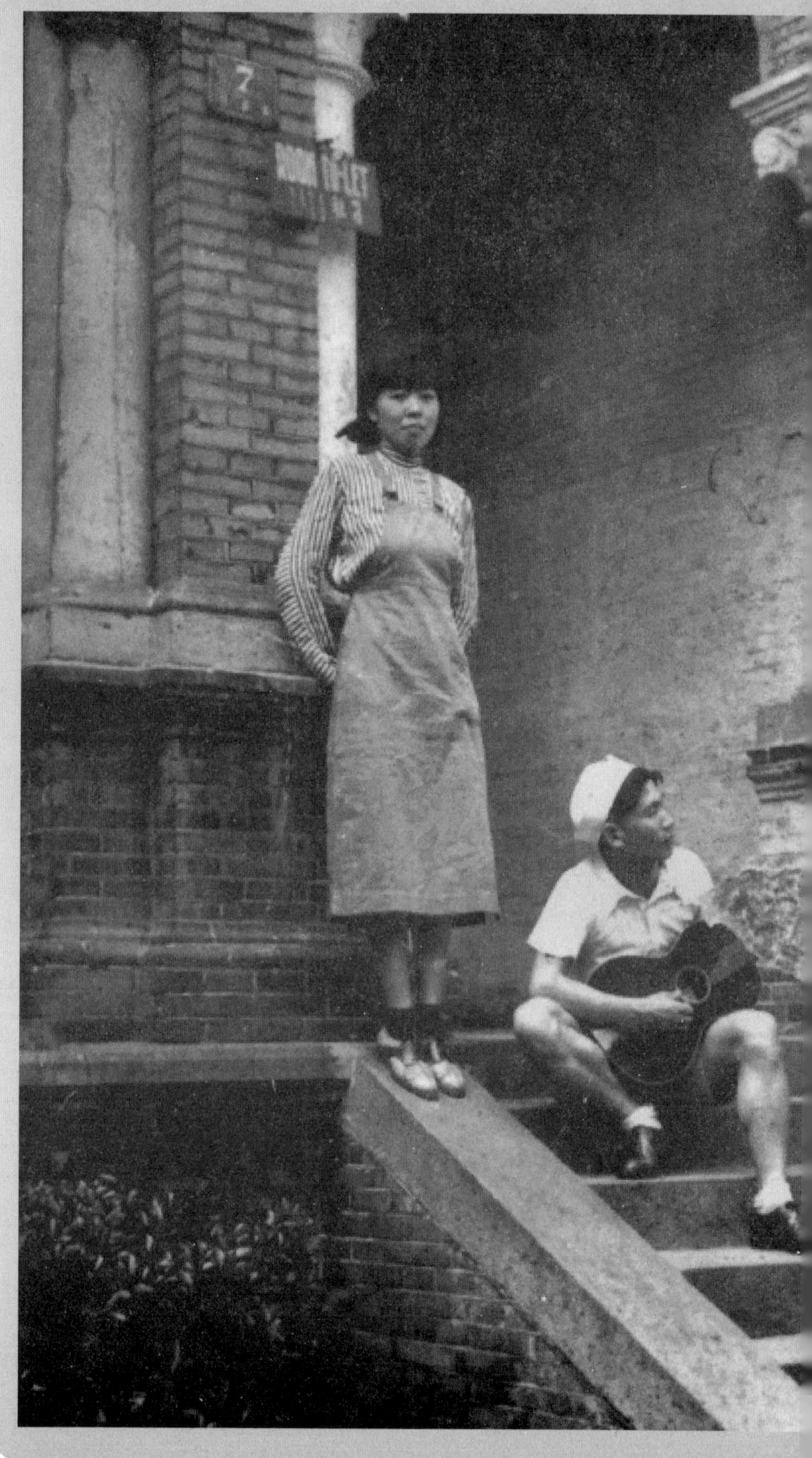

第一章

最初的红·呼兰河的婉转歌声

在泪光里回望故乡

逆流时光，聚焦历史的某个安静角落，在香港浅水湾的玛丽医院，萧红躺在病床上，安静而孤独地望着窗外的飞鸟和湛蓝的天空，偶尔伴着她几声无力的咳嗽，时光显得格外寂静。

此时此刻的萧红，是平静的，却也是孤独的，她用生命最后的温度，燃烧着几分思念和牵挂。

有她最爱最痛的萧军，有她家乡的亲友。于是，她提起笔开始给乡亲、给弟弟写信。深沉的情感，凝结着一生的重量，就埋在那一字一句间。她在信中写道："有弟皆分散，无家问死生。"

飘零他乡，却得不到一丝慰藉。可是，宿命如此，她已然无力抵抗，唯有一声叹息。最后，信笺寄出去，便不再有消息，随着这漫天的战火，翻飞而去。又况且，这本就是一封没有地址的信。

擦干思念的泪，她唯有在这玛丽医院里度过这病痛缠身的光阴。

也许，漂泊是她不可逃避的宿命，就连在生命的弥留之际，也无法享受安宁。因为现实的住院费问题，她始终无法安心静养。同样，她的病情加重，让她越发焦躁不安。所以，平日里，她会尽可能地把自己打扮得优雅健康。

出门之前，她会将两根辫子仔细打理成钉锤的模样，穿一件镶有金边的枣红旗袍在院子里散步。有时候还会带上书，沐浴在阳光之下，边走边读。有书为伴的时光，也会变得柔软许多。可好景不长，这样的日子，没过多久，就被一场海风打乱。某天夜里，刮起了海风，萧红因为着凉，病情更加严重。

萧红请护士给端木蕻良打电话，希望他能来医院。第二天一早，端木蕻良和周文鲸便赶来看望她。这让她得到不少宽慰。她再也不想忍受一个人被撇下的孤独，便迫不及待地向端木和周文鲸提出，让她出院，回到九龙。因为病情严重，友人极力反对。几番周折，在她的一再坚持下，她最终回到了九龙。

她居住的小屋，小而杂乱，空气污浊，光线暗淡，萧红每天只能躺在床上，靠阅读打发时光。看着她脸色越发苍白，朋友们都十分心疼，劝她回到玛丽医院。可萧红像一个固执的孩子，不愿再回医院。

事情就这么僵持着，还没等萧红做出决定，炮火硝烟就袭来了，打破了萧红宁静的疗养。

1941 年 12 月 8 日，太平洋战争爆发，整个九龙陷入炮火之中。危难之际，萧红却被疾病缠身，行动不便，只能在小屋里静听屋外的惨叫和哀号。

还好朋友记挂着她的安危。骆宾基、端木和柳亚子先后探望她。虚弱的她，露出了难得的神采。

几个人商量过后，便想办法帮助萧红转移，他们辗转了好几个地方，最后将萧红安排进了思豪大酒店。

酒店里已经失去了往日的富丽，一片破败狼藉，就像是一间古董店。萧红被安置在一张没有床帏的床上，床周围的铜栏杆柱也已锈迹斑驳。

外面，遥远的海滩上不时传来炮火声。而经过连日折腾后，萧红的身体越发虚弱。骆宾基此后便一直陪在萧红身边，纷乱的战火，让她体会到了无尽的痛苦，却也让她收获了一个陪伴她的人。

夜深时，她常常会和骆宾基漫无目的地畅谈，关于文学，还有那如烟的往事，她走过的路、爱过的人……往昔的一切，如此邈远，又格外熟悉。就这样，伴着月华，她沉沉地睡去。

梦里，她是自由的，可以跨越现实的屏障，回到她魂牵梦萦的故乡，可以逆转岁月，回到最初的时光。

梦的开始，是北方一座美丽的冰城，呼兰。这里没有大都市的富丽和繁华，却守着一份独有的宁静。呼兰河蜿蜒地流淌而过，守着小城里世世代代的悲欢故事，也见证了萧红的到来。

彼时，正值封建时代的末端，轰轰烈烈的辛亥革命迅猛开展，中国社会正经历着一场翻天覆地的变革。萧红在这风云变幻的时代，来到这个世界。

花开了，就像花睡醒了似的

那是一片多彩而又单调的土地，一如我们要开始讲述的这个故事。这片广袤的原野上，冬季和霜雪是主旋律，而四季却又是极其分明。故事中，那颗年轻又沧桑的女人敏感的心，大半生被爱浸润、伤害、慰藉，却又饱受人间漂泊的疾苦。

作为松花江支流的呼兰河，宛若一条玉带，缠着呼兰这座小城，绵绵地来，又不舍得去。呼兰城，作为玉带上的宝石，嵌在其中央，靠着河水的哺育，在人杰地灵的这片土地上，供养着她的儿女，几百年来，从未改变。

呼兰，这片毗邻哈尔滨的县城里，这片荒原雪川上，全年 365 天，大半年都在冰霜中度过，那里的寒冷将大地冻开一条裂缝，人的皮肤冻开一条裂缝，贩夫走卒的行囊货物冻开一条裂缝，但封建传统的家族伦理却紧紧地桎梏着这片古老的沃土，严丝合缝，不容一丝小觑。而仅存的 140 天无霜期，要平分春、夏、秋三个季节，北温带的暖风夹着柳絮花香吹过了暮春仲夏，拂过呼兰河畔的红松白桦，吹到原上人们的心坎里。

彼时的呼兰，虽然离当时国际化都市哈尔滨不远，但还是一个封建的尚未开放的小地方。闭塞且守旧的小县城里的人们，围绕着城里唯有的两条大街——南大街和北大街，日复一日地辛勤劳作，简单平静地生活。呼兰城乡下的人们，也是在静默如水的日子里，日出而作，日落而息，遵着老祖宗的教诲，将所有希望都化成种子，埋进土里，勤劳耕作。土地、牲畜，成了农耕社会中他们不可或缺的依靠。

张维帧在呼兰是一个有土地也有牲畜的人，但却不是一介农夫，而是一个读书人。既为读书人，便少了从小在庄稼地里摸爬滚打的坚韧不拔、吃苦耐劳的精神。张维帧疏于理财，性情淡薄，不谙家族内外管理，尽管是有几分薄田的地主，却不是家里真正的掌门人。说起张家本族，原是乾隆年间由山东漂泊至黑龙江的流民，最早落脚地在黑龙江阿城。经过张家几代人的积累，一方面传统地种植作物，另一方面八方经营购置恒产，终于殷实了家底，是当时黑龙江省内名副其实的大地主，良田吉屋，美眷金银，应有尽有。

但随着岁月更迭、时光交替，张家逐渐没落。以至于到了张维帧这一代，离开主屋分家时，仅分得 40 多垧土地和位于呼兰的 30 间房屋以及一座油坊。看似还算殷实的家产，但对于在黑土地上风光无限、一时无两的曾经的张家来说，却是九牛一毛。但此时的张家，已经是强弩之末。本就无心管理耕种的张维帧，带着眷属，从阿城迁到呼兰，坐拥土地房产，优哉散淡地过着自己小农生活的日子。

只能用“过日子”三个字形容张维帧在呼兰的生活，而着实称不上“经营”。真正经营家产的，却是张维帧的妻子。后来，家里的财政大权和主管地位，又移到了张选三的身上。

张选三是张维帧的继子，靠着还算不错的家境，他顺利成了一名读书人，并且不负众望，在当时的呼兰甚至黑龙江省的教育界，都有着举足轻重、不容小觑的地位。张选三毕业于黑龙江省立优级师范学堂，毕业后投身于教育业，曾任呼兰农工两级小学校长、呼兰县教育局长、黑龙江省教育厅秘书等职位。

在外，张选三是八面玲珑、长袖善舞的教育局公职人员，不论在教育局，还是在乡绅、土豪圈子里，都是极其圆滑和最为出人头地有脸面的人，张选三遇事拿捏有度，做事自有分寸，在当时的教育界享有一定声誉。

人总是在一副皮囊里隐藏着完全对立的两个灵魂。

对内，回到家中，张选三化身为一个不折不扣的剥削管理者，对待长工、租客和父母，甚至日后对待孩子，都是贪婪、无情、严酷的。

张选三何时遇到了那名叫姜玉兰的东北姑娘，已经不得考证。甚至于张选三在决定与姜玉兰结秦晋之好时，姜玉兰是否已为一双儿女之母，也不得而知。

萧红一生的光阴，本就充满了太多不为人知的空白与扑朔迷离的褶皱。

时值 1911 年，农历辛亥年。呼兰河畔，端午。

麦穗疯狂地拔节，万物疯狂地舒展生长，张家迎来了一个呱呱坠地的生命。张维帧在阳光普照的后园里，眯着眼睛看着太阳，长舒了一口气，沟壑纵横的面颊上，温暖地展开慈祥的笑容，作为一位祖父的笑容。张选三依旧面无表情，或者说，无情。他只是在心里盘算，是个不中留的丫头片子，十几年后，说门亲事，嫁了便是。

姜玉兰从姑娘晋升为母亲，看着怀中嗷嗷待哺的小生命，初为人母的喜悦却是隐隐约约的，眉间拧着一抹化不开的忧愁，淡淡的疏离感涌上心头。小生命仿佛预知了这一生的漂泊与沧桑，感觉到了父母并不欢迎与炽热的神色，放声大哭。

哭声穿过麦浪，荡在河边，从呼兰城里一排排野兽脊骨样的屋顶上掠过，从接踵摩肩的集市中穿梭，从人们麻木又颓然的脸庞拂过，散在天边。

这名女婴，按照谱牒，叫作张迺莹。今后，人们所看到听到的张乃莹、悄吟都是她，那个一生不羁放纵、又暗自垂怜孤寂的女子，萧红，也是她。

快乐里裹着悲伤的火种

萧红的童年中，主色调是灰色的。父亲张选三在她眼里是个不折不扣的暴君，他专制、严酷。甚至对她打骂起来也完全不手软，全然不若其他父亲，将千金捧在掌心，视若明珠。张选三对于萧红，打过，骂过，鄙视着，镇压着。或者说，他对于包括张维帧在内的其他人，都是镇压和鄙视的。

萧红一直认为，张选三从来没有正眼好好地看过她，那双并不大的利眸，总是从某个角度蔑视着她。萧红每每从张选三身边走过，都觉得那不友善的目光，仿若万枚钢针刺骨，令她浑身不由一颤，从未想过像其他孩子一样，对父亲撒娇邀宠。

“父亲常常为了贪婪而失掉了人性。他对待仆人，对待自己的女儿，以及对待我祖父都是同样的吝啬而疏远。”

“过去的10年我是和父亲打斗着生活，在这期间我觉得人是残酷的东西。”

多年以后，萧红远离故乡，在异乡的深夜，灯下捉笔，一边写着这个陌生人一样的父亲，一边回忆她根本不愿回忆的与父亲的相处。张选三对于这个女儿岂止是一点点不满意，简直视萧红为忤逆不道的宗族败类。因为萧红叛逆的反抗，张选三曾扬言要断绝与萧红的父女关系，甚至禁止她与弟弟张秀珂的通信，将她开除祖籍，宗谱上不再记载“张迺莹”这三个字！

“我真的是他亲生的吗?”萧红一脸迷惑茫然与不服，再一次地饱受毒打后，她幽幽地问弟弟张秀珂，目光中夹杂了太多不属于年少的悲情与愤怒。

新中国成立后，当友人在一次会议上偶遇张选三，告诉他萧红的讣闻时，他已经苍老的脸上仍旧是淡淡的表情，看不出悲伤，只是脱口而出一个字“哦”。轻描淡写得好像听闻隔壁喂养的狗死掉了一样。

友人也重复着萧红的疑问，萧红真的是张选三亲生的吗？大概天下不会有一个父亲，对待骨肉这样的不闻不问、不顾生死，置其幸福不顾，一味地蛮横、残酷。

而普天下与女儿本应该心贴心的母亲，在萧红看来，虽不及父亲那样的无情吝啬，却也是冷漠的。萧红对于母亲的评价也是极其勉强的，“母亲并不十分爱我，但也算总是母亲”。对于其他人来说，母亲是生命成长时不可或缺的重要引导角色，但是对于萧红，却是一个可有可无、仅靠着血缘关系维系着冷漠亲情的女人。

萧红 7 岁时，姜玉兰病重，年幼的萧红在与母亲诀别时，下意识地摸了摸口袋里母亲送她的那把小洋刀。“妈妈”这两个字，到底意味着什么，还未等萧红细细品尝，便与母亲阴阳相隔。

在成长中，父母关爱的缺失，赋予了萧红孤寂、悲情的性格。虽然有时她置身于热闹的人群，却仍旧是孤独的。本该获得关爱的年纪，却过早尝遍了世间悲苦，萧红的意念里，反抗精神已经萌芽。

从张开双眸看到尘世第一眼，萧红就在寻获爱人与被爱的征途上。

她想爱父母却不能，但是整个童年，她是爱着一位家人的，深深地。那个人，是萧红的祖父，张维帧。

萧红长到足以记事的年纪时，祖父已然是一位年近古稀的老人。他的嘴角总是噙着一抹温润的笑，高大的身躯微微驼背，一手拿着手杖，一手拿着烟斗，笑呵呵地带着萧红，品尝乡野乐趣，听着萧红的童言无忌和天真遐想。

如果说萧红的童年是灰色的，那祖父于她而言，无疑是仅存的一抹彩色。而后园，就是祖孙两人的天堂。那里原来是一片果园，后来只留下了几株樱桃树。后园里，有祖父亲手栽种的瓜果蔬菜。每逢祖父去后园里劳作，萧红总是跟随其左右。

“爷爷，我没长大时，你该是多么寂寞啊!”3岁的萧红拉着爷爷粗糙的大掌，学着爷爷的样子，头顶戴了一个小小的凉帽，蹦蹦跳跳地说着，跑进后园。

在风和日丽的天气里，祖父几乎一整天都是在后园里忙碌着。与其说忙于耕作，不如说是离开逼仄狭窄的前屋，带着孙女来到远离尘世的世外桃源，享受着鸟儿蝴蝶、和风麦香。祖父拿着大铲子在前面刨地，萧红便拿着小铲子在后面歪歪扭扭地跟着走在垄上，照猫画虎地挖土，祖父在前面弯腰除草，萧红也有样学样地在后面拔草。

待祖父一回头，哭笑不得，地上整整齐齐地留着一片狗尾巴草。

“这是什么?”祖父不怒反笑，慈爱地摸摸萧红的头。

“谷子!”萧红认真地回答，随即“咯咯”笑着跑开。小姑娘有时在后园里冲着一个方向猛跑，其实全然没有目标对象，或许是枝头上的花朵，或许是麦尖上停落的蜻蜓，更多时候，只是一个虚无的目标，萧红便会朝着那个方向疯跑，不会回头，一如今后的岁月里，她不断地漂泊流浪，或许寄人篱下颠沛流离，或许寄情于文字，但始终没有回头再看呼兰河一眼。

跑累了，玩倦了，萧红便在后园躺下，黑土做床，蓝天做被，仰望着变幻莫测的棉朵般的白云，在和睦的暖风中睡意渐渐袭来。

“爷爷，樱桃树为什么都不结樱桃呢?”

“因为没有开花，就没有樱桃。”祖父仍在劳作，洪亮的声音远远传来。

“为什么樱桃树不开花?”

“因为你嘴馋，它就不开花。”祖父朗朗地笑着，溺爱的笑容爬上面颊。

小姑娘在万物生机的后园里，在祖父的身旁，沐浴在暖暖的阳光中，沉沉睡去。梦中，阳光下的河水，波光粼粼，像是揉碎了的金子洒在水面上。那条河亘古不变地滋润着呼兰这片土地，流淌进萧红的梦境，幻化为一种符号，取名故乡，回不去的故乡。

童年里的两重世界

呼兰身处东北，四季分明，耕种季节却极短，这意味着，萧红像蝴蝶般在后园玩耍的自由时光也不长，而这短短的几个月中，还会遇到令人措手不及的暴风骤雨。

仲夏的瓢泼大雨，说来就来。萧红趴在窗前，看雨滴在石板路上汇聚成一条条小河，听着它们在屋檐上跳跃的叮咚叮咚的声音，回头看着在炕头耐心地帮祖母擦拭锡器的祖父，心想，不知这样的大雨天气，祖父寂寞吗？不能到后园玩，我是觉得没趣的，雨什么时候能停呢？

萧红不喜欢祖母，不仅因为那个老太太不喜欢她，还用针扎过萧红的指尖，更多的是，祖母总是指责祖父，连带着将萧红也一起骂。祖母让祖父帮其干活儿时，祖父笑呵呵毫无怨言，但萧红就不能和祖父一起去后园玩了。这无异于剥夺了萧红为数不多的快乐时光。

雨连成一条线，从瓦当的缝隙间垂下，萧红坐在窗前，呆呆地看着檐滴，一滴，两滴，突然，视野里出现了一个熟悉的身影，撑着油伞，鞋边踩了黄泥，在大雨中一路小跑过来，走到院门口，狠狠清了清嗓子，吐出一口浓痰，萧红看清楚了来人的面孔，那眼神无情、专横、严酷，不是父亲还有谁？萧红温润的双眸突然泛起了惊恐，转身从窗边站起跑回卧房，生怕自己的目光与那双冰冷的眸子相对。

张选三在萧红眼中是个不折不扣的专制、吝啬、贪婪的一家之主。有一次，因为佃户拖欠房租，交涉未果，张选三将佃户的全套马车拉了回来。在那个年代，牲畜对于一个劳作的农业家庭来说，地位极其重要，甚至比金钱和人力意味着更多。发生这样的事，对佃户的打击可想而知，佃户跑到张家，找到萧红祖父张维帧，甚至下跪磕头，老爷子软了心肠将两匹马归还了佃户。

那一夜，萧红辗转反侧，夜不能寐，因为堂屋里的争吵不绝于耳。整整一夜，直到天际泛了鱼肚白，张选三都还在与张维帧吵骂，因为那两匹马。张选三从来不顾人死活，别说佃户，就是面对名义上的父亲张维帧，他也不懂得“忠义孝悌”四个字怎么写。

张选三对待别人尚且这样，更何况对待这个本就不喜欢的女儿呢!

尽管如此，张选三还是让萧红接受了教育。虽然是在闭塞的小县城里，但是乡绅的子女大多还是接受教育的，与那些整日在农田里耕作的白丁是不同的。并且，张选三当时在呼兰县教育界也是有头有脸的人物。1921 年，萧红进了呼兰龙王庙小学，那一年，萧红 10 岁。而在这之前，祖父张维帧担负起了对萧红教育启蒙的责任。

萧红从小便喜欢诗歌，尤其是描写自然美景的诗词。萧红对诗歌的理解方式是“不求甚解”的，有些意境只可意会不可言传。若是有人将萧红非常喜欢的诗词拆解开了，讲了意思与她听，那她会任性地不再看这些诗词。那时，她意念中的反抗精神已经萌芽。

她寻求从诗歌中体会天地万物合而为一的美感与空灵，用敏感的思绪去阅读诗词字里行间的韵味，探索文字背后碧海蓝天、青山绿水的意境。萧红对于自然的美学追求，此时已经初见端倪，而童年的境遇使她养成的孤寂、敏感的性格，又帮助她更深层次地理解这些文字所勾勒的画面，使她充满了情怀，在未来的道路上，顺理成章地成长为一名文艺女青年。

看似平静的日子悄然滑过，萧红在北国的鸟语花香和银装素裹中，过着虽不十分快乐却也充满童趣的年少时光。然而，平静的湖水下却波涛暗涌，张选三在萧红即将高小毕业的时候，密谋着一件事情。萧红仍旧在小学里贪婪地吸收着营养，那些书本上的知识推动着她想要走出呼兰，这种渴望日益加深。

现实总是充满着爱恨、荣辱，短暂的风平浪静后，便风起云涌，将人卷入更加残酷的境地。萧红将亲手在生命年轮上，刻下重重的一笔。

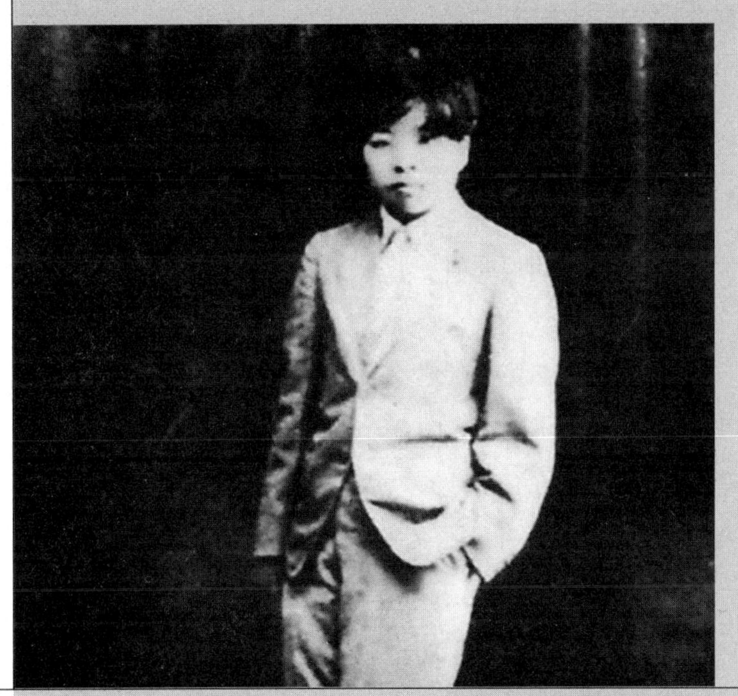

第二章

时光味蕾·梦想乘着青春的风向

淡淡书香，念念不忘

如果说萧红一生的命运可以用“漂泊”来形容，那么漂泊的原动力就是反抗。

高小毕业时，萧红取得了年级第一的成绩。但是，作为毕业生代表的她，在上台发言后，却罕有作为学生代表的自豪感。这些愤恨、无力和自闭的复杂情绪，都来源于那位坐在台下，衣冠楚楚、嘴角噙着一抹似笑非笑的男子。那个人，以教育局长的身份坐在那里，但萧红又不得不承认，他是她的父亲。

同学们一口认定，校长为了拍张选三的马屁，不仅让萧红当了第一名，还作为学生代表发言。萧红虽然憎恨、愤怒，却也并不十分在意，因为，她活在自己的世界里，不在乎别人怪异的目光和评价。

毕业后，萧红憧憬着即将开始的中学生活。哈尔滨虽然离呼兰仅有几十里地，但是那儿的景象对于含苞待放的姑娘，却有着极大的吸引力。关于哈尔滨的所有幻想，都来自人们口耳相传中那些碎片的整合。

那儿的街道比呼兰的十字街不知道繁华多少倍，五月的丁香绽满了枝头，清淡的香甜窜入鼻尖，若有若无。香气仿若从小小的花瓣里幻化出的素衣少女，踮着脚尖，游走在哈尔滨热闹的大街上。她迈着轻盈的步伐，踩着从尖顶教堂里飘出的音乐节奏，从金发碧眼的外国姑娘身旁走过，从卖面包的大婶身旁走过，从额头冒着细汗的人力车夫身旁走过。从书店到商铺，从挂着木牌匾的晚清衙门到刻着洋文的洋人使馆，她沿着松花江一路跳跃，随着呼兰河逆流而上，直到遇见萧红，歇了脚步。

萧红沉浸在美好的愿景中，双眸微闭，想象着那即将触碰到的未知与美好。

“你不必接着读书了!”张选三阴沉着脸，生硬地甩出几个字，事实上，他心里另有打算。萧红不是一个安于乡野生活的人，他早看了出来。这是张家的一个怪胎，是从小便不听管教、敢正面对抗权威的异类。若是让正当舞勺之年的娉婷少女去了那样一个包罗万象、精彩纷呈的大都市，那还了得?

在张选三的心中，萧红是一个摸不透的孩子，她用孤寂将自己包围。同时，张选三也害怕萧红接触大都市后，那种条框约束外的成长力量将反作用于他身上，成为强大的力量，往往使人猝不及防。

“什么!”萧红睁开双眼，心中的期盼登时粉身碎骨。丁香花，教堂，音乐，洋人，书店，这些仿若从梦境中走出的景象又都渐渐模糊，逐一退回了梦境。萧红从来没有感受到如此的耻辱、压抑与孤独。她不断地挣扎、反抗，但是张选三置若罔闻，强硬地将萧红禁足在家，不允许她接着去哈尔滨念中学。

长期的压抑与寂寥，终于将萧红压垮，她病了。

在长达一年的光阴里，萧红虽然病着，但仍与以前的小学同学保持着联系，听他们讲着中学的所见所闻，描述着哈尔滨那个精彩世界。墙院锁得住萧红的身体，却锁不住她渴望闯荡的心。她越来越焦急，张选三的镇压也越来越蛮横，他做出的决定不容置喙。

终于，萧红做出了这一生第一次反抗，也是最重要的一次反抗。

“如果你不让我读书，我就削发为尼!”萧红倔强地站在张选三面前，不卑不亢，无比认真地看着他。

“混账!”张选三气得手抖，对萧红又是一顿打骂。然而，这一次，萧红下定了决心，无论张选三怎样阻挠，她给他的选择只有两个：要么让她去哈尔滨读书，要么她就出家。张选三不仅是方圆几里有脸有面的乡绅，更是在呼兰的教育界呼风唤雨的人物。如果呼兰教育局长的女儿因为不能读书而进了尼姑庵，这岂不会被人在背后道尽冷嘲热讽？

张选三无奈之下，做出了妥协。

1927 年，时值二八年华的萧红，考入位于哈尔滨的东省特别区区立第一女子中学，成为一名中学寄宿生。

终于到了梦寐以求的哈尔滨，终于可以继续读书，萧红在这里开始了离家前最后一段稳定的青春岁月。

虽然张选三极力反对萧红升学读书，不过在做出让步后，认为区立第一女子中学比较适合萧红。这里的学生都是富家千金，学风保守，他认为萧红在这里读书，至少不会交到鱼龙混杂的朋友，不会学坏。然而，他并不知道，此时的年代，与彼时早已大大不同。

萧红如同一朵初绽的花朵，透着芬芳与渴望，急迫地想亲近这个大千世界，带着一丝羞涩和期盼。她热切地期盼着到学校吸收知识，领悟人生，参悟自然的美和人性的真。这次反抗，为萧红带来了一次命运的转折。仿佛早有伏笔，这之后萧红每一次对命运的不屈，都让她的生命中出现意想不到的转折点。

有一首歌，叫作梦想

梦想是一袭华丽的袍，萧红亲手画上绚丽的图案。年轻就是资本，萧红带着儿时的幻想和憧憬，踏进校园，肆意书写青春的篇章。

20 世纪 20 年代的哈尔滨，已然成为东北亚地区重要的交通和文化枢纽。随着中东铁路的建设，哈尔滨汇集了至少16个国家的领事馆，东西文化、满汉文化在这里相遇，激烈地碰撞，又特异性地融合，形成了专属于哈尔滨的文化特色。那时的哈尔滨工业人口密集，并且形成了资本雏形，思想意识形态也开始了多元化。据统计，当时有33个国家约16万侨民居住在哈尔滨，这些元素使得哈尔滨成了东北的文化政治中心，并且这座国际化都市也在多种文化政权的撞击融合下，越来越现代化。

当年的区立第一女子中学即为现在的哈尔滨第七中学，虽是一所封建社会下的女子高中，但因为身处日渐开放且国际化影响越来越大的哈尔滨，新时代的萌芽在这里悄然孕育。区立第一女子中学的校训即为“天赋异禀，各绽神采”，该校的革新性和创新性由此可见一斑。

萧红本就是个不屈服的女子，能够得到这次读书的机会更是经历了一场实力悬殊的较量，她倍加珍惜在这里的时光。

人生的16岁，就如同麦子疯狂拔节的时节，成长像是一夜间。面庞的幼稚还未褪去，意念中的叛逆随之而来。这是一个复杂的年纪，对新鲜事物的渴望和对陈旧事物的不舍猛烈地撞击，这又是一个简单的年纪，一切都是美好的、浪漫的，荷尔蒙在年少的身体内蠢蠢欲动，酝酿着一个个即将破土而出的爱情种子。

幸福和悲哀的故事，都在这样草长莺飞的岁月里，跌落到人的心底。或许当时光的车轮将这些年轻的面孔碾轧出不可磨灭的皱纹后，人们还会回味起那段青葱的日子，那段一去不返、懵懂稚嫩、冲动单纯的年华。

萧红在这个自由的知识海洋徜徉，她喜欢上了一切美好的东西，尤其是绘画和诗歌。其实在开始的一段日子里，萧红对绘画的热爱远大于文字，或者可以说，正是因为她对构图、色彩的敏感以及在长期绘画练习中积累的艺术气息，对她今后的文学事业产生了深刻的影响和起了决定性的作用。她尤其喜欢大自然的美。这与她的童年，在后园里与祖父度过的美好时光有着密不可分的关系。除此之外，农民和土地也是她画笔下永恒的主题。

喜欢自然，是萧红骨血里流露出的一种对美的向往，但也是萧红对残酷现实的回避。她不愿意回想曾经在呼兰的那个家里经历的一切，现实中的人都是冷漠的、无情的，除了反抗她不知该如何相处。自小就不是非常合群的萧红，带着与生俱来的阴霾抑郁，和同学老师都保持着微妙的安全距离。所以，只有当投身于色彩的世界，临摹复制这个壮丽的天然景色时，她才是放松的、安全的，不被束缚压抑的。

萧红的美术教师高仰山是上海美术专科学校毕业的，将学生组成了绘画小组，鼓励他们绘画创作。在读书不忙的日子里，萧红有机会就会随老师同学到郊野写生。高仰山从绘画理论到练笔实战，均对萧红严格要求，此时的萧红，已经初显绘画天分。

在萧红的画笔下，不仅有写实的线条，更有难得的想象力，她将色彩运用得幻化形象，投射了个人深蕴的悲痛情绪，又夹杂了农民纯朴的美感。虽然身为富家千金，但是萧红却全然没有大小姐的脾气和架子，这些都为她日后的文学艺术生涯埋下了伏笔。

每周的历史课，也是萧红颇感兴趣的课程。授课老师是一位从北京大学毕业的青年，教课之外，还带给了学生们“新文学”的作品。萧红尤其喜欢西方文学的浪漫，就如同她喜欢印象画派的凡·高一样。她曾和别人讲，凡·高笔下的向日葵绽放得那样炙烈，就如同她的内心，直白、宽阔，但同时隐藏着沉重。在学校时，萧红曾用笔名“悄吟”在校刊上发表文章，但总的来说，在女中的这段时间，萧红对绘画的兴趣是远大于文字的。

虽是在院墙内，但正是在这样新文化新思想的洗礼下，萧红无时无刻不接触这个时代最新最前沿的东西。在那个动荡不安、新旧撞击的年代里，革命是每个人都不可能逃脱的主题。1928 年，正在宁静校园里读书的萧红和同学们，听到了院墙外的嘈杂和呐喊。

女孩子们小心翼翼又好奇地将头探出窗外，大街上，青年游行队伍高喊着抗日口号，浩浩荡荡从街道的远方走来。年轻的热血一下子从心头涌起，在胸腔沸腾起来，灼得萧红和她的同学一刻也不能等，总觉得要做点儿什么。这些常年深闺豢养的女孩子，尚未懂得革命的意义和运动的实质，就不顾女中校长的反对，拥出校门，加入游行队伍。

第二天，女中几百人自发组成了游行队伍，冲上大街。萧红自告奋勇充当了散发传单的角色，走在队伍前列。与其说此时爱国主义已在这些年轻人心里扎根发芽，不如说是青春的冲动与担当感促使这些温室里的花朵，不顾风险、不计后果地与武装力量硬碰硬。游行期间，学生队伍还与警察发生了冲突，甚至发生了枪击流血惨剧。这是萧红第一次如此冲动，也是最后一次。

1929 年寒假，已经在女中读书两年的萧红再一次回到了呼兰县。经历了新文化精神洗礼的萧红，已经不是两年前离开呼兰时那个不谙世事的少女。那时候，受到新青年老师的影响，萧红开始阅读鲁迅作品，对先生的崇拜之情在心底发酵。

当萧红再次回到女中时，她并不知道，即将面对的是多么悲痛、险恶、颠沛流离、荣辱负重的人生。刚开学不久，萧红便接到了来自呼兰的一封加急电报。

一种不祥之感袭上心头，她颤抖着打开电报，登时，天昏地暗。

萧红作为一个孩子的年代，结束了。

滚烫的思念，冰凉的泪珠

电报上说，萧红的祖父张维帧病重。

其实早在 1929 年寒假回家的时候，萧红就已经发现苍老的祖父身体每况愈下。那时候，在呼兰，萧红每天都在祖父入睡的时候，坐在炕边凝望着祖父消瘦又虚弱的面容。祖父的脸色已然不像几年前那样红润，暗沉的面容上眼窝深陷，苍老的脸上沟壑纵横。

祖父再也不会在萧红被父亲打骂过后，慈祥地说："走，跟爷爷到后园子去看看。"此时的祖父疲惫、孱弱，像是在外行走很久的旅人，终于可以休息，美美睡上一觉。萧红就这样陪着祖父，不放过任何一个和他相处的机会，无论昼夜。

寒假结束后，萧红恋恋不舍地离开呼兰，不是不舍得那个家，而是不舍得离开家里最疼她的那位老人。心里隐隐藏着不安，萧红一步三回头，直到那个微驼的背影成为一个小黑点，她才红着眼眶大步走开。

终于，最担心的一刻来了。接到电报后，萧红拼命赶回呼兰，虽然哈尔滨离呼兰不过短短几小时的车程，但当萧红赶回家时，还没进院子，离了老远，就看到张家挂出的白幡。萧红顿时双腿一软，难以置信地拖着脚步，最终愣在家门口。披麻戴孝的家人，大门两旁的挽联，还有院子正中央的灵棚，都无情地向她宣布一个事实，从今以后，再也见不到祖父了。

刚过完八十大寿的老人，安详地结束了自己的一生。

萧红感到自己的精神世界里，有什么东西轰然倒塌。她突然觉得世界远离了自己，这个世界和自己唯一的纽带已然断开，从今以后，不会再有人爱她疼她，她成了真正的弃儿。家里，再没有一丝值得留恋。"我懂的尽是些偏僻的人生，我想世间死了祖父，就没有再同情我的人了，世间死了祖父，剩下的尽是些凶残的人了。"

这凶残的人，当然包括她的父亲张选三。萧红不懂她的父亲，怎会对身边的人那样无情和暴怒，他与仆人、父亲、女儿一直剑拔弩张，完全没有好面孔。甚至对他的妻子——萧红的继母，也是阴晴不定，心情好时可以陪着说笑。随着时间的推移，他终于也对妻子不耐烦了起来。

如果说当祖父在世之时，顾忌祖父的心情，萧红与张选三之间的战斗还有所收敛的话，那么祖父撒手人寰后，萧红对父亲的反抗和憎恶达到了极点。

不同于小时候，此时的萧红在大都市接受了新思想的洗礼，她对张选三的厌恶已经由单纯的讨厌他上升到了讨厌整个封建虚伪的家庭。萧红无法再接受家庭赋予她的价值观，她所追求的社会价值和家里对她的希冀，渐行渐远。

祖父的逝世，对萧红的打击是致命的。从此之后，世间再无温暖，家里再无关爱，人间再无欢乐。萧红如同这个世界的弃儿，冷眼看着暴躁的父亲和家里不断上演的闹剧，再无一丝眷恋。

她坐在后园里，草木皆在，但是那个身影已经去了遥远的地方，永不再回来。萧红滚烫的泪珠滑下苍白的脸颊，昨日的笑声仿佛还在耳边，却只能进入梦境回味了。还没有成熟，便尝尽了生离死别。萧红感到一阵冰凉，一种从头到脚的绝望袭遍全身，她明白，到了该放弃、该逃离的时候了。

爱是萧红一生的主题，也是她一生的信念和向往。每一步，萧红都向着爱的方向走去，坚强隐忍。祖父的离去，带走了萧红童年的爱，她有权利追求接下来生活的幸福。

爱的苦涩青果

当张选三对她说出那个婚约时，萧红疯狂地反抗，愤怒中夹杂绝望。

张选三早在同意萧红到哈尔滨上学之前，私下里便与呼兰游记帮统王廷兰口头订了婚约，将她许配给王廷兰的次子王恩甲。另有一说次子名为汪恩甲。王氏或者汪氏都不重要，总之，在萧红还在小学时，张选三便替她订了这门亲事，这也是为何张选三极力阻拦萧红去哈尔滨上学的原因之一。张选三知道，哈尔滨是个自由开放的城市，那里的少男少女流行自由恋爱，他是不会让萧红离开自己的视线的。

但是萧红以死相逼，不惜削发为尼，最终获得了去哈尔滨上学的机会。本来张家和王家的婚约是口头的，但是，王廷兰借着来张家吊唁的机会，与张选三正式签署了书面协议。据说这段婚约的媒人是萧红的六叔张廷献，他与王恩甲的哥哥王大澄，曾经是阿城吉林省省立第三师范学校的同窗，但是这些说法都有待考究。

可以肯定的是，王家人是借由某次机会见过萧红的。王家的公开身份是大地主富商，算是上流社会的有钱人，他们选媳妇当然要门当户对，张家不算名门也算是望族，配王家绰绰有余，并且王家人在见到萧红后非常满意她的沉稳冷静，很快便允诺了这门婚事。

起初萧红在心中，从未在意过这门婚事，对其不置可否。萧红在哈尔滨上学的时候，接触的尽是一些新派文学，也受西方文化影响，对待爱情，自然也有着一些少女幻想。当时她的择偶标准虽然还很朦胧，但是她已经清楚地知道，未来的爱人肯定不是王恩甲这个样子。所以，对于一个根本不合适的人，没有必要花精力相处，只是看了一眼，萧红就不屑地走开。

王恩甲也算是相貌堂堂、一表人才，同样也就读于省立第三师范学校，毕业后在哈尔滨道外教会三育小学任教。但是萧红从侧面了解到，王恩甲是一个不折不扣的纨绔子弟，还有吸食鸦片的恶习。萧红与王恩甲，当时根本谈不上什么爱情。但是王恩甲却很喜欢萧红，经常跑去看她。

萧红是个非常有个性的人，脾气很走极端，有时疾恶如仇，有时又风轻云淡。她多数时候是沉稳内敛的，但是每当心中火山喷发，她又变得充满热血，随时准备战斗。对于不重要的事，她公式化地应付，比如这门婚事。因为她心里清楚，此时最重要的事，是返回哈尔滨，升学读书。

萧红决定退婚，继续读书。这一决定遭到了张家人比以往更甚的反对，家里人企图将她在女中的学籍注销。不仅萧红的父亲骂她是张家的异类、混账，连继母都加入这场战争，甚至萧红的舅舅都从乡下赶来，加入阻拦萧红上学的队伍。游手好闲的纨绔子弟和与自己针锋相对的家人，将萧红压得喘不过气来。经历了生离死别，又被推下火坑，萧红愤怒地反抗，跑进厨房举着菜刀出来，才把破口大骂的舅舅赶出了院子。

舅舅一边骂骂咧咧地跑出去，一边惶恐地回望，生怕萧红冲出来。而萧红则站在房门口，凄然一笑，手中的菜刀摔落在地。怎么办？这个家真的待不下去了，难道除了死，就无法解脱了吗？她再一次陷入深不见底的悲哀中。

徐淑娟是萧红在女中时的好朋友，也是一位思想先进开放的姑娘，算是闺蜜。她深知萧红的困境，但是她不曾经历这些苦难，只能说一些劝慰和鼓励的言语。而陆振舜则不同，他同萧红是姑表亲，算起来也是萧红的表哥，有着一门旧时家里包办的婚姻，所以，对于自由异常向往，也十分理解萧红的苦恼，比其他人更支持萧红对于专制家庭的反抗。

徐淑娟经常和萧红一起看易卜生的著作《玩偶之家》，她们讨论着女主角的反抗与出走。在那个年代，娜拉被中国青年广为人知，人们议论、分析、解读这个符号，这是女权意识的觉醒。娜拉离家出走的摔门声，惊动了整个欧洲，也惊动了萧红。她对徐淑娟说："为什么我不能出走？"

没有迟疑，萧红马上找到了陆振舜，提出了这个想法。陆振舜提议，两人到北平落脚，这样萧红可以在那里读高中。于是，陆振舜先到北平，进入中国大学读书，待安顿好相关事宜便接萧红过来。

1930 年，萧红佯装筹备婚礼，向家里要了一笔钱，谎称去中央大街买婚礼筹备品。那一年的春天，一个短发姑娘出现在了哈尔滨大街上。她表情凝重、自信、坚毅，又透露着憧憬和向往。萧红的唇角，终于露出一丝微笑，看着哈尔滨车水马龙的街道、接踵摩肩的人群，她长舒一口气，转身拉开了照相馆的门。

当徐淑娟收到萧红寄来的照片时，萧红已经平安到达了北平。照片上的女子，穿着一身西装，左手潇洒地插进口袋，一头利落的齐耳短发，眉宇间透露着英气。这身中性帅气的西式少年打扮，是萧红向世人证明，她已经与过去那个专制封建的家庭，那群自私吝啬、闭塞愚昧的家人决裂了。她不再是被桎梏在呼兰的张家大女儿，她不再是任人摆布的傀儡。她活出了自己所向往的样子，青丝三尺，剪去又何妨？断了发，也断了过往，从今以后，萧红将在北平开始崭新的生活。

然而，获取自由，总是要付出代价的。争取来多大的自由空间，就要付出多么惨烈的代价。

萧红在陆振舜的帮助下到了北平，也进了女师大附中读书，结识了一群志同道合的朋友。但是，然后呢？倘若萧红了解过 1923 年鲁迅先生在北京高等女子师范学校上的演讲，她还会不顾一切地挣脱和逃离吗？

鲁迅先生在演讲上不断发问推测，娜拉出走后，会怎么样？先生说道："娜拉或者也实在只有两条路：不是堕落，就是回来……还有一条，就是饿死了，但饿死已经离开了生活，更无所谓问题，所以也不是什么路。"但萧红永远是冲动着向前的，骨血里融入了上进青年的激情和使命感，无论离家出走后的答案是什么，她都绝不会回头。

花开又花落，萧红从不在乎是否获得永久的幸福，也不在乎这选择是否会带来永恒的疼痛。只要这一刻，生活是美的，心里是明亮的，就不枉此生。一株幼小的爱情之苗在萧红心中破土，虽然稚嫩，但是已经茁壮，它让萧红的心为了一个男人怦然和悸动。无论结局如何，萧红永远不会悔恨，她生命的字典中从没有这两个字。

第三章

苦寒悲歌·跋涉命运的长河

无可奈何的回头

命运意味着无数的未知，意味着未来是由无数悲欢交织而成。萧红过于迅速地陷入爱情，爱得天昏地暗，但是，她却忘了爱情是两个人的责任，不是一个人的幻想。

陆振舜在哈尔滨已经有了妻女，与有婚约在身的萧红走得如此之近，难免不引人猜想二人暧昧的关系。消息传得很快，远在东北的陆家和张家均得知了此事，两个家庭采取了同一个办法——断绝粮草。没有了家里的经济支援，二人本就拮据的生活，更加捉襟见肘。

陆振舜在哈尔滨遇见了自己在育三中的同窗——现在就读于北京大学的李洁吾。李洁吾生活也不宽裕，但还是勉强拿出了一部分生活费，救济萧红。由于断了经济来源，萧红所有的生活费仅能填饱肚子，没有钱买衣服。

北平的冬天，虽比不上哈尔滨，但也是寒风凛冽，大风吹在脸上刀刮似的疼。鹅毛大雪的天气，萧红穿着单衣，瑟瑟发抖，躲在被窝里御寒。这一天，萧红没有去上课。她蜷缩着躺在床榻的一角，嘴唇青紫，冷得像筛子一样颤抖，盯着天花板发呆。为什么要相信这个男人，来到了北平？现在，山穷水尽，连活下去都是奢望。

正发着呆，听到了叩门声，萧红挣扎着爬下床，打开门。李洁吾扶起虚弱得快要倒下的萧红，急切道：“你怎么没有去上课？陆振舜呢？”萧红惨然地勾起嘴角，转身挪着步子走回床上：“我只有单衣。同学们看到了，竟然还笑着对我讲，到底是关外来的。雪这样大，天这样冷，我怕是出不了门了。”然后，萧红又告诉李洁吾，最近陆振舜开始对她有所责备和不满，说话语气也不耐烦起来。

李洁吾转身跑进风雪中，半晌，拿了一个铜板给萧红：“我也实在没办法了，当掉所有的被子，只换来这些钱。”萧红无神的双眸盯着铜板，年轻的脸上泛起不属于这个年纪的悲哀与绝望。

1931 年寒假时，陆振舜和萧红到底向家里低了头。临走时，萧红对陆振舜的退让和懦弱颇有微词，陆振舜一言不发，垂头丧气，默默收拾着行李。萧红极不情愿又无路可退地回到了呼兰，完全败下阵来，在父亲的斥责与讥诮中，艰难地跨进了家门。

萧红不知道自己任性地逃婚离家出走，给家族带来了多么大的耻辱。不仅王家跑上门来指责咒骂嚷嚷着要人，连弟弟张秀珂的学业也受到了影响。在萧红出走北平的这段时间，风言风语使得张家人不堪承受，张秀珂被迫离开了呼兰转学到巴彦县。张家人骂她忤逆不道，催促她完婚，萧红气得大哭大叫，却只是招来更多的谩骂和谴责。

为了限制萧红的自由，杜绝她和外面坏人的来往，张选三举家搬到了福昌号屯，回归了张家祖屋。那是一个典型的封闭大家族，萧红与外界世界的联系被绵延不绝的砖墙和张家人的严防死守隔离了。继祖母是一个专制婚姻产物下的刁蛮老太太，不许自己的亲生女儿读书，逼着她嫁人，又骂萧红是个小贱人，给家族抹黑。

小姑姑好奇地问萧红：“你读过书，外面世界什么样子？是不是很好玩？”

萧红可怜地看着小姑姑，握着她的手回答：“我要是你，一定逃出去看看。”

漫长的夏天来临了，入夜，萧红躺在炕上，看着睡在身旁的继祖母和小姑姑，辗转反侧。窗外的虫鸣蛙叫在深夜里尤为扰人，隔着薄薄的纱帘，随着仲夏的暑气荡进屋里，搅得萧红心烦。她想到了在北平时，每周都会与朋友们聚会，谈天说地，旁征博引，高谈阔论，讲着理想、女权、爱国运动，还有革命与战争。这些都是躺在身边这些井底之蛙所不曾触碰的世界。已经飞出囚笼的鸟，再也收不回翅膀忍受方寸之地的煎熬了。

1931年，萧红再次出现在了哈尔滨大街上。没有人知道她是怎样逃出囚禁的，十几年后的日子里，每当朋友问起，萧红也缄默着，闭口不谈这次出逃。

只身一人来到哈尔滨，萧红第一个想到的是投奔表哥陆振舜。陆振舜回到家后，虽然也招致了谩骂与指责，但是他不再反抗了，毕竟家里还有连着骨血的妻小。萧红来到陆家住的院子，看着紧锁的大门，想到过往的日子，与这个男人在一起的几百个日夜又浮现在脑海。萧红抬起了手准备敲门，却迟疑了，最终，作罢，转身。

偌大的哈尔滨，能寄居于哪里呢？萧红踟蹰在深秋萧瑟的街道上，一根接一根抽着烟。当她狠狠踩灭最后一个烟头时，做出了一个大胆的决定。

我完全被青春迷惑了

萧红决定做一笔交易。她找到了王恩甲，那个一直爱慕自己的名义上的未婚夫。

王恩甲仍旧声称爱着萧红，不计萧红逃婚的前嫌，希望能早日完婚。但是萧红只想一心回到北平上学。在家乡完婚和外出求学，是两人之间最大的矛盾。即便如此，萧红还是选择了留在王恩甲身边，拿自己做了一场交换，为了寻求经济上的支持，开始和王恩甲同居。

这段历史每逢被后人提起，世人都觉得不可思议。萧红曾经不顾一切地逃婚离开这个男人，却又在落魄的时候提出与其同居。纵观萧红的一生，她思考问题的方式始终是单纯直接、直击重点的。确实，决定一件事情要考虑诸多因素，然而若是面面俱到，那决策只能流产作罢。萧红一向是直接爽快的，从不陷于所谓的道义伦理的框架中，也不在乎流言蜚语和世人指责。她想要的，她一定竭尽全力得到，只要自己活得潇洒，便是人生最大的价值。

萧红与王恩甲在哈尔滨开始了同居生活，可以说，这时候的萧红，逐渐接受了他，如果说两人最初的结合只是彼此利益的交换，但随着时间的推移，萧红不可避免地沦落了。古往今来，在感情中，从未有一个女人能够全身而退。多少风流佳俊，做得到“万花丛中过，片叶不沾身”，而剧中的女主角，无论是一片冰心在玉壶的大家闺秀，抑或皎若太阳升朝霞的名门佳丽，无论最初对待男人是冷淡、躲避还是生疏，最终，都会情不自禁享受这段感情，享受男人带来的独一无二的宠爱。

萧红从小就是在缺爱的家庭条件下长大的，所以，对于王恩甲赐予的温暖，虽然最初持有抵抗情绪，但是后来也日渐接受。那一年，萧红一向苍白的脸开始红润起来，眉间也渐渐舒展，嘴角笑容也多了起来。

但是，她心里始终明白，自己最终的目的还是回到北平，去上学。

于是，萧红暗中计划再次出走北平。虽然不满于陆振舜向家人低头的态度，但是在哈尔滨，除了陆振舜，萧红找不到第二个可以帮她的人。陆振舜帮萧红买到了去北平的车票，又将萧红即将去北平读书的消息告诉了李洁吾。

李洁吾接到消息后非常高兴，计算着火车到达北平的时间，可当他兴冲冲地奔向车站时，却没有接到萧红。下意识地，李洁吾跑到了萧红和陆振舜曾经居住的西巷四合院。帮佣耿妈笑着站在院门口，看着上气不接下气的李洁吾，道："小姐一早回来了，就去学校等你了。"

李洁吾赶到学校，推开门，赫然发现萧红坐在宿舍里。她竟不同往日的窘迫和落魄，穿了一件毛领呢面狸子皮大衣，身体也丰盈了许多。萧红嫣然一笑，拿出送给李洁吾的两个见面礼，一瓶白兰地和一束马蹄莲。李洁吾看着变化如此之大的萧红，心中涌出无数问号。

因为陆振舜拜托李洁吾照顾萧红，于是李洁吾经常出入萧红租住的院子。这一天，萧红和李洁吾正在屋子有一搭没一搭地谈话，有人叩响了房门。萧红起身，五指刚搭上门把，还未拉开，门便被人从外面撞开了。

来人扫视着屋内简陋的家具，目光在李洁吾和萧红脸上流转。令李洁吾出乎意料的是，看到来人，萧红并未恐惧，意外的神色在脸上也是稍纵即逝。萧红略有羞涩地做了个鬼脸，互相介绍着两人："这是我表哥的同学，这是……我的未婚夫王先生。"

王恩甲看着李洁吾，默不作声，眼神犀利，敏感地捕捉着他与萧红之间真实的关系，末了，用脚勾过来板凳，坐下后反复把玩着一叠铜钱。李洁吾哑口无言，不知该作何解释，寒暄的话也说不出口，感觉空气就此凝结了，逼得人喘不过气。看到了传说中萧红的未婚夫，又想到了陆振舜与萧红之间的关系，李洁吾的心扭在了一块儿，说不出的滋味盘旋在心头。

在此之后，李洁吾再也没有单独去西巷找过萧红，至于所谓的"替陆振舜照顾她"，他想，萧红大概是不需要了吧。

早在哈尔滨时，王恩甲就感觉到了萧红的躲闪，多方打听后，跟着她追到了北平。萧红平静地接受了与王恩甲在北平的同居日子，甚至还为其打毛衣，画人物肖像。而这些改变，是她的朋友和同学不希望看到的。

在北平求学时期，萧红新认识了很多朋友，都是受新文艺影响颇深的进步青年，其中就有高原。高原是徐淑娟在政法大学预科班的同学，因为这层关系，和萧红也成了朋友。高原在和徐淑娟的通信中提到了萧红沦陷于王恩甲的状况。徐淑娟感到遗憾和痛心。她不理解此时的萧红为何过着一种这样的日子，当初的萧红多么不顾一切逃离这桩婚约，如今，萧红却满脸甜蜜娇羞地甘愿为王恩甲洗手做羹汤，甚至高兴地告诉别人自己的婚讯。徐淑娟写道："你看，迺莹是生死未测啊！而且即使活着，也已经为密斯特王的眼泪所软化而做着'贤妻'了。迺莹，是我们战线上一位很有力的斗士，现在投降了！"

然而萧红做"贤妻"的日子并未太久，她和王恩甲不得不面对一个亘古不变、老生常谈的问题——钱。

光阴轮转，时序再次入冬，李洁吾发现萧红又穿着单薄的衣衫，而初见时那华丽的皮大衣却始终未再出场。此时的萧红已经变卖了几乎能典当的所有东西，而王恩甲也花光了身上带来的所有钱。两人再次陷入经济困境。

当李洁吾再次去找萧红时，迎接他的却是一地残败的空屋。耿妈告诉他，小姐回东北了。

楼顶和树梢都挂着一层稀薄的白霜

再次回到哈尔滨，萧红不得不自嘲，命运总是和她开着一个又一个残酷的玩笑。

王恩甲和萧红同居的事情很快公开了，这时，王家却要解除婚约。理由很简单，萧红不是一个安守本分的女人，和过多男人交往过甚。王恩甲对萧红除了爱，还有封建思想残留的占有欲，他也对家庭做出了反抗，拼命将萧红留在身边。由于不能带萧红回家，王恩甲便和萧红在哈尔滨东兴顺旅馆住下了。

这个旅馆，见证了萧红一生戏剧性的转折点。

不久，萧红发现自己怀孕了。孩子是谁的，至今仍未有绝对明确的答案。大多数人相信，孩子是王恩甲的，因为这段时间内，二人一直形影不离。也有一种说法，孩子是哈尔滨政法大学一名学生的，更有记载，孩子是北平的一位李姓青年的。但愿，这种记载所称的李姓青年，不是李洁吾。因为萧红一直证明自己与表哥陆振舜及李洁吾之间的关系是单纯清白的。

王家坚持解除婚姻，最终逼怒了萧红。孩子已经孕育腹中，王家却死不认账，还怀疑孩子的身份，萧红一纸状书将王家告上法庭。在这期间，王恩甲还是袒护萧红母子的。王大澄憎恨辱骂弟弟的懦弱，断绝了王恩甲的经济供给。虽然最后案子以萧红的胜诉落幕，但是这件事情将王恩甲和她推向了更深的深渊。

由于没有了家庭资助，王恩甲要用一个小学教员的薪水养活两个大人和还未出世的孩子，着实有些吃力。

萧红的心，是永葆童真的。她的心始终那样通透纯净，即使曾经萌发的爱情嫩芽在陆振舜那里遭到了夭折，即使她质问自己为何相信男人，但是这一次，她还是选择了相信爱情。虽然日子清贫，但丝毫不影响萧红即将做母亲的喜悦。她缝制各种小衣服和小袜子，心念着王恩甲向她许诺的誓言“从长计议，回到哈尔滨再考虑读书的事情”，憧憬着似乎美好的未来。

萧红的悲剧始终在于，没有看到未来便匆忙做出决定，又因未能坚持而过早放弃。

孩子的到来，是意外，但并不是惊喜。萧红其实并没有做好成为一个母亲的准备，由身至心。她都无法保证自己的明天，又拿什么保证孩子的明天？她未能深思熟虑这个生命的到来意味着什么，便匆匆诞下了她。纵观萧红一生，她对于生命虽然珍惜，却不够敬畏。倘若这些小生命在天有灵，会原谅这位冲动单纯的母亲吗？

此时黑龙江的局势也日益严峻。九一八事变后，东北沦陷，时局动荡不安。王廷兰被倭寇抓到，施以极刑，以身殉国。马占山在齐齐哈尔就任黑龙江省的抗日总指挥，1931 年 11 月，率领爱国官兵打响了驰名中外的江桥战斗，对日本帝国主义侵略者施以致命的打击。这场战事，得到了全国上下一致的赞扬，上海等多地学生和青年纷纷加入抗日爱国的战斗中去。此时东北已笼罩在硝烟战火之中，战争一步步侵蚀着人们生活的家园。

王恩甲和萧红的日子已经如同当今东北的局势一样，残破不堪，此时，他们不得不开始向旅馆赊账。除了赊账，萧红还向旅馆老板借钱，几个月下来，他们欠下旅店一大笔债。王恩甲试图向家里求援，但遭到拒绝。而张选三也坚决不给萧红一分钱。萧红从来就没指望过张家会帮助她，父亲无情的举措，在意料之中，这点，倒真未令萧红失望。

没了钱，人还是要活命。萧红想着父亲的决绝，苦笑着，就着凉水咽下一口面包。王恩甲沉思片刻，抓起帽子披上大衣。“你去哪儿?”萧红挺着大肚子，笨拙地站起来。“你等我，我出去借借钱，总要想一个办法。”王恩甲给了萧红一个安慰的眼神，便踏出了房门。

这一别，萧红此生都未再见到他。

此时，萧红已经欠下旅馆 400 元债务，旅馆老板每天软硬兼施，甚至恐吓要将萧红卖到妓院，以此逼债。萧红的肚子已经越来越大，胎儿在腹中不停地悸动，而此时王恩甲仍然下落不明。萧红始终不相信他是一个始乱终弃的人，尽管时间一天一天过去，王恩甲回来的希望越来越渺茫，萧红还是怀揣着卑微的希望，盼望孩子的父亲能够回来。

这期间，旅馆老板向王家要过房租，但是王家以两人婚约破灭为由，不予理睬；老板随即又找到张家，张选三早就不认萧红这个不孝子，何谈替她还债一说?！萧红举目无亲，被监禁在旅馆里仿佛身陷囹圄，夹在两家愤怒仇恨的裂谷里，万念俱灰。她想逃，但一是不知道去哪里，二是身体也越来越笨重。

终于，旅馆老板将萧红赶到了旅馆的一间阴暗潮湿的储藏室。萧红每天伴着霉菌味，蜷缩在斗室里，精神几近崩溃。在这段日子里，萧红仅靠着《国际协报》了解外面的世界。走投无路后，萧红给《国际协报》写了一首叫作《春曲》的小诗，并在诗尾备注自己是一名“被困在旅店的流亡学生”。诗歌最终没有在《国际协报》上刊出，那行极其委婉的求助也没有被人注意，要知道，那时候整个哈尔滨“被困旅店的流亡学生”太多了，多到大家的同情已经泛滥到麻木了。

久未得到回音，这回萧红也顾不上什么羞耻和脸面，直接给当时《国际协报》文艺副刊的编辑，人称“老裴”的裴馨园，写了一封长信，详细讲述了自己逃离封建包办婚姻，被困在旅馆，又即将临盆的困境，署名悄吟。老裴读过几遍后，便让身边的编辑传看这封信。因为老裴读过《春曲》，对“悄吟”这个名字有些印象，并且萧红在信中毫不保留地指责老裴，写道“我们都是中国人”。这句话，戳中了老裴的心窝。

他深感不能就这样袖手旁观，但是报社编辑讨论来讨论去也拿不出主意，因为，即使大家凑钱，也无法帮萧红还清旅馆的400元债款。老裴以报社名义去探望了萧红，并警告旅馆不许虐待囚禁萧红。萧红的精神渐渐恢复正常，饮食也得到了基本的保证。在随后的几次通信中，萧红向老裴提出来想要几本小说阅读的心愿。

放下电话后，老裴看着坐在自己身边编辑稿子的年轻人，拿出书递给他：“萧军，你替我跑一下旅馆，探望悄吟。”

在这之前，萧军从没有跟随报社的同志探望过萧红。穿过长长的走廊，在角落里的一间储藏室面前停下，萧军试着推开了门。

“你找谁?”萧红惨白的脸上，嵌着一双大眼睛，警觉又无助地看着来人。

“我找张迺莹。”萧军没等萧红回答，便径直走进屋子。萧红有些害怕地看着她，握着书的手微微颤抖。萧军打量着眼前的这个女子，杂乱的长发中竟然可以看见银丝，圆圆的脸上看不出表情，明显隆起的孕肚遮掩在旗袍下，然而这旗袍从膝盖处便“开气儿”了，露出线头。萧红脚踩一双变了形的塑料凉鞋，扶着床慢慢站起来：“我就是。”

“你的书。”萧军将介绍信和小说递过去。

萧红看了一眼介绍信，略带失望。她幻想探望自己的人不是陆振舜就是李洁吾，然而她并不知道，此时陆振舜为了避嫌，早就撇清了与她的关系，而因为与陆振舜关系的破裂，李洁吾更没有立场关心萧红。

“你是……报馆的三郎先生啊……”萧红叹了口气，望着眼前的陌生男子，个子不高，体格却强壮结实，眉间透着英气，双眼烁光，脸上线条分明，仿若雕刻的石像。

萧军点点头，转身想要离开。“三郎先生!”萧红鼓起勇气在萧军身后说道，“我们……谈谈好吗?”王恩甲离开后的日子里，萧红除了靠《国际协报》度日，与别人鲜少说话，更别提闲聊。曾经性格开朗的姑娘，被苦难的生活碾轧得仅剩下气若游丝的生命，而这时，一位爽朗英俊的男子闯入她的生活。被直觉牵引着，萧红知道，他一定懂得自己深处的灵魂。

萧军收回了踏出的步子。萧红高兴地拿起身边的报纸，和萧军交谈起来。此时的萧红，是一名落魄颠倒的穷女子，身体浮肿临近生产，不施粉黛的脸上也写满了沧桑，但是萧军却怔住了。坐在眼前的，是一位美丽的女子，乃至于萧军觉得她是所见到的女子中最美的，不仅人美，心也美。

两人命运的齿轮开始了转动，两个人的人生和爱情开始了悱恻的缠绵，一个美丽的悲情故事拉开了序幕。

风霜雨雪，受得住的就过去了

爱情有时候就是这样玄，就像鬼魂一样，你可以不承认，但是不能否定它的存在。纵观古往今来的爱情观，莫不是门当户对、才子佳人。但是，那种天雷勾动地火的一刹那，那种感觉的诞生，却从来都是毫无原因可言的。真正爱一个人，是讲不出理由的。但凡能列举出缘由的爱情，多半是和身外之物挂钩——名誉、金钱、权力。

萧红不是没有经历过爱情，但是那些感情夹杂了太多的动荡不安和无可奈何。她爱过陆振舜，那种少女怀春的情怀，全部用在了那位表哥身上，然而她勇敢的爱的宣誓却换回了陆振舜对家庭懦弱的妥协。萧红也曾委身王恩甲，可是这样的结合以交易作为起点，又以始乱终弃作为终点。萧红重复着自己的悲剧，还没有开始真正完整的爱情，就不得不被惨淡的现实逼迫着怀疑爱情了。

此时，萧军出现了。

两个人均是身无分文。萧红正在精神崩溃的边缘，大腹便便即将临产，萧军才从贫困饥饿的边境线上挣扎回来，勉强在报社找到一份可以按时领月薪的工作。就是这样的两个人，在哈尔滨旅馆破旧酸腐的储藏室里相遇了，短短的几句交谈，两人心里都躁动起来。

萧军原名刘鸿霖，1907 年出生在辽宁省西部山区下碾盘乡。父亲是当地的一个木匠，但是脾气非常糟糕，或者可以说，和那个年代穷且无势的封建家庭的男主人一样，在外为了挣几个小钱忍气吞声，回到家里将这种屈辱转嫁给老婆孩子。然而萧军的母亲是一位性格刚烈的女人，从不肯唯唯诺诺地就这样忍受丈夫酒后的打骂。又一次发生了口角，萧军母亲在和萧军父亲争吵之后，吞食鸦片自杀，那一年，萧军不到 1 岁，还是在襁褓里嗷嗷待哺的婴孩。

萧军少年时期接触了民间文学中的武侠文化，颇受绿林侠义文化的影响，充满了豪情侠义。他当过兵，倾向于用武装力量改变当时水深火热中的人民。在东北当兵的时候，因为他嚣张的脾气和从不忍让的待人接物的方式，得罪了不止一位上司。所以，萧军辗转几个地方当兵。后来结识了共产党人方未艾。又在哈尔滨遇见了拳师辛建侯，追随其练习武术。

虽然萧军从小的梦想便是和武装、革命、侠情相关的，但是他的内心深处，却是浪漫敏感的。一个人所表现的一面有多么的极端，潜意识里，他的另一面和真实的表现就有多么的背离，心理学家已经无数次证明过这个结论。萧军从小和姑姑奶奶一起生活长大，女性的纤细敏感的思维方式对他影响很深，同时，他无时无刻不沉浸在仇恨中。他始终认为，父亲是手刃母亲的凶手，有朝一日，他一定要报仇。

浪漫悲情和侠肝义胆，造就了感情世界丰富多彩，却也动荡不安的萧军。他也将这种才华注入了文字。虽然身在军营，萧军却不是目不识丁的大老粗，没事写几首小诗，倒也成了军营里的异类。

那一夜，萧红和萧军畅所欲言，虽然两人第一次见面，但是仿若相识了很久一般。萧军看到萧红写的字、画的画，大加赞扬。

萧红和他探讨萧军发表的文章，剖析文字后面的内涵深意。从文章讲到绘画，从落魄的现实讲到毫无希望的未来，从生讲到死。萧红的生命里，死亡一直是一个不可避免的话题。死亡给了她力量，但是害怕死亡的恐惧也不断地摧毁她。从小的生活赋予了萧红不同于同龄人的感悟，这些人情冷暖，隐匿在萧红今后所有作品的字里行间。

最终，两人谈到了爱情。

“你眼中的爱情是什么样的呢?”萧红完全不像一个待产的母亲，反倒像一个不谙世事的少女，眼中盈满了希望，盯着萧军。

“爱便爱，不爱便丢开。”萧军毫无遮掩地道出自己长久以来的处世哲学。

“若是丢不开呢?”萧红的心微微一沉，但仍旧噙着笑容。

“丢不开，便任它丢不开!”萧军潇洒地纵声大笑。萧红也陪着大笑，虽然隐隐地对萧军的爱情观感到不安，但是两人如此契合的谈话，又使她感到愉悦和舒爽，很快，萧红便将这句原本使她心存一丝芥蒂的话抛到了脑后。

萧红本来就是一个易被感动的女人，又长久地被隔离，此刻遇见一个与自己心灵如此相通的灵魂伴侣，喜上心头，求之不得。

两人专注于意见的交换、心灵的共鸣，以至于那次交谈，每一个话题，两人都能从对方的话语里找到对自己的慰藉。萧红如此欣赏萧军的抱负理想，欣赏他忠贞仁义的性格，而萧军也完全能够理解萧红的境遇，又惋惜一位才女落得如此地步。他想，这样一位心灵美好的女子，本应受到万分珍惜，怎会有人做出始乱终弃这等禽兽不如的龌龊事。

人的恋爱，从来不分第几次。只要全身心地投入了，每一次恋爱，都是初恋。萧红在萧军的身上找到了初恋的感觉。说来讽刺，她已经是一位准妈妈，怀着别的男人的孩子，却如此和萧军情投意合。

但感情的事情哪里是道德底线所能约束的，何况，萧红从生至今，鲜有几个真正理解她、欣赏她的男人。她再也按捺不住了，萧红甚至觉得，被阴霾笼罩太久的生命，终于出现了一丝曙光，老天爷开始眷顾她了。

萧红知道，风雪就要过去了。

第四章

苦乐跋涉·黑夜之后的暴雨

想击退了寒凉，因此而来了悲哀

爱情是一朵罂粟，让人欲罢不能，陷入痛苦和欢乐中，难以自拔。爱情又是一把双刃剑，令人沉浸其中的时候，一边享受爱人的温暖，一边忍受爱人的多疑。爱得深，恨得便深。这个亘古不变的道理，千年来没有人可以打破。萧红和萧军也是一样。萧军的爱如一团烈火，融化了萧红的冰冷，但是也烫伤了萧红本就脆弱不堪的心。

萧军原在家乡已娶妻生子，但是他在离家参加革命前，便知道自己生死未卜，于是托人捎话给家乡的发妻和两个女儿，不要再等他了。

我们不能用道德的天平称量二萧的感情。爱情里，从来没有所谓的对错之分，每一个人的感情都是这个世界上的孤本。爱情，只有适合不适合之分。萧红压抑已久的情绪得到了释放，她找到了心灵的依托。

那一夜的畅谈，好几次，萧军都忍不住走过去抱住萧红。他多希望将这位年轻又悲情的女人揽入怀中，给她的心田注入爱的力量。但是，萧军忍住了。其实，多少人相爱却不能在一起的悲剧，都是源于被宗教伦理束缚，恐被众口铄金。但是，二萧本就不在乎封建礼制下的迂腐条例，爱了，就疯狂地、大胆地在一起。

当二萧恋恋不舍地说了几次再见之后，萧军终于起身，但是此时，两人的手紧紧握在了一起。临走前，萧军搜遍了全身，给萧红留下了5毛钱。

萧军是一个热情奔放的人，对女人的爱来临时，便如百花齐放般的绚丽多姿。那种热情是燎原的星火，也是夏日里辣热的骄阳，他爱上一个女人时，便不顾险阻千方百计要与其在一起。不管这种恋情，是否意味着无尽的纠结和痛苦。

二萧见面的第二晚，便在没有仪式的情况下结合了。仪式，名义对他们而言，不过是现实世界的认证。既然萧红被这个世界、被亲人、被曾经的未婚夫所遗弃，那么，她和萧军的结合是否得到这个世界的认同，她并不在乎。

萧军在小说《烛心》中，记录了这一次天意般完美的结合。他认为，为什么爱情有那么多的“应该”和所谓的“规矩”呢？什么时间可以亲吻，什么时间可以拥抱，什么时间可以……这都是有大把时间的人想的事情吧？所谓温饱思淫欲，那些人大概都是解决了所有要求，填饱了肚子，太闲了，才会这样分配爱情时间吧？可是爱情哪里有规则可言呢？那一夜，萧红和萧军春风细雨般结合在一起，把能做的、不能做的、别人不敢做的，都做了。

萧红的字典里从来没有“后悔”两个字。虽然穷困，但是二萧当时的心态是潇洒的，既然相爱，为什么要考虑旁人的闲言碎语？曾经，萧红也顾虑过，事情发展得太过顺利，总是隐隐觉得不幸的事情即将来临，但是，和萧军初恋的炽热又席卷了萧红全身，让她很快淡忘了这种不安。

这期间，萧红继而创作了《春曲》二三四五等系列。其中，她在一首《春曲》系列的诗歌里写道，只有爱情的踟蹰最美丽……只喜欢看你立起来又坐下，坐下又立起来，这期间，正有说不出的风月。萧红对于感情的雕刻能力，由此可见一斑。

她对萧军的爱，沉稳又冲动。她一边小心翼翼不敢全部交出自己的心，一边又不顾一切从言语到文字，毫无保留地表达自己对萧军的爱。这种爱，包含了少女对进步文学青年的崇拜，也包含了对一名求之不得的知己的珍惜。

恋人一个小小的动作，一个不经意间的眼神，甚至淡淡的一声叹气，萧红都捕捉来细细描绘刻画分析，将少女热恋的万千情怀，描述得一览无余。完全激起了读者的共鸣，正所谓“人间自是有情痴，此恨不关风与月”。萧红炽烈又宁静纯粹的爱恋，在那一年的夏天，如同怒放的花朵一样，绽开了。

无论何种的恋爱里面，都离不开“分离”这个话题。萧红和萧军都是性格纤细敏感的人，只不过萧红的敏感藏在与生俱来的悲情孤寂背后，萧军的敏感夹在冲动侠义之间。萧军曾经痛苦得想分手。他时而爱萧红爱得发疯，时而又觉得这是一段错误的感情。

每当萧军紧紧地拥住萧红，就像是要把她融入骨血那样揽在胸前时，心底就会徒生悲哀。他不知这样鲜红烈焰的双唇，明天又将被谁吮吸。他甚至在梦里看到别的男人亲吻萧红，这时的他痛苦万分，然后警告萧红，不允许其他男人再沾碰她的柔唇。

每当浓入骨髓的亲热后，萧红也会陷入莫名的恐惧。她自知身缠太多的是非，不是一个有资格接受安稳爱情的女人。她一直活在悲切的世界里，时而热情奔放，时而垂首自恋、孤寂难耐。她已经为一个男人孕育了生命，却又不可遏制地爱着另一个男人。她小心翼翼呵护这得来不易的爱情，萧军却总是莫须有地怀疑她。

萧军曾怀疑过经常来旅馆探望萧红的方未艾与其行为不轨，方未艾出身书香，知书达理，自然明白分寸，自从知道了萧军的顾虑之后，也很少看望萧红了。

萧红写了数首热恋的小诗，将萧军幻化成了多种浪漫的符号，但是萧军却讨厌这些标签。甚至与萧红说，“诗人”这个称呼，是萧红在贬低自己。萧红很是惶恐，越是精心呵护这段感情，却越觉得不安。就像是水中的皮球，越是努力地伸手去触摸，反而将皮球推得越远。

同样令萧军悲哀的是，此时萧红身怀六甲，却营养不良。因为长期的贫穷，萧红的温饱都成了问题，萧军心有余而力不足，想给爱人买些好吃的，却苦于身无分文。被种种现实的和非现实的因素桎梏着，萧军想到了分手。

萧红何尝不是在现实与理智的边缘挣扎。她痛苦过，责怪过，咒骂过，也自叹过，但自始至终都没有离开过萧军。她记起了萧军说的那句话：爱便爱，不爱便丢开。

萧红不知道什么时候自己也会变成萧军想丢开的那个人，因为她隐约感到萧军的女人缘非常好，过去，现在，都与其他女人保持着暧昧关系。对于萧军来说，萧红不过是他整片森林里的一株硬杂木，但对于萧红，萧军却是她的森林、她的天空、她的土壤、她的空气、她的所有。

绝境里开出幸福的昙花

其实，萧红是在赌，她不相信自己会悲催到每次都遇见错的人。

无法说二萧的结合到底是不是错误。即使 6 年后，两人确实面临着分离。但庆幸的是，萧军没有采取“丢不掉，就任它丢不掉”的态度对待与萧红的分手。

命运多舛，又一次走到了岔口，和以前无数次选择一样，萧红再次轻易地就选择了萧军。她一向不愿意想未来，也一向不愿意修正自己的方向，哪怕，这悲剧的结局早已酝酿在戏剧化的开端里。

萧军和萧红相知相爱的过程，几乎是同时进行的。两次见面，对于大部分恋人来说，可能仅仅停留在想要进一步发展却还顾虑其他、踟蹰着不敢前进一步的阶段，萧红与萧军却顺其自然地结合了，没有山盟海誓，也没有婚姻六礼，就在哈尔滨的小旅馆里，互相认定了彼此。

人们经常说，三种方式可以提高一个人的文学素养：阅读，写作，还有爱情。当萧红的心灵被爱情滋润的时候，即使在苦难的生活环境中，她也做到了妙笔生花。这期间，萧红创作的诗歌，比喻巧妙，非常细腻地刻画了女人面对爱情时心里的悸动与欣喜。结合自身的经历，虽然这段浪漫的日子为萧红的生命添了光彩，但是萧红的文字还是逃脱不了孤寂悲伤的基调。

萧红的诗词中，若有若无地透露着担心与恐惧。她原本已经荒芜的心田，此时萌生了嫩芽，萧军不仅给她带来了光明，还带来了希望。与此同时，她又觉得美好来得太突然，一切顺利得像是假象。并且，萧军和其他女人的并不十分明朗的关系，也牵动着萧红本就脆弱的神经。

Marlie是一位大家闺秀，在哈尔滨经常举办一些沙龙活动，在左翼文艺青年的圈子里，颇有影响。Marlie本性李，出身书香门第，举手投足尽显风雅，气质翩翩，性格文静，是个不折不扣的女神级人物。爱慕Marlie的人趋之若鹜，但没有一个真正进入她的内心，能走近她身旁。

萧军也是这个圈子里沙龙的常客，自然也着迷于Marlie的气质与学识，虽然他没有公开这段爱慕，也矢口否认对Marlie怀有朋友之外的感情，但是萧红作为女人，尤其是热恋中的女人，用一种特有的直觉捕捉到了萧军对Marlie非比寻常的情愫。

但是萧红什么也做不了，只能每日在惶惶的担心中，挂念着萧军。用每一次见面的深情拥吻，洗刷着脑海中的怀疑与不安。

萧军也逐渐从最初罂粟般上瘾的浓烈感情中渐渐平静下来，他开始认真地审视即将开始的生活。钱，是最重要的。因为萧红此时仍然欠着旅馆巨额债款，旅馆囚禁了萧红。萧军曾经威胁旅馆老板，不许再虐待萧红，也不许轻易将她卖给别人。老板明确表示，对萧红这个人毫无兴趣，谁替她还了债，谁就可以带走萧红。

二萧身边的朋友都不富裕，大家东拼西凑，也拿不出这样多的钱。萧军最初只是零散地投稿给各个报社，但大都石沉大海，少数的几篇文章刊登后却没有稿费。后来，在朋友的介绍下，他写了一篇文章给《国际协报》的裴馨园，附上了自己的简介，用了一个颇像日本人的笔名——颜酡三郎。

老裴非常欣赏萧军的侠情义胆，也与萧军文学上的理念非常契合，于是回了一封信，夹带了 5 元钱。后来，因为萧军和老裴一见如故，老裴邀请他到报社做了编辑，每月定额付给他 20 元钱。这段时间，因为深得老裴赏识，萧军不仅受到了老裴的重用，还借住在老裴家里，不用再为基本的吃穿用度发愁，可以安心创作。

一个人果腹尚且还算讲究，但此时多了一个萧红，萧军开始为生计发愁。此时虽然很多朋友都在帮助萧红，但都是杯水车薪，有时仅仅能够给萧红带去几个馒头、一包烟，让她在没有萧军陪伴的寂寥日子里，有烟草麻痹放松神经。萧红自从祖父去世之后，就沾染了烟酒，并且这一辈子，无论多么的穷困，都是烟不离手的。烟草，成了萧红忠实的伙伴。

渐渐地，萧红对这段来势凶猛的爱情的看法冷静下来，她明白，她与萧军之间其实是有鸿沟的，或者说，是一道看不见的裂痕。但是偌大的世界，萧红孑孓独行，没有其他依靠，她对萧军除了爱，还有相当程度的依赖，况且无论萧军当时对别的女人有任何作为，始终没有辜负过萧红。

在旅馆清贫的日子中，萧红曾经写过题为《对镜抒怀》的小诗：困居旅馆久，百感生心间。两鬓生白发，难明长夜天。方未艾问她，何不将“心间”改为“心田”。一抹忧愁凝在萧红眉头，她喟叹道：“心田至少是一片土地，还有孕育希望的可能。我的心里，早已一片荒芜。”由此可见萧红即使身在热恋中，也感受到了寂寞与孤独。加之那个时候，她几乎是与世隔绝的，精神世界的荒凉更让萧红深陷苦寂。

幸福在萧红的生命中，如昙花一现，美丽又短暂。萧红穷尽力气，想留下这一段真情。然而现实一遍又一遍残酷地提醒她，她是一个身怀六甲精神濒临崩溃、穷困潦倒的孕妇。还有没有资格获得快乐，她已经不知道了。人生走到这里，看似刚刚起步，却已经苟延残喘。萧红悲哀得哭不出声，只留下嘴角的苦笑。

天地间爱情的洪荒

当务之急，是怎样脱离这个牢笼。萧红的肚子简直像是一个盆扣在了腹部，她站起来已经看不到自己的脚尖了。临盆的日子日益接近，萧红两鬓的白发也有增无减，只要一刻不能还清欠款，萧红就一日不能离开那间潮湿腐败的囚室。

1932年的仲夏，松花江洪水泛滥，哈尔滨出现了罕见的洪灾。8月，松花江溃堤，哈尔滨变成了汪洋一片。当时，街道被淹，人们只能用小船作为交通工具。虽然这是一场天灾，但有道是“福兮祸所伏，祸兮福所倚”，这次洪灾，却为萧红带来了逃离的机会。至今都无法想象，假若没有这场洪灾，假若萧红临盆将至却迟迟无法缴还债款，她的命运将被怎样改写。

因为洪水冲垮了堤坝、良田、房屋，当时人们只顾着逃命，旅馆的老板也收拾了行李抱着孩子逃离了哈尔滨。这是一个绝佳的时刻，没有人再看守萧红了。

那一天的午后，萧红看着窗下过往的船只，狠了狠心，小心翼翼打开窗子，跳了下去。就这样，萧红搭了一条货船，逃出了那个人间炼狱。刚刚逃出来，萧红像一个乞丐一样站在街头，不知何去何从。虽是夏天，她却穿着棉拖鞋，头发也被汗水浸透，凌乱地贴在脸颊上。萧红迷茫又惶恐地捂着肚子，穿着破败的旗袍，在哈尔滨街头无措地张望。

此时，萧红想起了两天前萧军看望她时给她留下的一个地址。那时候，萧军就在计划着趁着逃亡人群的慌乱，来接萧红。只是迟迟等不到萧军的消息，萧红只好一个人逃了出来。

萧军并没抛弃萧红，只是苦于身上没有钱，一切都无从谈起。萧军典当了身上所有值钱的东西，也不过才几毛钱。当他来到旅馆时，到处都是无助的哭喊和撕心裂肺的哀号，他找不到萧红的身影，慌了。

萧军写给萧红的那个地址，是《国际协报》的编辑老裴的家。

萧红并不知道，她以为可以再次见到外面的世界，终于挣脱了阴暗的牢笼，却被另外一种无形的压迫所钳制，她从一个深渊跳到了另一个深渊。按照萧军所说的地址，萧红一个人挺着大肚子，在汪洋一片的哈尔滨街头，举步维艰。

裴馨园的妻子黄淑英听到敲门声，跑过去开门，却愣住了。一个身着咖啡色旗袍的女人，背着一个小包裹，苍白的脸上挂着惊恐和不安，滚圆的肚子像是要撑爆了衣服，更加显得女人的四肢瘦弱纤薄。萧红感到窒息、无措、窘迫。

这一刻，她迎着黄淑英审视的目光，呼吸困难，想逃跑，想遁形。黄淑英一眼便看出了萧红的潦倒，八月份的天气里，萧红穿着短袖旗袍，却光脚踩着一双破烂的棉拖鞋。女人和女人，是天生的敌人。况且，在黄淑英的注视下，萧红仿佛回到了几年前，在呼兰的时候，当时她的所作所为、思想举止，是张家的异类，每个人都用奇怪的目光看着她，想将她推出张家的世界。这种感觉，又回来了。

站在裴馨园家的院子里，萧红焦灼地等待，唯有萧军可以抚平她心中的焦躁不安，唯有萧军才能理解她的孤寂与困顿，唯有萧军才能给予她安稳和平和。简单的交谈后，黄淑英知道了萧红的来意，虽不友善，但仍挤出笑脸，带萧红回了屋子。

不多时，萧军也回来了。看到萧军的那一刻，萧红长舒一口气，像是从噩梦中醒来，萧军的出现，提醒着她，她不再是在呼兰时被人唾弃咒骂的张家大小姐，也不是被负心汉遗弃的未婚妈妈。她只是一个被爱情滋润的女人，一个渴望平凡生活的女人。

萧红和萧军从此开始了寄居在老裴家的日子。裴馨园家里除了夫人黄淑英和女儿，还有岳母。虽然老裴非常赏识萧军，也欣然接受了萧红，但是日子久了，黄淑英却对这二人在家里的借住颇有微词。

通过相处，黄淑英对萧红的遭遇和身世略有所知。在那个封建礼制仍然主宰道德准绳的年代，未婚先育是无比讥讽的字眼，并且，更加传奇的是，萧红怀着别人的孩子，和萧军热恋了。萧军住在老裴家里，本就不花一分钱，老裴还为萧军提供了工作，给了他稳定的收入来源。此时，萧军非但没有为老裴减轻负担，反而将一个孕妇带回了家。黄淑英人前人后话里有话，对二萧冷嘲热讽。

那时候，白天萧军去报社工作的时候，萧红就一个人到中央大街游荡。夕阳为万物镶了金边，洪水退去，中央大街的青石地上，也深深浅浅地藏着淤泥。萧红不想在那个屋子里多待一分钟，没有钱，也没有充足的食物，还要忍受老裴家人的冷眼。萧红即使想在屋子里安安静静翻上几页书，都是奢望。夕阳拉长了萧红的影子，一个孤寂的女人，带着未出世的孩子，踱步在大街上，漫无目的。

即使萧军休息的时候，白天，二萧也不在老裴家待着。只有到了晚饭的时候，二人才回家。当时的窘迫，用萧红的话说就是“像是主人养的两条狗”，白天为了躲避那窒闷的气氛，二人上街游荡，也享受难得的两人世界，苦中作乐。晚上，二人才能回到那个屋子里。

即便这样，黄淑英还是旁敲侧击地和萧红进行了一次谈话。大意是不希望两人衣衫褴褛地跑到街上，因为别人都知道二萧是老裴的客人。这次谈话深深伤害了萧红，萧红甚至觉得自己连狗都不如，不能在屋子里待着，逃到街上还要被限制，生怕给裴家丢了面子。这些辛酸的故事，萧红后来全部记录在了纪实小说《弃儿》中。

萧军是一个自尊心非常强的人，他当然不希望看到自己的女人每天愁容满面，受寄人篱下之苦。但是每个月的稿费不足以支持两人的生活。萧军又一次成了当铺的常客。

可以这样评价，萧红这一生，几乎没有富裕的时候。其实，这是一个奇怪的定论。因为，萧红出身大地主家庭，不是名门也算是望族，张家在呼兰阿城巴彦县一带有着举足轻重的势力，但是萧红从小命苦，又执着于反抗，在哈尔滨落难时，宁可沦为乞丐，也绝不向叔伯兄妹借钱。

后期萧红有了稳定的稿费，生活有了保障，但她招待朋友，救济穷人，也没存下什么积蓄。二萧在一起的这几年，几乎就是在贫穷中摸爬滚打，有了一些盈余，就开心地喝着酒，吃着俄国菜，和朋友逛街照相，去沙龙。所以，他们的生活方式几乎遵循着这样一个奇怪的规律：捉襟见肘的贫穷，当掉所有值钱的东西，靠朋友救济生活，四处求职挣钱，有了基本保障，潇洒地生活不枉青春，热情大方地会客，再次潦倒贫穷，接受他人帮助。

生与死的痛苦，烙在心尖

贫穷，是萧红生活中的主旋律，也是萧红穷其一生要解决的问题。当时萧军已经是哈尔滨左翼文学青年圈子里的人，又参军当过兵，和很多共产党人均有接触。萧军的朋友不乏舒群、方未艾、金剑啸等地下党和进步青年。但是，这些人本身也不富裕，若是细细算起，这些人的家世比萧红差远了。朋友们能帮助萧军的，实属杯水车薪。此时，萧军除了四处奔波找家教找零工，只能再一次迈进当铺。

萧军当掉身上所有能换钱的东西，还对不小心浪费的5毛钱耿耿于怀。此时的萧红，却面临着比贫穷更折磨身心的问题——她即将临盆。

日子久了，即使再牢固的友情也会被不堪的经济压力压出裂痕。老裴对二萧不再那么热情，在街上偶遇，也是擦肩而过，连句寒暄都没有。萧红肚子疼了起来，萧军焦急地四处筹钱，老裴给了他1元钱，冷冷地告诉他，“不要着急，慢慢想办法。”

老裴委婉地找萧军谈过几次话，希望他和萧红能够搬走。但是，这两个流浪的可怜人，又能去哪里呢？谈话无效，老裴一家索性搬走了，连被褥也一并收走。原来的屋子只留下萧军、萧红和老裴的岳母。老太太本就看不惯萧红的做派，这次更加话中带刺。此时，临产的日子一天天逼近，萧红肚子疼得要命，在炕上直打滚，额头浸出冷汗，浑身沾着泥土，恨不能立刻死去以作解脱。

萧军下班回家，还没上楼，便听到萧红的哀号，三步并作两步跑上楼。萧红俯卧在床上，已经没了哭的力气，使劲儿压着肚子，恨不能将孩子挤压出来。老太太冷眼在一旁絮叨着：“瞧瞧这成了什么样子，还真把我这当旅店了不成！”

萧军如芒在背，却颤抖着嘴唇，骂不出口。妻子痛苦成这个样子，他堂堂男子汉却无能为力。他自责地恨不能扇自己几个嘴巴子，但是暴力不解决问题。萧军只好厚着脸皮跑回报社找裴馨园借钱。裴馨园已然没有了往日的热情，不咸不淡地安慰了几句话。萧军此时深深意识到，经济基础的不同，造就了无法逾越的鸿沟。

其实纵观萧军的一生，因为深受绿林文华和武侠文化的影响，萧军为人仗义大方，对待朋友忠肝义胆，也有理想抱负，渴望参军革命，献身救国。但是，他应该清楚，没有人会永远无条件地帮助他。人与人之间，距离太近了，美感便荡然无存。

柔情和侠义，一直是萧军性格的两个主题词。一方面，萧军从小和女性亲属接触较多，他非常了解女人内心，所以，他是真正从内心理解并支持萧红的。另一方面，萧军是一个非常仗义的人，为朋友两肋插刀，也以为别人对待朋友的方式和他相似。殊不知，每个人的成长环境和成长方式千差万别，正所谓“一样米养百样人”。很多萧军看来理所当然的处事作风，在别人看来却无法接受。

老裴是《国际协报》的编辑，有着稳定的工作，又有妻女，和萧军的经济基础本就不在一个层次上。萧军和萧红几乎像是两个无家可归的乞丐一样，又赖在裴家不走，这次向老裴借钱，老裴冷漠的态度惹怒了萧军。萧军一气之下，离开了《国际协报》，仅有的每月 20 元钱的稳定收入也丢掉了。

萧军和萧红生活得确实潇洒，不用担心未来，事实上，他们也不知道会不会有未来。在那个兵荒马乱的年代里，两人相濡以沫、耳鬓厮磨，能在一起厮守一天就算一天。世道动荡，谁也不知道明天的太阳是否能够照常升起。

虽然寄人篱下，但是萧红的心却比在家里的时候还要畅快。虽然苦闷时刻浮现在萧红缺了营养苍白的圆脸上，但是想着想着，萧红又会轻弯唇角，看到枕边的萧军，放下心来。多年以后，萧红和萧军在神州大地上辗转大半个中国从北到南、从东到西不断漂泊之时，萧红在每一次搬家不舍与犹豫之时，萧军都会轻揽她的肩，安慰道："还有我。我走到哪里，都会带着你。"

此时在裴家，也是这样。像狗一样借住在别人家里，萧红看着一天大过一天的肚子，心里百般滋味。有时候捏着萧军的脚趾愣神，想着想着，又觉得走投无路，不管怎样，身边的这个男人是自己唯一的依靠，于是无意间手上下了力道，紧紧攥住萧军的脚趾。

一个血色夕阳染红半边天的傍晚，萧军在外找工作游逛了一天，垂着头走回家，正拖着沉重的脚步上楼，萧红痛苦的呻吟声又传入耳中。

蚀骨般的疼痛从腹部散开，像蚂蚁般爬到了四肢五骸，萧红眉毛拧成一团，凸着眼睛在床上打滚，黏腻的发梢贴在脸颊上，涔涔冷汗浸湿了衣领，浸透了后背。萧军吓得忙上前抱住萧红。萧红颤抖着双手搂住他，心想，莫不如死了算了。握着萧军温暖的大手，萧红渐渐平静下来。虽然肚子还是扭着劲儿地疼，像是要把肠子绞断一般的疼，但她已经能够忍受了。

疼痛稍微减缓，萧红伸手拿起桌上的一杯水，未曾想剧痛再次袭来。萧红指尖刚触及玻璃杯，便整个人昏倒在床上。玻璃杯顷刻摔在地上，粉身碎骨。萧军抱起半昏迷的萧红，不断地呼唤她，萧红满手泥水和着汗水，死命地攥住萧军的衣角，却始终没有睁开眼睛。

此时已经华灯初上，入夜的哈尔滨，却不见晴朗的星空。乌云悄悄笼罩了苍穹，萧军拿起仅有的几元钱，抱起萧红。不料还未出门，便下起雨来。仲夏夜的瓢泼大雨像是水帘，罩住了整个城市。雨下得又急又重，落在中央大街的青石板地上，迅速汇成了一条条小溪。雨点打到地上噼里啪啦，溅起密集的水花，像是一锅沸腾的水。

萧军招来马车，和车夫连拉带扶才把萧红抬上了马车。

萧军将萧红的头抱在怀里，为其撑伞，一面焦急地命令车夫快马加鞭赶向医院，一面为萧红抹去额头上混着雨水的汗珠。萧红神志不清，在爱人怀里呓语。

“我们……这是在哪儿，我在做梦吗?”天在摇，地在晃，萧红努力地张开滚烫的眼皮，却看不清爱人的脸。

“不……不是梦，你再忍一忍。”萧军捧住萧红的脸颊，亲昵落下一吻。

“我……是不是要死了?”死亡，一直是萧红直面的问题。相比于同期女作家，萧红的字里行间，隐藏了太多对于生命和人性的理解。这些都归于萧红童年时多舛的命运和少年时伶仃的漂泊。此时，萧红终于找到一个可以依靠的肩膀，却又感觉自己已经站在了生命的边缘。

“别胡说!”萧军心头一紧，握住了萧红的手。

倾盆大雨中，马车行驶在小河一样的街道上，遇见了暗沟旋涡，车夫便要跳下马车。萧军心急如焚地催促着，车夫无奈地表示，若不小心行车，马失前蹄一脚踩进了阴沟，到时候连人带马，谁也别想爬起来。

风夹着雨，冷冷地砸在人的脸上，马车刚驶到医院门口，萧军便抱着萧红冲了进去。医生对萧红做了检查，告诉萧军要 15 元的住院费，并且告知萧红没什么大的问题，还有一个月才能生产。萧军只好再次用马车把萧红拉回了裴家。

回到家，下了半宿的雨停了。萧军搜遍全身上下，把仅有的5角钱给了车夫。萧红醒了，却仍在炕上疼得打滚。嘴中胡乱地呓语，她说自己要死了，过不去这一关了。萧军只能抱着她躺着，在萧红痛苦的呻吟中度过了难熬的一个夜晚。

翌日，萧军又是在萧红的痛苦哀号中醒来，看到妻子狼狈不堪的样子，萧军意识到，萧红真的要生了，医生说的都是一些狗屁话！

再次招来马车，萧军又一次将萧红送进了医院。

萧红住的产房一共有5张病床，当时已经住进去了3个产妇。每个人身边都有家人陪伴，全家其乐融融，人们脸上都挂着期盼和憧憬。唯独萧红，站在门口看着病房内的情景，惶恐地不敢跨过门槛。

她本身就是个不幸的女人，拿什么给孩子幸福呢？待产的妈妈越是幸福的表情，越是刺激得萧红不敢抬头。萧红住在靠窗的床位，她整日将头扭向有墙的一面，看着灰白的墙面暗自流泪。或者，连眼泪也流不出来。经历太多的坎坷与不幸，这颗心千疮百孔，泪，也流尽了。

入院的第二天，萧红顺利产下一个女婴。但是这一辈子，萧红都没有看过亲生女儿一眼。

从产房回到病房，萧红产后的身体更加虚弱，神经也变得更加脆弱和敏感，一度出现了幻觉和躁狂。她看到其他母亲将孩子抱在胸前，亲昵地哄逗和微笑着，脊背竟然一阵阵地发凉。萧红一向是个非常非常有主意的人，她默默地下了一个决心，一个恩断义绝、铁石心肠的决定。她无须和任何人讨论，也无须获得任何人的同意。

身体是萧红自己的，萧红这一生都默默地反抗，独自战斗。

护士一一将新生儿抱到母亲的床前，听着那一声声啼哭越来越近，萧红的恐惧逐步加深，她无措地瞪大眼睛，紧紧攥住被子，不知如何是好。

她心里默念，不要过来，不要过来。她多希望护士的脚步慢一些再慢一些，然而，最终，护士还是拉开了门，微笑着将小宝宝俯身放在了萧红身边。“真是个可爱的宝宝呢。”护士溺爱地看着小姑娘，对萧红一笑，随即转身。

萧红浑身痉挛着，拼命忍着即将夺眶而出的泪水，头深深地陷进枕头里，努力不让自己转过身去。即使乳房涨奶，萧红也忍着痛，不让自己哺乳。整整一天，萧红任凭婴儿在旁撕心裂肺地啼哭，也没有扭过头去。

她对着墙喃喃自语，浑身颤抖，又痛苦又矛盾。听到女儿的哭声，默念道：“小宝宝，别哭了，别哭了，妈妈不是来了吗，妈妈不是在这儿吗。”但她不敢抱女儿一下，她怕这一抱，再也放不下来。

女人的心柔成一片水，又疼得像是万支钢针穿心。萧红闭着双眼，不想去看病房里的景象，却闭不上耳朵，胀痛的乳房也无情地提醒她，她真的做了妈妈。

但是她始终知道，22 岁的她，还是个孩子，承担不了太多的责任。

第五章

双色人生·在冰寒里绽放的春天

遇见你，生命有了新的意义

入秋的哈尔滨，一日凉过一日。瑟瑟秋风染红了树叶，染红了萧红的眉梢。萧红俨然一名热恋中的双十女郎，眉眼含春，腮颊绯红，依偎在萧军身边，满满的信任和依赖。她将心中的苦涩深深掩埋，决定忘掉过去的一切，从今天起，做一个幸福知足的女人。

站在哈尔滨的街头，尽管萧红不知道何去何从，但是有萧军在身边，她就满足了。老裴的家是不能回去了。生产过后，从医院回来，起初萧红他们是继续借住在老裴家里的，但是老裴的妻子和岳母百般不情愿，从最开始旁敲侧击地劝说，发展到最后毫不避讳地驱逐。黄淑英只是碍于老裴的面子，勉强让二萧住在这里。终于有一天，黄淑英在背后嚼舌，被萧红听到，她和萧红正面发生了一次冲突。萧红明白，这个地方再也难以容身了。

总是说天无绝人之路，事实也确实如此。

萧军拉着萧红的手，两人在哈尔滨漫无目的地逛着，在一家名为“欧罗巴”的小旅店面前驻足。两人抬头望向这个小旅店，门口的牌子上写着价格：一天 2 元钱，一个月 60 元钱。萧军握着仅有的 5 元钱跨进了旅店。

这是一家位于道里区的三层楼小旅店，店主分给二萧他们的是一间顶楼的屋子，阁楼样的屋顶，斜劈下来，使屋子的空间显得狭小。但是二萧非常高兴，顾不得那么多，带着自己的行李——所谓的行李不过是一个柳条箱，搬了进去。

萧红简直不敢相信自己的眼睛，虽然屋子里只有一个木桌子和一张床，但是桌上铺的桌布干净整齐。萧红兴奋地跳到床上，柔软舒服的床垫将萧红的脊背托起，令她惬意得像小猫一样眯起了双眼。萧红看着天花板笑了起来，随即坐起身子，珍惜地摩挲着兰花格子的床单。她感觉，自己活到 22 岁，生活才真正地开始了。

为了庆祝乔迁之喜，萧红和萧军像两只欢乐的小鸟，高兴地飞奔下楼，去了欧罗巴附近的一个小饭馆吃了一顿饭。两个人都喝了酒，饭后，微醺的两人十指紧扣，回到了欧罗巴的那个临时的家。产后的萧红仍旧病怏怏的，但是看到屋子里整洁的一切，强打起精神，张罗着打开行李收拾起来。萧军抚着松软的枕头感叹道："我以为我们又要睡在光板床上，谁知道连枕头都有了着落。"

话音刚落，门房便来敲门。

"房租两元，你们住多久?"门房面无表情，一面说着，一面掀开了床单和被罩。

"一个月。"萧军愣住了。

"60 元，明天交齐。"门房连枕头和被褥都卷了起来。

"我们没有……"萧军有点儿窘迫。

"少废话。被褥租吗?"门房回头瞥了他一眼，又看了看在旁默不作声的萧红。

"租。"

"5 角钱一天。"

萧军赶快摆摆手："我们不租了。"门房将被褥枕头桌布全部抱走，用脚"砰"一声关上了门。

屋子里再次变成了破败的样子。木桌上碗口大的树疤裸露出来，床上仅剩下一个草垫子，仿佛刚才那整齐干净的屋子，是在梦里出现的。无尽的悲哀又从萧红心中涌起，她泫然欲泣地搂住了萧军的脖颈，萧军顷刻垂下头，覆上萧红惨白颤抖的嘴唇，以吻封缄。两人滚落在木板床的草垫子上，紧紧拥吻在一起。

两人都不会去想明天。明天，谁又知道是什么样子呢？萧红的爱始终是潇洒的，而萧军的爱又是放肆浓烈的。爱了，便在一起。不计较曾经，也不去讨论未来。只要这一刻是缠绵在一起的，那就享受这一刻吧。

但该来的始终会来，爱情再美好，也不过水中月、镜中花。人终究要回归现实、赚钱养家吃饭的。第二天，欧罗巴的白俄罗斯老板气势汹汹地砸开了二萧的房门，向他们讨要房钱。萧军手里只有五元钱，除去昨天搬家请马车花掉的五角钱，只剩下四元五角了。

白俄罗斯人不依不饶，因为萧军他们没钱交房租，老板便要赶他们出去。萧军看到孱弱的萧红，想到空荡荡的口袋，一股戾气涌上心头。他从床下拔出一个床单裹着的长条形物件，朝白俄罗斯人挥过去。

“你赶快滚，不然宰了你！”萧军的愤怒不无道理，原来这种旅店的月租只要 30 元。但是因为洪水刚过，物价飙涨，白俄罗斯人也坐地起价，张嘴便要了 60 元房租。

“不行不行！明天我就来收房租！”白俄罗斯人看着胸口的那个东西，硬邦邦的，他以为是枪，吓得双腿发颤。

“房租，拿走！”萧军扔过去仅有的四元五角钱。白俄罗斯人怕了萧军，捡起钱抱头鼠窜。然而当天晚上，警察便敲响了萧军和萧红的房间，进来搜查。原来，白俄罗斯人以为萧军私藏枪支，便报了警。警察从床下搜出那个东西，拆开床单一看，却是一把剑。

萧军早年曾学过武术，即使这些年颠沛流离，也没有荒废功夫，随身一直带着一把剑。后来，萧军索性在欧罗巴的旅店外挂了一个牌子，招武术学生。除了当武术老师，萧军也做其他的零活儿，满哈尔滨地奔走，寻找营生维持生活。

那时候哈尔滨已经入冬。东北的冬天不能单纯用一个“冷”字来形容。人站在外面不多一会儿，眉毛胡子便全是白花花一层霜。

萧军和萧红住的屋子没有供暖，阴冷潮湿，二萧御寒的衣服又少得可怜。萧军经常是湿着裤腿便出去，回来的时候，裤子被冻得又冰又硬。

比寒冷更令人难熬的是饥饿。萧红刚刚经历生产，又得不到充足的营养，疾病缠身。萧红每天早上看到旅店的走廊上其他客房的门口挂着的面包圈和大列巴，就忍着不去想不去闻。白色的牛奶还冒着热气，客人取走放在门口的玻璃牛奶瓶，叮叮当当的声音让萧红既心慌又羡慕。

堵住耳朵就可以听不见声音，蒙上眼睛就可以看不到面包，甚至捂上嘴鼻就闻不到那阵阵的麦香。但即使这样，肚子还是咕噜咕噜地叫，身体最诚实，从不会骗人。萧红白天就躺在草垫子上，幻想着门口那唯美的面包圈，听到走廊上脚步响起，就下意识想，会不会是萧军回来了。

萧军通常在深夜推开房门，带回来的食物也少得可怜。一块大列巴，两人小心翼翼地一小块一小块地掰着吃。萧红往往吃了几口，就说自己不饿了。萧军看在眼里，心里全明白。他让萧红再多吃一点儿，萧红忙说，吃饱了吃饱了。

深夜，两人抱在一起取暖，但是饥饿却赶走了困意。萧红饿得发昏，刚刚吃过的几小口面包掉进胃，像是一小块石子坠入深井，连个回声都听不到。萧军问萧红，饿吗。萧红忙摇头否定。萧红又反问萧军，萧军也回答，吃得很饱。两人都知道对方在说着世界上最善意的谎言。

清浅时光，与你相依

即使是最寒冷的冬天，只要有爱人陪在身边就是温暖。无论怎样困难，只要依偎在萧军的臂弯，萧红就觉得安心。这样的爱情，纯情、淡然，此时两人尚未成名，维持着清贫的生活。然而就在这样清浅的岁月里，两人相携扶持，心中的甜蜜远比任何时候都要浓烈。

贫穷和饥饿对于二萧来说，是最大的考验。萧军在遇到萧红之前，一个人吃饱全家不饿，随遇而安，并且后来在《国际协报》当了编辑，有了写文章还钱的本领。虽然那时萧军的稿费百字不足一角钱，但是尚可维持一个人的温饱。然而遇见萧红，来到欧罗巴之后，萧军不仅要照顾病中的萧红，还要安抚萧红孩子一般偶尔闹气的小情绪，最重要的是，因为从老裴家搬了出来，失去了《国际协报》的编辑一职，失去了固定收入。

萧红被饥饿折磨得没了人样，开始反思自己的青春。青春是色彩绚丽的，是勇敢，是无畏，是勇往直前，是反抗，是革新，是无所惧怕。但是这一切似乎都是鲁莽冲动的。现实逼迫得萧红不得不低头，她开始细细打算今后的生活。

为了钱，萧红想到了高仰山。高仰山就是萧红当初在哈尔滨女中时的绘画老师，算是萧红绘画艺术的启蒙恩师。萧红非常羞于见到高仰山，也不愿意高老师看到她如今的窘迫和贫穷。高仰山似乎无所谓，他带着自己的女儿来看萧红。

其间，两人又谈到了那百味杂陈的青春，还有随之而来的悲喜剧。高仰山谈到了艺术，谈到了萧红钟爱的绘画和文字。

在高仰山女儿的一再催促下，高仰山简短地结束了谈话，拿出一沓钱，放在了桌上。高仰山走后，萧红看着桌上的钞票，无尽羞愧。她曾经是高仰山的学生，当初在女中时，是那样地亲近自然、热爱艺术，和高仰山去野外去花园，采风写生。那时的萧红裙角飞扬，青春盎然。然而如今，却让高仰山看到了自己的贫穷。萧红反思着高仰山说的话，心中万分感慨，只有衣食无忧的人才有资格活在回忆里，活在悲春伤秋的情绪里。萧红决定放下享受青春的心态，正视现实，好好过日子。

思及此处，萧红再也不觉得向高仰山老师借钱是多么多么羞耻的事情。人没有经济的独立，就没有人格的独立，当经济来源已然成了问题，哪里还能顾虑脸面呢？萧红终于收下了桌上的那一沓钱。

晚上，萧军回来了，带来了好消息。萧军找到了一个家庭教师的工作，每个月20元。并且在当天已经拿到了这个月的20元工资。萧红高兴极了，虽然这些钱连同高仰山送来的钱对于他们目前的生活来说，还是杯水车薪，但聊胜于无，这些钱已经能支持这个小小的家庭一阵子的开销了。

但萧红和萧军从来就不是什么安于柴米油盐的伉俪。情侣二人的性格直爽坦荡，今朝有酒今朝醉，明日愁来明日愁。萧军拉着萧红来到了两人许久没去过的小饭馆。在这里吃饭的大都是贩夫走卒，菜价便宜。虽然可能写着“番茄鱼”的菜肴里仅仅是鱼骨头，但这对于萧红和萧军来说，已经足够了。

萧红自信地翻开了菜单。她太清楚这里饭菜的价格了，如今，她知道怎样点菜，既能让两个人吃饱解馋，又能够最大限度地节省开支。萧红自信地招呼着跑堂点菜，她心里算计得很清楚，她明白这顿饭她是负担得起的。终于，她可以稍微喘一口气，不再为了吃饭而担忧太多了。

辗转漂泊，幸福味道

萧红的一生，是爱与漂泊的凝练。每一次的漂泊都是一次分离，但只要萧军在身边，萧红就能勇敢面对所有，不畏艰难。牵着手，便觉得心安；看着你，就能感到幸福。

这天晚上，萧红和萧军挤在破旧的小饭馆里，和工人车夫在一张桌子上吃饭。起初，萧红非常不习惯。萧军常年在外奔波，打架酗酒，结交江湖朋友，什么人都见过。上自阳春白雪，下至下里巴人，三教九流都熟悉，非常热络地周旋在各类人群里面。相比之下，萧红则显得安静害怕，无法反抗。

两人大快朵颐，要了猪头肉、5碟小菜，又喝了一些酒，结账时，付了几角钱。萧红有些小小的得意，她心里算得清楚，知道这一顿尚且算作饕餮大餐，是自己可以承受的。此时的萧红，已经有了初为人妻的样子。若干年后，萧军与萧红分手后，曾向友人抱怨，萧红没有“妻样”。

其实严格算起来，萧红并不是萧军明媒正娶的妻子，二萧在简陋的东兴顺旅馆结合，没有见证人，但也没有人会否认二萧的夫妻身份，两人在艰苦的岁月里，一直互相扶持。

都说贫贱夫妻百事哀，虽然日子很清贫，但是萧红却没有抱怨，一点一滴地为这个家付出着，从最开始的少不更事、懵懂脆弱，到最后承包家里内外所有家务，下厨烙饼烧菜，外出撰稿谋生补贴家用。不能完全否认萧红作为人妻所付出的努力。

尽管作为一个母亲，萧红是失败的，作为一个妻子，萧红也谈不上成功，但从小在那个阴暗畸形的家庭成长起来的萧红，尽自己最大努力，学着当一名合格的女主人。她虽然性格内向沉静，甚至孤僻偏怪，却尽力而为，为枕边人制造和谐温馨的家庭环境，不埋怨，不抱怨。在萧军劳累一天推开家门时，献上淳朴甜蜜的一笑。

一餐过后，萧红和萧军意犹未尽。两人来到欧罗巴附近的街口小亭子，一分钱买了两块糖。二萧含着硬糖，沿着中央大街压马路，间或打打闹闹，你追我赶。在那样的日子里，这是难得的悠闲与快乐。

萧红与萧军肆意地聊着、闹着，欢乐地跑回欧罗巴，萧红在前面蹦蹦跳跳地跑上楼梯，突然转过身，吐出舌头，让萧军看：“你看你看，我舌头是绿色的。”萧军宠溺一笑，也朝萧红伸伸舌头：“我的是红色的。”两人互相取笑对方花花绿绿的舌头，最后抱在了一起，在打开房门的一刹那，萧军红色的舌头缠住萧红青绿的丁香。两人互换着急促的气息，一同倒在木板床的草垫子上。

然而，吃饱饭的日子并不多。按照萧红和萧军的生活方式，两人很快又没钱了。发生在草垫子上的故事，除了甜蜜，更多的则是苦涩。

寂静的深夜，万物沉睡，于是感官愈加敏感。饥饿感又吞噬了萧红，萧红的肚子再次饿得咕咕叫。她怕萧军听到，小心翼翼地翻身，企图压住肚子。

感觉到床铺的震动，浅寐的萧军伸长手臂，环住萧红的腰肢，关心地问道："你饿了吗?"萧红摇摇头。"你是病了吗?"萧红仍旧摇摇头。"肚子疼了吧?"萧红干脆装睡，不再理会萧军。

白天萧军出去做家庭教师的时候，萧红在家除了发呆就是睡觉。其实她多半是睡不着的，但是睡意可以帮她驱赶饥饿感。萧军回来后，多半衣帽鞋裤都是冷冰冰的，有时甚至滴着水，形象极其狼狈和不堪。那时用萧红的形容可以称为"一条受冻挨饿的犬"。

是的，萧军就像一条可怜的犬，为了生计奔波。好在有了家庭教师的职业，他手头有了一点儿钱。于是去当铺取回了自己的大衣和毛衫。他把大衣给萧红穿上，自己穿上毛衫，两人总算也有了御寒的衣物。

虽然御寒衣物比原来厚一点儿，但是对于哈尔滨寒冷的冬天来说，是远远不够的。萧军又一次回家，又饿又冷，气得直敲桌子："我这样跑来跑去做家庭教师，简直像是个叫花子！和要饭的没什么两样!"萧红能做的，只是说几句安慰的话。

严格说起来，这是萧红和萧军真正在一起后两人独处的第一个家——如果旅馆也可以算作家的话。萧军和萧红也算是新婚，但是萧军实在没有什么礼物可以送给萧红。于是，在欧罗巴里，萧军深情地为萧红写下了一首诗：

浪儿无国亦无家，只是江头暂寄槎；
结得鸳鸯眠便好，何关梦里路天涯。

浪抛红豆结相思，结得相思恨已迟；
一样秋花经苦雨，朝来犹傍并头枝。

凉月西风漠漠天，寸心如雾亦如烟；
夜阑露点栏干湿，一是双双俏倚肩。

一句“结得鸳鸯眠便好，何关梦里路天涯”深刻反映了萧军的脾气秉性。萧军的脾气广为世人所知，年轻的时候，他一直是潇洒率性、才华横溢、仗义执言的有为上进青年。他的爱恨情仇来得浓烈，走得也轻松，绝对属于那种爱了便要得到，狠狠地爱，不爱了，便挥一挥衣袖不带走一片云彩。

带刺的玫瑰，扰人的爱情

一个人只身在松花江畔讨生活，虽然自由潇洒，但终归渴求一个有女人的、温暖而完整的家。与此同时，萧军对萧红说的这句“何关梦里路天涯”，也反映了萧军对萧红的了解。萧红是一位性格直爽，同时也能隐忍的女人。她敢爱敢恨，做事不计后果，非常迎合萧军活在当下的思想。萧军与萧红的结合，如果说一开始隐藏了太多不稳定因素，但是在日后相处的过程中，二人逐渐褪去了当初结合时的冲动与浮躁，沉下心来，踏踏实实地相知相爱，相互扶持。

萧军与萧红的爱情故事，不管结局如何，但是这份真挚和热烈，是感动天地的。尤为珍贵的是，两人的结合抛去了物质因素，在艰难岁月里，两人相互扶持，不离不弃，苦中作乐，没有相互埋怨指责，而是共渡难关。并且，在连温饱都难以满足的日子里，两人精神世界却倍加充实。萧军常说，那段日子两人自由、潇洒，年轻的心激情澎湃，这些，其实远比金钱更弥足珍贵。

萧军对萧红的爱是真的，但不能否认，萧军对其他姑娘也是余情未了。萧军身上混合着女人的敏感细腻，又不乏男人的豪爽大方，加之他生性有一种诗人的浪漫，这些特点令不少姑娘为之着迷。萧军和萧红在一起时，正是二十六七的年纪，浑身充满了男性魅力，又懂得玩弄文字，是个思想进步的青年。他在与萧红结合之前和一个叫“敏子”的姑娘有所瓜葛。

萧军是性情中人，也从不避讳自己的感情。

欧罗巴的深夜，萧军劳苦一天回来，带回一点儿黑面包。萧红和他拿刷牙缸接了点儿水，两人默默坐着，就着凉水啃面包。萧军问萧红吃饱了吗，两人抢着说“饱了，饱了”。收拾妥当后，萧红坐在床上为萧军补纽扣。

萧军看着萧红圆润的侧脸，竟然出神了。萧红从来没做过什么针线活儿，此时却贤淑体贴地帮爱人缝补衣物。萧军单手支撑着头颅，看了萧红半晌，没想到开口竟然说道：“你让我想起一个人。”

“谁?”萧红心中一凛。

“敏子。”萧军沉浸在回忆中，接着说，“你替我缝补衣服的样子很像她。”

据说这位“敏子”姑娘是萧军的初恋情人，性情温柔，小鸟依人，深得萧军喜欢。萧红对于敏子和萧军的事情并不感兴趣，但是，萧军的言辞无异于给了萧红一个打击。

这是一件非常讽刺的事情。每当萧红想起萧军对自己是如何的体贴照顾，就会越发地联想到萧军是否对别人也是这样。那首《红豆》算是萧军送给萧红的定情信物，萧红笑在脸上，甜在心头。但是一想到他曾经和别人也这样卿卿我我，萧红难免会心存芥蒂。

其实，萧军在感情上畅快直白从不隐瞒的作风，也是一把双刃剑。

萧军诚实，但这种诚实对于萧红来说何尝不是一种折磨。萧红在为萧军的莺莺燕燕暗自伤神时，何尝没有想过自己的过往。所以说，二萧的结合，始终是甜蜜夹杂痛苦的，并且这种矛盾是往复循环的。或者说，二萧的矛盾始终都没有解决，只不过在某个周期中，本质的矛盾暂时被别的矛盾所替代了。

比如在欧罗巴这个时期，缺钱、饥饿，这才是二萧生活中面临最大的问题。尽管有时候萧红会闹一闹小女孩脾气，但是她也明白，爱情终究当不了饭吃。

这天吃过早饭，萧军照例出去做家庭教师。萧红迎来了自从住进欧罗巴以来的第一位客人。这位客人身体虚弱，额头总是冒着虚汗，走两步道就喘，说两句话就咳嗽。

“这里有教武术的老师?”

“是的。”萧红应声回答。看来，萧军挂在欧罗巴外面的武术老师的牌子起了作用。

“要5块钱一个月？不能便宜点儿吗?”客人絮絮叨叨地跟萧红诉苦，告诉萧红他是如何得了肺病，如何没有钱治疗，是多么凄惨。客人觉得即使不吃药，锻炼锻炼身体也是好的。就想到来找老师练习武术。

“你回来亲自问问老师吧。”萧红有些不高兴。学费只有5块钱一个月，客人却还是讲价。话刚说完，萧红又有点儿心虚。因为她发现客人正用一种奇怪的眼神打量着屋内仅有的两双破鞋和连被褥都没有的木板床。他看萧红的样子，就像看一个骗子。最后，客人走了，也没再提学武术的问题。

萧军挣来的钱除了生活，开始有了一点点盈余。于是他花钱在报上登了广告，宣称“无所不能，什么都能教”，不久，这条广告就有了回音。

住在商市街25号一名汪姓科长请萧军做儿子汪玉祥的武术家庭教师。作为学费报酬，萧军和萧红可以住在汪科长家的一处偏房。

于是，萧军和萧红搬离了欧罗巴，筑巢商市街。临走时，萧红竟然对这个小小的破屋子有些不舍。这也是萧红的双重性，一方面，她非常恋旧，常常活在回忆里，只想找一个舒适的地方过自己自由的日子；另一方面，她又渴望突破改变，尝试新鲜事物。最终，萧红提着那个破柳条箱，牵着萧军的手，搬进了商市街 25 号。

可以说，在商市街，萧红度过了在哈尔滨最快乐、最惬意的一段日子。这段时光无论对萧红的文学修养还是个人成长都至关重要。萧红真正从一个孩子变成了大人，也从一名小妇人变成了无产革命者，对于人性的思考也更加深刻。这段日子的磨炼和沉淀，深刻影响了萧红日后的文风，同时，萧红也结识了非常多志同道合的朋友。

但萧红不知道的是，这次搬家，是她在哈尔滨最后一次辗转了。下一次的搬家，她将彻底挥别故乡，离开生养她二十余年的黑土地。

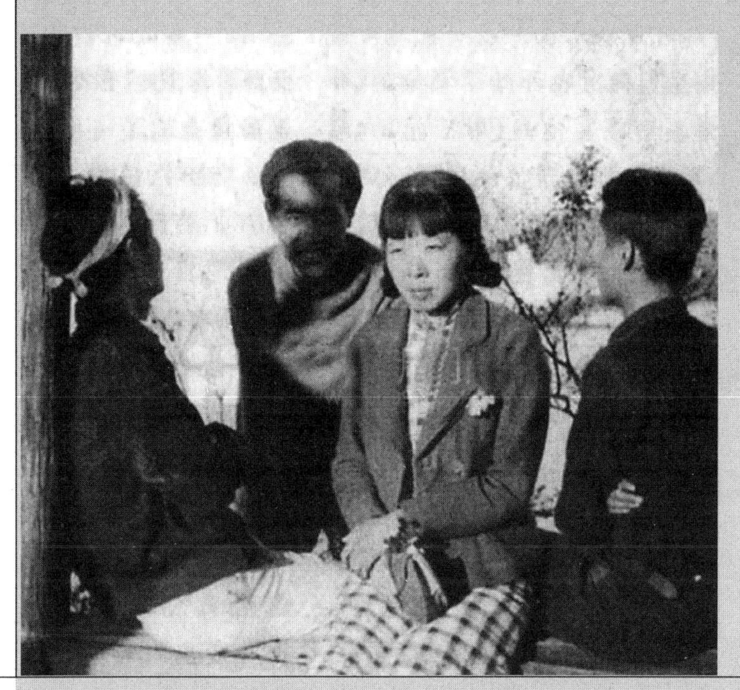

第六章

浓情时光·漂泊者的爱与寂寞

跟随爱情去流浪

1933 年 11 月，萧军和萧红搬进了商市街 25 号。自从 8 月萧红在医院生产后，她便过着半漂泊的生活，从裴馨园家辗转到欧罗巴旅店，在任何一个地方都没待上一个月。这一次，因为萧军找到了一份家庭教师的工作，二萧才有机会搬进萧军任教的汪家。

11 月的哈尔滨，已然是数九寒冬，冷风刮在脸上刀割一般的疼。萧红把全部的家当，当然既没有枕头被褥也没有锅碗瓢盆，萧军的几件旧衣服和几双破皮鞋塞进了柳条箱，和萧军一起来到了商市街，开始了两人婚后的蜜月时光。

“蜜月”这两个字，形容萧红和萧军在商市街的岁月，既辛酸又甜蜜。说起萧红的辛酸，简直可以用太多的话语形容。他们在商市街的住所，是汪家院子里一处半地下室的侧房，阳光吝啬光临，在这隆冬时节，屋子里更是无法形容的潮湿寒冷。那间屋子的门窗也小得可怜。萧军拉来了一张铁床，但无论从门从窗都进不去。最后还是萧军将床拆开才搬进了屋子。

屋子里用家徒四壁来形容，再贴切不过。因为没有被褥寝具，萧红只能躺在铁条床上。零下 20℃的天气里，屋里没有暖炉，铁条床简直就是人间炼狱，冰凉得沁骨。萧红甚至不敢直接用皮肤靠近那冷冰冰的铁条，贴上去便感觉到钻心的疼痛。

萧红像一个尽职的小妇人，收拾着屋子里仅有的那一点儿东西。汪家的小儿子看到他们，兴奋地喊起来："我的老师来了！老师来了！"晚上，萧军带着萧红拜访了汪科长，也算是让汪家儿子见过了老师。在这里，萧红意外地遇见了一位故人。

都说世界小得可怜，也说世间所有的相遇都是久别重逢。在汪科长家做客的席间，汪家三小姐汪林正巧回来路过堂屋。汪林画着艳丽的妆容，一头乌黑秀发烫成大波浪，蜂腰翘臀，款款向二萧走来。

"我在学校见过你呢。"汪林大方地笑着，白皙的面容上镶嵌着一双顾盼神飞的明眸，正上下打量着萧红，说道："在女中的时候，我比你大一届那样子吧。我经常在礼堂啊，体育馆看到过你呢。不记得啦?"

面对这样的招呼，萧红更不知道该怎么寒暄，在女中的日子，离现在也不过几年，但是萧红经历了不属于双十年华的磨难。萧红想到当年的自己，虽然也是话不多，但却是自信满满，尽管那时她正和家里闹着决裂，但毕竟是衣食无忧的张家大小姐，否则也不会到收费不菲的女中念书。铅华洗尽，回头看看现在的自己。萧红的嘴角划过一丝苦笑，现在的自己俨然一个被生计抹去了激情的妇人，每天忍受着贫穷饥饿带来的折磨，从肉体到身心。

萧红抬起眼帘，看着汪林那年轻的面容，不禁感慨和悲哀，想否认曾经见过汪林，但又觉得这样欲盖弥彰。于是萧红点头承认，然后简单地和汪林打了招呼。回到阴冷的小屋子里，萧红呆呆地坐在镜子前，看着对面的那个早生华发、眉眼憔悴的女子，对萧军说："我看起来的年纪恐怕比汪林还要大。"

萧军正忙着收拾，对于萧红突然涌上心头的感慨嗤之以鼻。萧红在镜前独自垂怜："我这样子看起来像是惨败的30岁的女人吧。"

在商市街安家后，白天，萧军出去做家庭教师，萧红便一个人在屋子里。她买来了简陋的锅碗瓢盆，学着做饭。萧红虽不是娇滴滴的大小姐，但毕竟是十指不沾阳春水的张家长女，过往的日子再苦再难过，她自己也没动手做过家务。可是这次不同往日，萧红只好硬着头皮学习做饭。

起初，连最简单的白米饭萧红都难以驾驭。好不容易淘好大米，萧红不知所措，不知道蒸米饭需要加多少水。结果第一次加的水太少，米饭全煳了锅底，黑乎乎的一片。萧军刚一回家闻到煳味，吓了一跳。萧红吐吐舌头，向萧军做个鬼脸，从头再来。

这次萧红多少有了些经验，但是最后煮出来的东西，干饭不像干饭，稀粥不像稀粥。萧军哭笑不得，却开开心心地夸赞萧红。

萧红和萧军就这样吃了第一顿在商市街的饭。这顿饭虽然简单，甚至口味不那么令人满意。但是这顿饭无论对于萧红还是萧军来说，都意义重大。萧红开始意识到，自己真的成了家，要承担责任，要为经营一个家用心。

而萧军则是对萧红一如既往地宠溺和照顾。萧军是个十足的性情中人，他对萧红好的时候，忍受萧红的孩子脾气，忍受萧红笨拙的厨艺，忍受萧红多疑不安的个性。而当他忙着自己的事情时，又不免抱怨萧红的粗糙、懒惰和多事。

这晚，吃了晚饭，萧红在小小的厨房里——实际上是屋子的一角，沾着凉水清洗厨具。萧军看着萧红冻成胡萝卜一样的手指，心疼地将萧红的手揣在怀里。都说情人的身子永远是火热的，依偎在萧军怀里的萧红感到无比满足。萧红和萧军在商市街的岁月，虽然辛酸，却也满是甜蜜。萧红躺在萧军的胸膛，和他撒娇地抱怨白天做饭的艰辛和等待的心急。一点一滴都想告诉爱人，两人的生活慢慢交融在一起，再难分开。

食物短缺仍旧是萧红不得不面对的问题。长期的饥饿和营养不良，让萧红身体浮肿起来，虽然面孔仍然浑圆，但是她的身体日益虚弱。虽然萧红已经可以做些简单的饭菜，但更多的时候两人还是靠着面包充饥。

黑面包又苦又硬，没有味道。萧红撕下一小块面包，蘸着盐，小心翼翼喂到萧军嘴里。“好吃吗?”萧红笑着问。黑面包就着盐，这种味道说不出的古怪。萧军却点点头，之后又照着萧红的样子喂了她一口。萧红吃着吃着，不禁眼眶湿润，哽咽着难以下咽。

“不成，我们这样子哪里是蜜月。再这样蜜月，就要把人咸死了。”萧红嘟着嘴说道。

“不要哭，我们是在蜜月啊！你看，这面包都是甜的!”萧军故意将蘸着盐的面包递给萧红。于是，萧红又在爱人的劝说下破涕为笑。

当萧红身体好一点儿之后，她便开始学做更多的家务。生火，是最基本的生存技能。隆冬天里，屋子里若是没有炉火，便冷得一塌糊涂。萧红刚搬进来时，试着生了几次火，但每次不是火苗没跳几下就熄灭了，便是根本生不起来火。

当初在北平，萧红和陆振舜在一起生活的时候，曾经学着生炉火。那时候李洁吾还反复提醒过萧红，一定要注意安全，不要让炉火熄灭了，小心中毒。后来萧红真的有一次因为一氧化碳中毒在梦中就昏迷过去。还好被及时发现，大家把萧红抬到院子里，又请来了医生抢救，萧红才苏醒。

萧红反复试了几次，还是搞不定炉火。一气之下，她对着炉子生气，拿炉钩子敲打着门框，还不小心把自己手指烫到了。但是不能成功生火，不仅不能取暖，连饭都做不成。萧军劝她：“不吃了不吃了，拿面包将就一下吧。”萧红从来就是倔强不认输的性格。她深吸一口气，看着窗外厚厚的雪、玻璃上厚厚的霜，又扭头看着萧军冻得发白的嘴唇，咬着嘴唇，拿起了炉钩。

经过几次努力，萧红找到了诀窍，成功生起了火，屋子里暖和起来，萧军也吃到了热气腾腾的晚饭。

除了积极地学习家务，萧红也尝试为萧军减轻压力，努力寻找经济来源。她学着别人做衣服，然后拿去当铺卖。没想到人家根本不要，嫌萧红做的衣服袖子粗细不一，不是太肥就是太细。萧红费了一番口舌软磨硬泡，最终只拿到了5角钱的报酬。

那时候除了典当一些衣物，萧红没有其他的办法筹钱帮萧军养家。于是，重蹈覆辙，萧红又想到了向朋友们借钱。

萧红是个倔强又十分有骨气的姑娘。早在16岁那年，她离家出走流浪在哈尔滨街头，明明知道叔叔家的几个妹妹都在哈尔滨，却宁愿拾荒也不向她们伸手借钱。萧红的弟弟曾经劝过她："莹姐，你让她们帮帮你又有什么不好呢？"

这一次，萧红再次想到了自己的老师。在欧罗巴蜗居时，她就向美术老师高仰山借过钱。这次，她无论如何也开不了口。思来想去，她决定找当时女中的国文老师梁先生借钱。

那是一个雪后初霁的晴天，皑皑白雪覆盖了大地。萧红踩着厚厚的积雪，举步维艰地走到女中门口。看门的更夫不耐烦地挥了挥手："老师们在开会，你明天再来吧。"

"他们什么时候开完会，我可以等。"即使在这样寒冷的天气里，萧红仍觉得脸颊微微发烫。即使不是第一次向别人借钱，萧红的自尊心还是会隐隐疼痛。她在更夫不耐烦的推搡中，羞得抬不起头，却还是坚定地决定等待梁老师开完会。

"他们要7点钟才开完会。"更夫斜着眼睛瞅了瞅墙上的挂钟。

现在才5点，这样等下去也不是办法。萧红看到熟悉的校舍，心头不知为何却涌起悲哀和耻辱。若是教务科马上散会，她或许还会忍受着这无声的耻辱，在这里等着梁老师，再硬着头皮开口向他借钱。但如今，两个小时，太漫长了。

萧红抑制不住心中想逃跑的冲动，最终，她还是没有勇气在更夫异样的眼光下，在曾经读过书的校园里等两个小时。

回来的路上，萧红心不在焉，明天不知要用什么果腹，寒夜又是这样的漫长。这样想着，萧红不禁又急哭了。在那悲哀的脸庞上，竟然出现了不应有的岁月的纹路。

冬天的哈尔滨，夜晚来得非常早。虽是傍晚，但是一轮孤月和点点繁星已然挂在了苍穹上。萧红孤寂的身影穿梭于哈尔滨寂静的街道，像是一缕不知归处的孤魂。

起风了，飘雪了，旧雪未融，又添新雪。萧红趺趺撞撞地踩着积雪，在归家的路上踽踽独行。因为没有足够御寒的衣物，她鼻头冻得通红，刚刚哭过的双眼还挂着水珠，睫毛上也挂了白霜。在路过一个电影院的时候，萧红突然脚下一滑摔倒了。

她试图站起来，膝盖处却传来一阵钝痛。这时，一双大手温柔地抱住她，将她从雪堆中扶起。“三郎!”萧红猛然回头，却不经意看到萧军满是关怀的脸。萧军刚结束了一份工作，正要回家，没想到在街上遇见了萧红。

因为膝盖受伤了，萧红只好在萧军的搀扶下回了家。家里已经没有米面粮食了，萧红和萧军简单地将昨夜剩下的稀粥热了热喝了。萧红冻得发抖，膝盖又疼，躺在床上，轻轻地呻吟。萧军烧了热水，想端给萧红，却连一个像样的水杯都找不到。

萧军只好用饭盒盛了热水端给萧红，谁料热水洒出来，弄得到处都是。萧军又找来一个玻璃瓶装上热水，结果因为水温太高，玻璃瓶底炸开了。这两个没什么生活经验的新手，就这样过着所谓的新婚蜜月生活。

萧红躺在冷得刺骨的铁条床上，看着萧军苦中作乐拿没了底的玻璃瓶当小号吹，暗自叹气。萧军光着上身迅速跳进被窝，搂着萧红，用体温互相温暖彼此。萧红又抬眸看着窗外轻飘的雪花，听着萧军轻轻的鼾声，眉头轻蹙，心底又苦又甜，只好下意识地抱紧了爱人。

在笔墨中，让灵魂飞扬

哈尔滨的雪，纯净得宛若超尘脱俗的仙子，随风在空中飘散，轻舞飞扬。轻薄的雪花片片压在枝头，远远望去白茫茫一片雾凇，像是月宫桂树的玉枝。萧红的情仇也随着这轻盈纯净的雪花飞过哈尔滨的苍茫大地，最后落在商市街25号的门前。

萧红的哀愁，永远那么苦涩。在哈尔滨的商市街正式安家后，萧红也一直挂念着呼兰的那个家。她虽然年少叛逆过，但终究放不下血浓于水的亲人。萧红曾想过，若是父亲改变了态度，若是自己从小生活在一个价值观念开放的家族里，人生会是什么样子。

但这一切永远是如果，残忍的现实一次又一次提醒着萧红：过去的，永远无法更改。

萧红和萧军曾经在哈尔滨的街道上遇见了自己的父亲。但是他看到自己的女儿，竟然不动声色，一点儿表情没有，就那样和萧红擦肩而过。当时，萧军不认识萧红的父亲，但是他分明感到了萧红的异样。萧红事后感情稍作平复后，告诉萧军，刚才那位相见不相识的人，便是自己的父亲。

萧红这一辈子的苦和难，是旁人所无法体会的。初到商市街，正逢寒冬。萧红和萧军缺钱少粮。没钱带来的不仅仅是饥饿，还有寒冷。因为没有钱买木柈，他们只好向房东借。好不容易萧军挣来了微薄的工资，但是买了木柈却又买不了米。所以，二萧就在这样循环往复的窘迫中，过着捉襟见肘的生活。

萧红每每抱着萧军，看着窗外簌簌落下的雪花叹气，是不无道理的。她和萧军的爱情，只能这样。这样，便已经是极致了。她倚在门口痴痴地等萧军回来，汪家小姐却路过萧红的门口。汪家小姐涂着艳红的唇膏，耳环荡在脖颈间，丁零作响。她看着目光黯淡的萧红，快言快语道：“咦！你们两个没有去看电影吗?”

萧红默默地回望她一眼，摇摇头。

“可好看了，蝴蝶主演的电影。”汪家小姐一边说着一边比画着，“片尾结局，两个人在一起了。哎，不知道接着演下去，两人会过怎样的日子。”

萧红听了，咬紧了嘴唇。童话故事的结尾都写着，从此，王子和公主过着幸福的日子。对啊，那然后呢?假若王子和公主要一同面对各种难关，亲人的摒弃、饥饿的折磨、贫穷的桎梏……那王子和公主的生活还能永远美满幸福吗?

此时的萧红，已然不再是当年毅然决然逃婚离家出走的张家大小姐了。当年，萧红学着娜拉的样子，勇敢地冲破封建婚姻的牢笼，走到广袤天地寻求自我。但是后来她因为弹尽粮绝，只能流浪街头甚至差点儿被人骗去做娼妓。那时的她第一次仔细思考，娜拉出走后会怎样。

搬来商市街，萧红开始学着生火做饭，洗衣缝补。她每天都要把小刀、蒸锅和碗筷擦得发亮，努力地在千百次的失败中锻炼自己的厨艺。这时的萧红，在沉默的另一面，也开始思考更多生活的本质和人性问题。

萧红羡慕地看着汪家小姐，对方看着萧红，半是讥讽半是不解地说道:“你们两个真是怪人。一个每天出去，一个就每天在家等。”话虽然难听，但这毕竟是事实。萧红正不知该反驳什么的时候，恰巧萧军走进院子。萧红欣喜地朝萧军奔去，汪家小姐咯咯一笑:“哟，你的三郎回来了，和你蜜月的人回来了呢。”

萧军揽着萧红的肩膀走回房间，从口袋里掏出烧饼递给她。萧红坐在床沿一边啃着烧饼一边喝水。萧军吃了晚饭，又披上大衣准备出门。萧红不舍地将他送出门，问道:“这么晚了还出去干什么?”萧军表示，再出去找一些家庭教师的零活儿做做。

白天萧军出门做家庭教师，晚上回来做汪家少爷的武术老师。在商市街居住的这段期间，白天萧军出门后，萧红便坐在床上，两腿伸到炉子旁边，围着毯子看书，一看便是一天，经常忘记吃饭。

如今的萧红远离艺术已经很久了。在女中的时候，萧红极其热爱诗歌和绘画，她那颗向往自然和谐之美的心灵，一直挂念着曾经让她魂牵梦萦的文字和美术。曾经，她也在校刊上发表过几篇小诗，署名“悄吟”，但那不过都是过眼云烟了。萧红想重新提起笔，却又觉得胆怯。她质疑自己驾驭文字的能力是否还能回到当初，她质疑现在的新文艺浪潮是否接纳她的文章。

萧红对于生死的理解，远远深于同期的青年女作家。萧红笔下的文字大都沉重、悲情、淳朴、现实。她将个人穿越生死的经历赋予小说主人公，创造出了一个个栩栩如生的形象。除了对生命的理解，萧红对农民和封建家庭的感情也如实地反映在了笔下。因为从小在地主家庭成长的原因，萧红既见识到以父亲为代表的地主乡绅的嘴脸，又了解到贫苦佃户的苦境。

发表于 1933 年 5 月的短篇小说《王阿嫂之死》普遍被认为是萧红的处女作短篇小说，虽然这种说法有待商榷，但是这篇小说确实反映了萧红早期的小说创造风格。小说里描写了一个悲剧故事，王阿嫂和丈夫都是普通农民，从没犯过大错，但是却不断遭受命运的折磨。王阿嫂的丈夫被地主放火烧死了，王阿嫂不得不挺着大肚子下田劳作。最后，王阿嫂死于难产，母子二人谁也没能见到明天的太阳。

通篇文章基调低沉悲哀，萧红将农民，尤其是女性的凄苦命运刻画得淋漓尽致。文中写道：“雾气像云烟一样蒙蔽了野花、小河、草屋，蒙蔽了一切气息，蒙蔽了远近的山冈。”这里的遣词造句，看似“轻描淡写”，却渲染了故事的悲凉气氛。

萧红的小说往往没有跌宕起伏的情节，也没有波澜壮阔的构架，人物关系也简单易懂，在散文般的小说行文中，女性命运的坎坷与农民生活的不幸可见一斑。虽然这之后萧红的小说修饰手法，行文脉络有所改变，日益成熟，但是，农民生活和女性悲情的命运一直是萧红小说的主题。

除了对生命的思考以外，萧红的文章更多展现了人性的本质。在商市街蜗居的这个冬天，萧红曾请来几位老师傅帮忙拉木柈。那天大家都忙了好久，最后萧红给了几位老师傅工钱后，又将仅剩的零钱给了他们。因为看到他们，萧红不禁心软，她想，这些人的年纪都可以做祖父了，却不能好好安享晚年，要出来干活儿贴补家用。这件事情对萧红影响非常大，她从此之后，在文章中更加注重人性的描写，也在字里行间加入了自己对于人性的理解。

这世上所有的一切，只有时间不会说谎。无论怎样遮掩，时间都会还以真相，无论怎样遗忘，时间都会提醒你，生命，从不会有空白。

短短三年，萧红经历三段感情的变革，穿越生死的界限，她想遗忘，想归零，想重新开始，但是经历过的，就不能否认。雁过留痕，人过留名，光阴的故事即使不在每个人的眉角添上细纹，也会在每个人的心里划出痕迹，刻骨铭心。

搬来商市街后，萧红曾经感叹过："这一次，真的是过日子了。"可以毫不夸张地说，萧红的成熟，就是通过在商市街的生活历练的。所以，所有这一切，酸甜苦辣，这一幕幕由萧红主演的人生悲喜剧，拉开了帷幕，便再难教人遗忘。萧红不自觉地就将这些故事写进了自己的小说。小说中的主人公，是萧红每个维度的缩影，共同演绎着一名平凡女性坎坷的命运。

艺术源于生活而高于生活。所以，现实，是最精彩的剧本。

现实的精彩之处在于，人性的百变。萧红是典型的双子座女生，可以在朋友、爱人面前故作坚强，可以在困难面前昂起倔强的头颅，同时也独自一人躲在角落暗自神伤。她渴望被理解，被疼爱，又害怕亲人的束缚与管教。所以，在这样清贫的日子里，萧红的乐观和潇洒也可以将黑白的生活渲染成彩色。

1933 年的春天来了，萧红的生活也变得生机勃勃，她蜷缩的身体也渐渐舒展开来。经历过1932年的隆冬，初春的微风刚刚吹绿柳芽，萧红便迫不及待地走出低矮潮湿的屋子，到河边、到公园踏春赏花。

春风吹皱了松花江的水，也在萧红的新湖中掀起涟漪。万物复苏，萧红最喜欢大自然的生机盎然。此时，萧红的心情也逐渐走出了阴霾。虽然爱情不是全部，但是枕边有挚爱，天边挂彩霞，风吹柳岸绿，再没有什么比这些事情还让人心情爽朗的了。

这时候的萧红，已经拿起了笔，全身心地投入到写作中。如果说1932年的冬天是无情的、灰暗的、动荡的，那么1933年的春天就是充满希望的。即使经历再多的辛酸，萧红毕竟还只是一个双十年华的女孩，她和萧军以热情洋溢的青春抵挡着世态炎凉，在艰难的岁月中，苦中作乐，永远追逐着自由和幸福。

那时候在哈尔滨的大街上，经常可以看到萧红和萧军潇洒的身影。萧红上身穿着花格子衬衫，下身穿着中学女生常穿的黑裙，脚踩萧军的皮鞋，和萧军边走边唱。

萧军的打扮也非常惹眼，脖子上系着黑蝴蝶结，手里拿着三角琴，与萧红琴瑟和鸣。当时抗日英雄赵一曼女士也曾在哈尔滨中央大街目睹过二萧的风采，对二人潇洒的作风颇有印象。萧红和萧军一路走着唱着，像是流浪诗人，脸上洋溢着青春的笑容，双眸透出对明日的憧憬。二人步履轻快，仿佛此刻是世界上最满足、最富有的人。

萧红从不在意他人的侧目。要知道，为了这一天的自由，她实在等了太久了。萧红和萧军的结合，是不能从普通人谈婚论嫁的角度去探讨的。这一刻，在商市街那间屋子里，或许仍旧没有足够的粮食；这一刻，在萧军的口袋里，或许仍旧没有足够的生活费。而萧红也不知道明天是否还要走进当铺典当衣物，萧军也不知道自己明天是否就要被解雇，但是这一切都无妨。

他们的爱情是纯粹的，他们的生活也是简单快乐的。在纷扰的尘世中，二人拨冗除杂，找到灵魂伴侣，觅得心灵港湾，相互扶持，鹣鲽情深，相濡以沫，携手走在通向自由和新生的道路上。

萧军在回忆录中记录了商市街这段快乐的日子，他说："尽管当时政治社会环境是恶劣的，但是我们从不悲观，不愁苦，不唉声叹气……不管天，不管地，不担心明天的生活……这种流浪汉的性格，我们也是共有的……我们过得很快活，很潇洒，很诗意。"

1934 年的夏天，萧军和萧红在商市街留下了一张照片。照片里，萧军短衣短裤，意气风发，潇洒倜傥，萧红紧紧地依偎在萧军身旁，略为腼腆，乌黑的秀发梳成两条辫子，垂在胸前。

清风拂过，吹起萧红洁白的裙摆和额前的刘海，她静静地站在阳光下，微眯着眼睛，看向不知处的远方。

这样快乐的日子，与金钱无关。或许这种幸福，以后都难以复制了。

那段日子闪着光

1932 年 11 月，刚刚搬到商市街的萧军和萧红，经济状况困窘。为此两人四处奔波向朋友借钱。虽然曾经和老裴闹过不愉快，但是萧军还是找到了裴馨园，希望他伸出援手。裴馨园为了帮助萧军，以自己的名义在报纸上登了一份广告，声称有一位住在商市街 25 号的朋友可以做文学、武术家庭教师。

萧军成功地找到一份文学家庭教师的工作，这样每个月就有 15 元的固定收入。后来萧军又在离商市街 5 公里的一个偏僻的地方找到一个家庭教师工作，于是萧军每天步行穿过哈尔滨辗转不同的地方，给别人做文学老师。本以为从此之后每个月都会有不菲的固定收入，没想到，第二天，萧军的一个学生便找上门来。

"我爸说，学古文才给你钱，学白话文没什么用。可是你毕竟教我念了一天书。”小男孩有些腼腆，拿出 1 块钱递给萧军。萧军和萧红说什么也不肯拿。二萧虽然一直贫穷，但是非常慷慨大方也有恻隐之心，他们都是新文艺青年，有知识有文化，深知君子爱财取之有道。最后，萧红跑出去追上男孩子，强行将 1 块钱塞在了他的口袋里。

萧军失去了一份工作，好在他还有杂志社每个月固定的 5 块钱稿费。不过，因为每个月都提前透支领薪水，萧军的工资已经不能再提前领取了。生活再次陷入困境。受到萧军的启发，萧红也试探着在报上刊出广告，寻求家庭教师的职位。

终于，萧红招来一名女学生，教授文学，念小学课本。这段故事萧红写成小说《女教师》，文笔欢快活泼，非常有趣。萧红的女学生年龄比萧红还要大。萧红教她读小学课本。遇到一些很简单的字，女学生抢着说：“我会我会，让我读!”便自己拿着书本，字正腔圆地读起来。

萧军曾经带着学生回家，每当他一本正经地念起课本的时候，萧红便忍俊不禁，只好躲到厨房里。这次，两个人的角色调换了，萧红有模有样地做小老师的时候，换作萧军躲到厨房，捂着嘴忍不住地笑。

“老师，我可能有事，过几天来不了了。”女学生一边收拾东西，一边略有歉意地看着萧红。“没关系，没关系。”萧红合起书本，送女学生出门，临行前，还一再叮嘱她注意安全。

“下课啦?”萧军在小得仅够一人转身的厨房里回头望了萧红一眼。萧红趿拉着萧军的尖头皮鞋，一路小跑进屋，扑进萧军怀里，调皮地捏捏他的鼻尖：“笑，笑什么笑!”

“哈哈，小鹅，看你一副装模作样的读书样子。”萧军笑着说道，他觉得萧红做家庭教师时故作严肃的模样既可爱又搞笑。每当萧红高兴时，两只手张开摇摇晃晃地走路，那样子非常像白鹅，于是萧军便昵称爱人为小鹅。“我当然高兴！一个月又多了 10 元的收入呀！小狗熊!”萧红也给爱人起了很多好玩的绰号，她形容萧军又笨又壮，于是叫他小狗熊。萧军也高兴地抱起萧红，在地上转了一圈！“啊，哈哈！”萧红双脚离地，像是踩在棉花上一样，幸福得眩晕，银铃般的笑声洒在斗室里。

“看，这是她给我的 5 块钱学费。”萧红骄傲地扬扬手中的钞票，“她说下次来的时候会将另外的 5 块钱送过来。”萧军满意地翘起嘴角，在萧红脸颊落下一吻。在这个充满了油垢的小厨房里，两人满足地相拥，不管生活怎样困苦，他们总是能够找到快乐的源泉。人活一世，也许，这就是生命精彩的真谛。

四五天过去了，女学生还是没有出现。这日，仍是在这个厨房里。萧红正忙着准备晚饭。经历过几次惨败的教训，此时的萧红不能说轻车熟路，但也能够游刃有余地驾驭食材和炊具了。她最拿手的便是烙葱花油饼。利落地切葱、和面、擀饼，所有工序一气呵成，萧红哼着小曲转身向油锅里撒下一把葱花，顿时，葱香四溢，香飘满屋。

“先生。”几日不见的女学生竟然叩门而入。萧红有些意外，转身问道：“你怎么许多天没来了？”女学生头垂得很低，声如蚊蚋地解释道：“我生了病。”萧红有些疑惑地打量着她，她的样子不像是生病了。女学生羞怯地递给萧红一张纸条：“先生您读过许多书，我有事想请教您。”

萧红和萧军面面相觑。因为萧红看过纸条上的字，竟然一个都不认识。萧红以为自己眼花了，凑到蜡烛面前又看了一遍，结果，她发现，不是蜡烛不够亮，也不是字迹太潦草，而是——自己根本就不认识那两个字！萧军说这是《易经》上面的字。女学生吞吞吐吐地说：“我批了八字，找很多人看，大家都看不懂。我想先生您是有学问的人。”萧红尴尬地扯扯嘴角，勉强牵出一个笑容，却说不出一个字。

从此之后，女学生再也没来过，剩下的那 5 块钱学费也没有给萧红。萧红悲哀地想，自己算作什么先生，连一个“八字”都不认识。至此，萧红短暂的家庭教师生涯结束了。有了这一次的经历，为萧红增加了信心。为了减轻萧军的负担，帮忙添补家用，萧红开始多方面地寻找工作。

萧红很留意报上的招人信息，原本她想，萧军还有几份家庭教师的工作，所以自己找工作的事情不急。不曾想，这晚萧军回来之后唉声叹气告诉萧红，南岗的那个人以后不学武术了。萧红一下子着急了，每天早饭的时候，焦急地跑出去拿了报纸，边吃饭边翻看招聘广告。

终于，一则电影院招广告员的启事打动了萧红。因为萧红在中学的时候尤其热爱绘画，也有一定的美术功底，便想去试一试。但是萧红还是有些犹豫，广告没有说明月薪多少钱。萧红悄悄压下念想。第二天，萧红又在报纸上看到了广告，仿佛电影院读懂了萧红的犹豫似的，这一次，广告明确地写出：月薪 40 元！

萧红高兴地跳了起来，抓着报纸告诉萧军这个好消息。萧军不以为意，一盆冷水泼向萧红，说什么这都是骗人的消息。“我前天看到有一处招家庭教师，结果跑过去一看，至少有 20 个人去面试。”萧军冷冰冰撇下一句令萧红垂头丧气的话。萧红顿时没了心情，勺子在碗里搅了又搅，迟迟不肯吃一口。“发什么呆，待会儿等我忙完了，我陪你去看看。”萧红听了萧军的话，蓦然双眼发亮，迅速地吃饭洗漱。

萧军和萧红按照报纸上广告的地址找那家电影院的代理去了。在牌匾林立的哈尔滨街头，两人走大街穿小巷，最后在一个小巷子里找到写满广告的大厦。沿着逼仄的楼梯上楼，好不容易找到广告上写的那个地址，得到的回复却是：我们已经不帮他们招人了，你直接去电影院问吧。

“什么玩意儿!”萧军晚上回家后大发脾气，“尽是一些骗人的东西，只为这 40 块钱，就给他们去耍宝……什么情火啦，艳史啦……真是无耻和肉麻!”说着说着，萧军竟然埋怨起萧红来。

萧军的火暴脾气一上来，便六亲不认，他狠狠地责骂萧红，说都是萧红的主意，结果被耍得团团转。到了第二天，临睡前，萧军又想起这件事情，气不打一处来，说着说着竟然破口大骂：“真是混蛋，不知羞耻的东西……要是有人一个月给 200 块钱，你就什么都干了吗?”

萧红听着听着，竟然觉得萧军说的有道理。萧红的悲剧，一面由外界造成，一面又是因自己的个性和选择造成的。萧红红着脸坐在床头，听着萧军疾风骤雨般的谩骂和训话，竟然渐渐觉得自己理亏，声音小了下来，不再反驳。萧军见状，声音越来越大，理直气壮。

萧红在萧军的面前，总是略感自卑的。她当初和萧军在一起时，不仅一文钱没有，肚子里还有个累赘。这件事情，一直是萧红面对萧军时，心头的一个结。萧红和萧军结合后，因为种种原因，暂停了文学事业，完全依靠萧军的稿费和家庭教师的学费生活。一个在经济上难以独立的女人，对男人的依靠恐怕不止恋慕这样简单。

萧军气冲冲地进行完了他的“睡前训话”，翻身倒头便睡，不一会儿便传出了鼾声。萧红默默地坐在床上，沐浴在银色的月光中，像是一尊桂月女神的雕像，一动不动，脸上的表情隐在昏暗的光阴中，叫人捉摸不透。

就在萧红即将打消做广告员的心思的时候，她却在中央大街上偶遇了金剑啸。金剑啸是辽宁沈阳人，满族。1926 年，金剑啸到哈医大读医学，但是亲身感受时局的复杂和东北政权的动荡后，金剑啸决定弃医从文。他拜读鲁迅、茅盾等文学大家的作品后，深受启发。这些大师的作品，很大程度上影响了金剑啸的文艺风格，也使他的思想日趋成熟。

1929 年，金剑啸加入中国共产党，同年春天，他在上海学习专业美术。科班出身的金剑啸，受过全面系统的训练，油画、水粉画、木版画都能够轻松驾驭，笔下人物栩栩如生。中共哈尔滨市委成立后，金剑啸来到哈尔滨，组织群众的“反日”活动。

1933 年前后，金剑啸与中共哈尔滨市委的许多地下党员一同发起了多项左翼文艺青年的活动。其中金剑啸组织的最有名的一次画展便是《维纳斯赈灾画展》，1932 年秋天，松花江泛滥，哈尔滨遭遇了百年不遇的一场洪水。洪灾过后，金剑啸收到杨靖宇的指示，团结左翼文艺青年，举办了这场赈灾捐助画展。当年协助金剑啸一同举办画展的还有白涛、王关石等东北著名画家。

就是在这场画展上，萧红也贡献了两幅作品，一幅画是两根胡萝卜，一幅画是萧军的傻破鞋和山东硬面烧饼。虽然仅仅是两幅普通的彩色粉笔画，却让大家注意到了萧红的文化底蕴和绘画功底。尽管这次赈灾画展收入微薄，但是萧红却因此认识了很多文艺界的朋友，其中就包括金剑啸。

这天在中央大街遇见金剑啸后，萧红好奇地看着他皮鞋上的颜料，问他去哪里了。没想到金剑啸竟然告诉萧红他在为电影院画广告，还问萧红有没有兴趣一起帮他，他的月薪是40块钱，可以分一半给萧红。萧红欣喜若狂，飞奔回家告诉萧军这个好消息。

“真是踏破铁鞋无觅处!”萧红又像一个小鹅一样，高兴地挥起双手。

萧军嘴里还是埋怨地骂着，却迅速吃了饭，烧饼还是半生着就吃了下去，也没来得及喝汤，草草吃完晚饭，他一边抹着嘴一边往外面跑，扔下萧红自己去了电影院。萧红抓起衣帽跟在后面，刚走几步又想起来炉灶旁边还有柴火，生怕着了火，萧红只好折回家查看一遍。萧军边走边嘟囔着：“女人真是磨蹭，真会坏事。”萧红在后面听了，抿着嘴笑了起来。她觉得萧军好矛盾，原来说不去的人是他，现在他比谁跑得都快。

到了电影院，俄国人、日本人、中国人，在门前乱成一锅粥。萧军打听了几个人，都说没看见也不认识金剑啸，便气愤地甩袖走人，回家了。萧红则耐心地等了半个小时，终于见到了金剑啸。“你们怎么不再找找我?”金剑啸觉得好笑，也实在拿萧军的倔脾气没办法。

那一晚，萧红为金剑啸当助手，两人忙到了深夜10点。当萧红拖着疲倦的身子回到商市街的住所时，一推门，一股浓浓的酒气扑面而来。萧军喝了酒，醉醺醺地看着萧红，脸色阴沉：“有了职业就可以什么都不要了吗！连爱人都不要了!”话毕，萧军气得躺在地上。

思及一天的劳累，萧红突然感到无尽的悲哀和委屈。握了一天画刷的手腕还在隐隐作痛，身体的疲惫感还未得到舒缓，一阵更令人心酸的疲惫感便涌上心头。辛苦工作了一天，刚踏进家门，还没听到一句温暖的问候，冰冷冷的责怪便劈头盖脸砸来。

萧红苦笑，感到无奈、凄凉、悲哀。她看着在地上打滚儿的萧军，一把抢过他手里的酒瓶，仰头喝光。那个夜晚，夫妻二人互不相让，拌嘴斗气，喝光了一瓶酒。萧红泫然欲泣地想，我真是很坏的女人吗？为了 20 块钱，害得爱人如此生气，在地上打滚儿。萧红想着想着，又哭又笑，酒精和烟草的刺激让她疲惫又兴奋的神经混乱至极。萧红一手握着酒瓶，一手夹着香烟，放浪形骸，开怀畅饮，放声痛哭，和萧军一起躺在地上，肆意宣泄。

天总是会放晴，吵架的爱人也终归会和好。翌日，萧军陪萧红去了画棚。这一次，萧红给金剑啸做助手，萧军给萧红做助手。第三天，三人同时被电影院的经理解雇了。

萧红在小说《广告员》的结尾写道，广告员的梦到底做了，也到底碎了。

牵牛花房酝酿的芬芳

哈尔滨这座冰雪之城，在历史上曾扮演过举足轻重的角色。早在 20 世纪二三十年代，就是中国对外开放的一个窗口。因为身处东北，毗邻俄国，哈尔滨成为多元文化的交流地，在那里聚集了很多有识之士，他们借助哈尔滨这个平台，带来新思潮，推行新文化。熟悉哈尔滨的人都知道，这座城市曾经有一个文化核心之地，就是位于尚志大街南头拐角处的一栋俄式木房。在这座普通的木房中，曾经，无数伟大的灵魂在这里激荡碰撞，他们用笔尖改写了一个时代。

这座俄式木房，就是遐迩闻名的牵牛坊。

1932 年 11 月，萧红经萧军和金剑啸的介绍，正式加入牵牛坊这个大家庭。因为参加了维纳斯赈灾画展的缘故，金剑啸不仅结识了萧红，也认识了很多志同道合的朋友，这其中也有冯咏秋。冯咏秋是哈尔滨著名的进步人士、作家和诗人，毕业于北京大学中文系。1929年，冯咏秋的父亲从一名白俄罗斯兽医手上购买了这处俄式木结构平房，继而转给了冯咏秋。

这座位于街角的俄式木房，被鲜花环绕着。除却白雪皑皑的冬季，春、夏、秋三季，房子四周都开着不同的花儿，争奇斗艳。这其中，模样朴实、生命力顽强的牵牛花在一群怒放的花朵中，显得尤为引人注目。这些粉色，抑或紫色的小花朵，娇嫩地倚在枝条上，随着蔓延的绿色藤条，一路向上爬行，绕过了门窗，伸到了房檐上，为小小的木屋增添了几分梦幻、纯净的色彩。

确实，这座看起来普通的房子，也为那些并不普通的一群人提供了一个不被外界打扰的环境。冯咏秋是一位思想积极进步的名士，当时哈尔滨沦陷，各界有识之士的反满抗日的呼声都很高，冯咏秋为这些人提供了一个安全的聚集地，就是这间宁静的俄式小木屋，也就是后来人们所熟知的牵牛坊。

当时很多进步文艺青年都聚集在牵牛坊，举办文学沙龙，各抒己见，作诗赋词，忧国忧民，为国家的前途、百姓的生活担忧。东北作家群的大多数成员，都是从牵牛坊走出去的，比如白朗、舒群、金剑啸、萧军、萧红、白涛、王关石、方未艾等。在牵牛坊的鼎盛时期，无党派爱国人士和共产党人也曾聚集在这里，忧国忧民，商讨哈尔滨被日军侵占后的未来。后来，牵牛坊在文艺沙龙的掩护下，演变成地下党人工作接头的地方，逐渐发展成为共产党人的地下秘密联络点。

在那个时期，中共满洲省委秘书长冯仲云也曾光顾牵牛坊，有时在那里与同事接头，交换信息开展工作，更多的时候，冯仲云会和左翼作家们一道吟诗作赋，宣讲共产党的抗日主张。当时也不乏在东北工作的游击队员来到牵牛坊小憩，他们留下了非常珍贵的抗日故事，也为左翼作家的写作提供了灵感与素材。

当萧红第一次被萧军带来牵牛坊的时候，她诧异地发现，汪家小姐汪林也在这里。汪林仍旧是红唇浓妆，嘴角仰着一抹浅笑，自信又高贵。汪林一手搭在腰间，一手拿着稿子，嗓音清澈又轻柔，慷慨激昂地念着一首小诗。青年们或站或坐，围在她的身边，沉浸在她的诗歌中。可是在萧红看来，这些以男性居多的青年，更多的，其实是沉浸在汪林的美丽和从容之中。他们的目光在汪林姣好的身段上流连忘返。

萧红有些不知所措。原来，萧军早就是这个圈子的人，她除了和萧军共同住在商市街25号，知道他的几份工作之外，对于萧军的朋友和圈子完全不了解。令萧红更加不安的，除了汪林和萧军的关系，还有萧军的朋友们。

看来萧军真的把萧红隐藏得很深，他的朋友们大都以为萧红是作为萧军的附属品出现的，萧红从那些人的眼中读出了质疑。萧红心中涌起一丝委屈，何时，她这个走在时代浪尖上的文艺女青年，变成了只会围着锅台和丈夫打转的家庭主妇了？萧红决定，利用在牵牛坊的聚会，施展自己的才华，重新拾起往日的激情。

哈尔滨的冬天冷得让人无法抵抗，萧红提议组织一个小剧社，吸引了很多志同道合的青年。他们借用了民众教育馆的报纸阅览室，挤在一起一边取暖，一边商讨着成立剧团的事宜。但是这个小小的剧团，成立没过三天，便夭折了。日伪方面加紧巡逻，敏感地捕捉一丝一毫的“反动”声音，在道里抓了不少工人。牵牛坊每天进进出出如此多之人，很难不引起日伪方面的注意。为了更多人的安全，这个还未命名的剧团便草草结束了它短暂的生命。

然而，萧红等一众人并未气馁，1933年的仲春初夏之际，当牵牛花又一次盛开的时候，酝酿已久的小剧团又再次回到了公众的视线中。与上次不同，这个小剧团是一个半公开的组织，当时，金剑啸是星星剧团的导演，萧军、萧红还有冯咏秋都是剧团的骨干。

剧团刚刚成立之时，大家都满怀激情，心中揣着理想抱负。剧团的名字确定后，便要商讨团歌。由萧军作词、金剑啸作曲的团歌至今读起来，仍让人觉得豪气万丈、感慨万分：我们的身躯渺小，我们的光芒微弱，我们的故乡是暗远的天空，我们的任务是接待黎明……剧团的名字截取自“星星之火可以燎原”，大家都希望通过这种文化传播，可以唤醒民众，对日伪当局起到震慑作用。

“星星剧团”一共排练了三场小短剧，分别是张沫元的《一代不如一代》、白微的《姨娘》、美国作家辛克莱的《小偷》。这三个进步短剧在左翼文学青年的圈子里引起了不小的反响。

萧红作为这两次剧团的组建者之一，在左翼文艺青年的圈子里有了一定的影响，积累了一些声誉，进入这个沙龙的核心。萧红这一次非常精彩地证明了自己的实力，她所展现的才华和独属于女人的细腻，为她赢得了掌声，也让很多人由此对她刮目相看。

英雄总是惺惺相惜，萧红和萧军这一对伉俪在牵牛坊，结交了许多朋友，甚至有几人对萧红的一生都产生了关键的影响。在牵牛坊，萧军意外地遇见了在东北陆军讲武堂时的同学黄田。黄田和妻子袁淑奇租住在冯咏秋的牵牛坊里，也算是牵牛坊的半个主人。当时大家戏称黄田为“黄牛”，叫他的妻子为“母牛”。冯咏秋自嘲是一头“傻牛”，还给每一位来牵牛坊的人都起了名字，所以，当萧红和萧军初到牵牛坊的时候，大家高兴地喊道：“又来了两头牛！”

萧红经常参加牵牛坊的家庭聚会和文艺沙龙，在暖洋洋的房间里，她生满冻疮的脚开始发痒。萧红尴尬又艰难地在棉鞋里缩了缩脚趾，看着在旁边激情讨论的朋友，心里暗想，这是我自己的事情，只好努力忍着了。

牵牛坊来来去去有很多陌生人，但是大家都非常友好地坐在一起聊天探讨问题。尽管有时候会争论得面红耳赤，但是大家仍然是求同存异的，每个人都有自己的立场。桌子上摆满了茶水和瓜子，客人们可以一边吟诗作赋一边吃着零食。

萧红看到女主人拿给了女仆3角钱，叫她买松子，登时心疼得不得了。她在心里默念，好浪费，为什么要吃松子呢！不吃了吧，千万不要将那3角钱丢了呀。女仆捏着3角钱拐出了牵牛坊，萧红还是心心念念的不安，感觉那3角钱就好像是自己的一样，此时放在别人身上好不安全，生怕丢了。

女仆买了松子回来，大家一边笑着聊天一边吃松子。萧红心中五味杂陈，仔细地剥着每一颗松子，又快速地吃着，不给松子在舌尖停留的时间，她生怕别人看出她的困窘。一般人都是拿松子当作零食消遣的，萧红却将零食当作了果腹充饥的主食，无比珍惜地吞掉每一颗松子。

走出牵牛坊，清冷的夜风迎面而来。萧红紧了紧大衣毛领，将自己藏在里面。萧军揽着萧红的肩膀，踱步在哈尔滨的夜色中。两人回到家中，萧红迟疑了片刻，还是将自己的心情说给萧军听："我吃了很多松子，感觉那些小东西是可以填饱肚子的。"

不料萧军也大方地承认道："不知不觉，我也吃了很多松子呢，就像是吃饭一样。"

萧红缓缓地坐下来，环视着清冷的屋子，厨房里冷锅冷灶，又没了食物。萧红想，为什么她和萧军的感受这样一致呢？此时，她可不认为这是什么劳什子的爱情，这是所谓的心有灵犀一点通。她想，是饥饿将她和萧军的感受牢牢捆绑在了一起。

很多时候，那些牵牛坊的朋友会留萧军和萧红吃晚饭——或者称为消夜。牵牛坊有厨房，也有全套的炊具，每当袁淑奇热情挽留萧红吃饭的时候，萧红都说："吃过了吃过了，已经很饱了。"但是，只有她自己和萧军清楚，他们实际上一粒米都没有吃。

广告员的工作丢掉了，萧军也丢了几个家庭教师的职业，刚刚向朋友借来的一小袋米也吃完了。萧红不得不再次面对寒冷和饥饿。只是这一次不同，她不再是自己一个人围着被子寂寞地坐在火炉边，用书本上的文字抵抗饥饿。现在，她加入牵牛坊这个大家庭，每个人都热情地接纳她，邀请她做客、吃饭。

但是萧红仍旧有着那一丝的自尊和底线。想想她宁愿流浪街头也不愿意向妹妹弟弟要一分钱，就知道萧红每向别人伸手要一次粮食和钱财，都是无奈之举，实属不愿。

谢过了袁淑奇，萧红又再一次地投入哈尔滨寒冷的夜风中，萧军快步走在前面，不耐烦地催促她："快点儿走，怎么这么慢!"

萧红这一次没有乖乖地跑过去将手插进萧军的臂弯，而是独自一人双手插着兜儿，跟在萧军后面。她看着路灯下自己拉长的身影，清凉孤寂，她想，为什么要走这么快呢？回到家里又能有什么呢？还不是看着家徒四壁的斗室，两人抱在一起取暖，互相汲取精神食粮。但其实，锅里什么都没有了啊!

萧红看着萧军逐渐隐在夜色中的坚毅的背影，心底突然有了勇气。她终于小跑上去，恶作剧般从身后抱住萧军："小狗熊!""磨磨蹭蹭!"萧军板着脸，任凭萧红黏在他身边撒娇。而他们身后的牵牛坊里，仍旧灯火通明。橘色的灯光从木窗泻出，柔和地散在纯净的雪地上，静谧、安详。

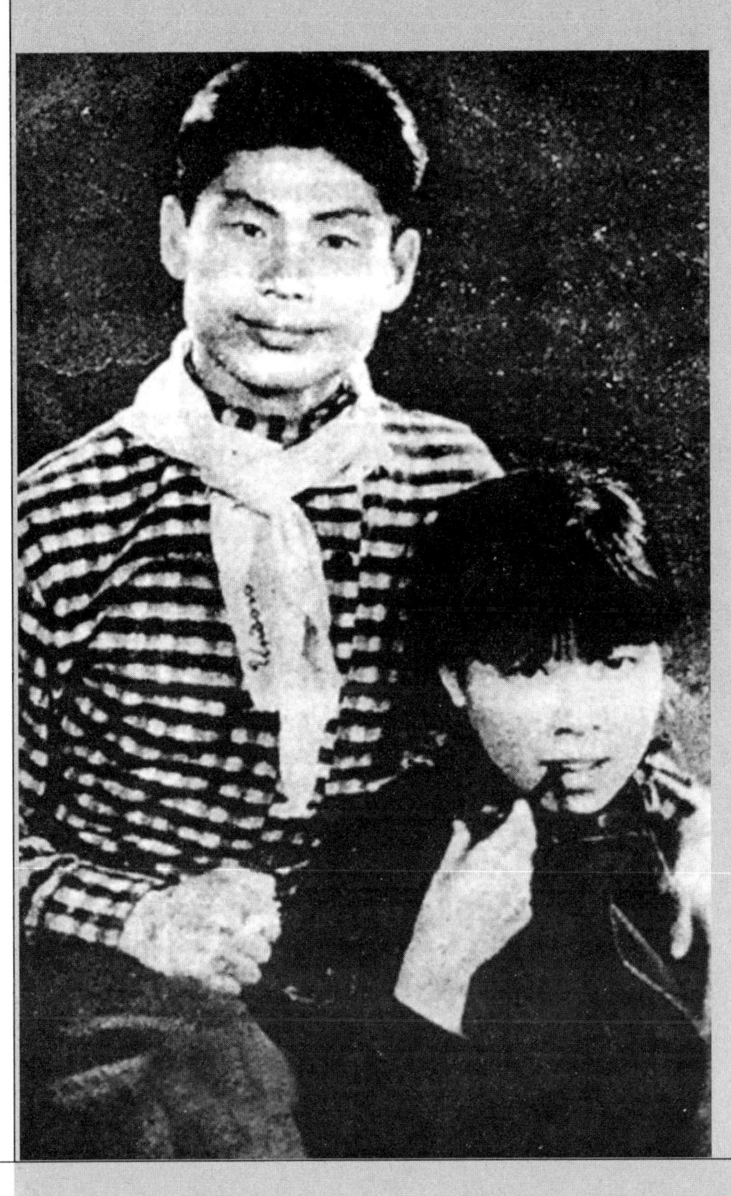

第七章

爱情苦杯·昨夜明灯，昨夜的梦

漂泊不再是浪漫的注解

萧军和萧红第四次去牵牛坊，正是辞旧迎新的新年。那一夜，牵牛坊举办了盛大的新年聚会，平日里经常到牵牛坊小聚的文人墨客齐聚一堂。大家唱着跳着，甚至有人男扮女装，化装成丑角出来蹦蹦跳跳，让人们哄堂大笑。

在艰难的岁月里，这是久违的快乐。萧红也被快乐的氛围渲染着，穿梭于人群之中，与友人觥筹交错，意气风发地交谈着。灯光绚丽多彩，宛若繁星从天花板上泻下，三色交替，为狂欢的人们罩上了一层不真实的梦幻色彩。

红色的灯光将每个人的脸颊映得通红，萧红微醺地看着萧军，久未舒展的眉头不再紧蹙，纤手搭在萧军的肩头，随着音乐胡乱地扭摆着身体。突然，灯光又变成了绿色，人们纵情欢笑，指着对方绿色的头发和绿色的嘴唇，笑得直不起腰。女人这厢笑得花枝乱颤，男人于是便倍加努力地跳着，为博得佳人一笑。蓦然，灯光转成蓝色，一切变成了忧郁的颜色，微微冷清的灯光唤醒了萧红，她看着挤在一起欢笑的人们，心中竟感到一丝的孤单和彷徨。

萧红走到角落里，点起一根烟，轻吐一个烟圈，在朦胧的烟雾中看着一众男男女女。她想，至少这些人不像她和萧军这样惨，食不果腹，连明天在哪里都不知道。

黄田挪动着胖胖的身躯，做着搞怪的动作，惹得大家笑出了眼泪。他举起酒杯，大声说道："不乐白不乐，今朝有酒今朝醉！"而另一边的角落里，黄田的妻子袁淑奇走过来，递给萧红一个信封，嘱咐道："回家再看。"

正巧萧军也过来了，看到信封也莫名其妙。夜深了，二萧告别了朋友们，走出牵牛坊。腊月的天气，冷起来不饶人。牵牛坊对面的院子里，铁链锁着的小狗也冻得小声呜叫着。日本宪兵们骑着电摩托在街上巡逻，"突突突"地从两人身边经过。

"冷吗?"萧红穿着萧军的厚外套，而萧军只穿着秋天御寒的夹衣。

"不冷。"萧军一边说着一边竖起了衣领。

与萧红一起同行的朋友仍旧沉浸在牵牛坊的欢乐中，大家大声嚷着，谈论着旧时过新年的快乐。萧红无心听他们的谈话，因为，她在呼兰的岁月，无论是新年还是生日，快乐都是有限的。祖父去世之后，这有限的快乐更加渺茫起来。自从离开故乡，萧红便踏上漂泊之旅，始终不知道也不曾体会过年的快乐是什么。也许，在牵牛坊度过的新年，是萧红有生以来最快乐的新年。

用钥匙打开铁门，萧红又累又饿，太过快乐的聚会仿佛也很耗体力似的。突然，她想起了口袋里的信。萧红忍着脚痛，挪到蜡烛旁边，打开信封。

"天哪！三郎，你看这是什么!"没有完全抽出信里的东西，萧红已经激动得跳了起来，仿佛忘记了脚趾上冻疮的疼痛。

萧军衣服脱到一半，侧头望去，竟然看到萧红手中的信封里，露出一张 10 元钱钞票。

牵牛坊的朋友们其实早就看出了萧红和萧军生活的窘迫，他们对二萧伸出了援手，帮他们解决了很多困难。有时候，那些朋友会精心烹饪一桌好菜，招待萧军和萧红。那些鱼肉对于萧红来说，是难得的佳肴。

与此同时，牵牛坊的朋友也鼓励萧红进行文学创作。1932 年年底，《国际协报》准备在辞旧迎新之际办一份特刊，特此征文。朋友们鼓励萧红重新执笔写文，但是萧红很没有信心。裴馨园曾经是《国际协报》副刊的编辑，但当时已被当局革职，据说是因为裴馨园在文章中直接对当局做出了攻击。后来，方未艾接手了裴馨园的位置，做了副刊的主编。

方未艾是萧军和萧红的老朋友，他也曾找到萧红，鼓励她再次投身文学创作。前面提到过，萧红早期的文学作品《王阿嫂之死》，就是在这个时期创作的。作品一经刊登，就赢得各方好评。为此，萧红逐渐增强了自信。

同年夏天，萧红正式为《夜哨》供稿。《夜哨》是《大同报》的文艺副刊，当时由罗烽和金剑啸发起，每一次期刊的稿件都由萧军收集整理。萧红每一期都为《夜哨》写稿，这期间，她发表了大量的文学作品，署名悄吟或者玲玲。

《哑老人》《中秋节》《两只青蛙》等作品都是刊登于《夜哨》上的。萧红的文字后面总是隐藏着浓浓的悲伤，读过她的文章，心底会蓦然一颤，心脏像是触礁了的航船，一点点地沉下去。

《哑老人》讲述了一个半身不遂的乞丐老人与孙女相依为命的故事。然而，孙女被恶毒的女工头打死了。在那个兵荒马乱的年代，死了一个人就如死了一只爬虫一样，没有人会关心过问，警察也懒得管。与哑老人挤在一个破屋子下的另外两个老乞丐向他隐瞒了事实，每天讨饭回来供哑老人吃。最后，哑老人死于火灾。他的烟斗掉到了草席上，他却呆呆地坐着，捏着孙女的照片，身体痛苦扭成一团，任凭胡子冒着白烟。

人们读过这篇文章，简直被萧红对于人性的深刻描写所折服。哑老人的处境，不单单用一个“惨”字可以形容，也不单单是一个“穷”字可以概括。有一幕镜头是三个乞丐老人在雪天里像爬虫一样匍匐前进，叫人不敢接着看下去。萧红从小到大，经历了同时期的女作家所不曾设想过的人生，过早地体会了人间冷暖。她将世间的丑恶和冷漠无情投射于笔下，又在每个悲剧故事里穿插了一丝人性的关怀。

萧红始终是一个心软的人，在她穷得捉襟见肘的时候，路遇乞丐，还搜刮着全身企图找出几分钱丢到这些可怜人儿面前的破碗里。萧红凭借着女性天生的细腻敏感，结合自身的经历体会，勾勒出一个个人间悲剧，将美好的东西撕碎给人看，叫人读罢文章，心里难以平复。正因如此，萧红的文章一经刊出，就在社会上掀起了波澜。

人们簇拥这位新生派的女作家，赞赏她的文笔和美好的心灵，然而，因为这些文章触及了日伪政权的敏感地带，当局逐渐注意到了萧红等人，对于《夜哨》有所察觉和忌惮。

除了这些反映底层人民生活的文章，萧红在当时也写了很多少女情怀的散文和小说。《中秋节》中的内容，是萧红回忆当年在北平和陆振舜以及李洁吾一同生活学习的岁月。萧红在文中娓娓道来，讲述自己如何孤身一人在北平度过中秋节。文中提到了李洁吾对她的关心，文笔婉约悲凉，透露出一名少女如诗般的情怀。文章的最后，萧红回到现实，今年的中秋节，在身边的人是萧军。

这个时期萧红的文章，文笔还略显稚嫩，不够老到成熟。但是已经能够从文章的布局结构、措辞手法中看出萧红扎实的文学功底。萧红善于用描写带动剧情，用慢镜头讲述故事，从小细节出发，缓慢自然地行文。从萧红的文章里，很难发现波澜壮阔的场景，但她就是用那样两三笔的白描勾勒，就已经交代清楚故事的背景。萧红也从来不落笔人物关系复杂的故事，她的文章中，人物之间的联系单一、直线化，但就是从这样简单的关系中，人性的丑陋和美丽，已经可见一斑。

萧红的每一篇文章，实际上，都深深地打着自己经历的烙印。从《弃儿》中把孩子给了别人的芹到《中秋节》中回忆往事的少女绿叶，无不是萧红自己多面的化身。萧红始终心系着呼兰老家，所以她笔下故事的主人公，也多是那些纯朴厚道，又迫于生计无可奈何的底层农民。在这些文章中，萧红甚至展现出自己的幽默天分，也为以后的写作打下了坚实的基础。

由于萧红和萧军同时给多家报纸杂志供稿，两人的生活逐渐稳定下来，至少可以填饱肚子，不用每天看着清冷的灶台和空空如也的钱袋发愁了。有了一点儿盈余，萧红便想着给萧军置办一些御寒的厚衣帽。

萧红和萧军光临的是一个叫作“破烂市”的二手旧衣市场。每个摊位都搭着阴棚，于是，在狭小的街道上，一家连着一家，整整一块地都被阴棚遮住了。在这样的市场里走不了多久，萧红脚上的冻疮又开始作怪。她觉得脚疼得难以着地，又冷又饿，但是，萧红还是耐心地游走在破烂市里，想给萧军买一顶又便宜又取暖的帽子。

萧红本来只想为萧军买一顶棉帽子的，但是一抬头，发现摊位上挂着的皮外套也很好看，那宽大的毛皮领子一下子吸引了萧红的目光。萧红正思索着，萧军高兴的声音传来：“喂，你看这个帽子怎么样?”

萧军手里拿着一顶四个耳朵的帽子，他将帽子顶在拳头上转了转，又戴在头上试了试，马上变成了小猫的模样，甚是可爱。萧红“扑哧”笑了，忙说：“不行不行。”萧军又把两个面耳朵放下，萧红更是摆手：“这样子像是小狗了。以前我小的时候，戴过这样的帽子。”

萧军看好的样式太多，飞机帽也想买，四耳帽也想买。但是萧红捏着仅有的几块钱，精打细算地路过每一个摊位。最后，两人挑选了一个飞机帽，便飞也似的逃出了破烂市。因为破烂市实在太冷了，又阴又潮，最令人讨厌的是，有一个摊主竟然以为他们是日本人或者朝鲜人，用好笑的汉语和他们搭讪拉生意。

此时萧红的手里只有 5 角钱了。路过饭馆的时候，想到里面的肉包子，萧红的肚子咕咕叫了起来，但是她知道，现在不是去饭馆的时候，5 角钱可是三天的伙食费。

路过卖瓜子的摊子，萧红的眼神又难以控制地瞄了一眼那些瓜子零食。她握住萧军的手，有些犹豫："你兜里还有铜板吗?"

"你要干什么?"

"没什么，没什么。"萧红忙打消了念头，摆摆手。但是萧军仍旧追问着："你想买什么就买吧。"萧红心里苦笑着，却还是泰然自若地说什么也不买。萧军看到了身边的瓜子摊，明白了。他深深地叹了一口气，把手伸进了口袋里，但是，终究他还是什么也没有掏出来。

萧军将那几枚铜板在掌心挑了挑，还是决定不买瓜子了。现在这个时候，吃饱饭比较重要，瓜子已然是奢侈品。萧军心疼地抱起了萧红，觉得自己对不起萧红。可是，在风花雪月面前，解决饥饿温饱是更为要紧的问题。

爱情的跋涉夹杂甜蜜与苦涩

萧红和萧军的生活稍微有了盈余，萧红就拉着萧军去了破烂市，买棉帽子。除此之外，萧红和萧军还花钱请了家庭教师学俄语。由这一件小事就可以看出萧红思想的进步，即使放在现在这个年代，萧红的做法也是不过时的。有了钱之后，萧红第一个想到的是投资自己。对于萧红而言，不求物质上的大富大贵，但求温饱有余、精神满足，这就够了。萧红没有拿这来之不易的钱财满足物质需求，而是为自己添加了精神食粮。

但是每月 15 块钱的学费，萧红还是无法完全负担。于是，黄田出资赞助了萧红和萧军的俄语学费。

教俄语的老师是一位叫弗明娜的俄国姑娘，高高的个子，不施粉黛，走路轻盈，像是跳舞一样。弗明娜的父亲是一名车夫，虽是俄国人，但也是在中国讨生活的"穷党"。弗明娜年纪虽然和萧红相仿，但是教起课来十分严肃认真。弗明娜只有 19 岁，却异常独立、成熟、坚韧。从自己的家到萧红家有 15 里路程，但是弗明娜每次都是步行往返于两地之间，这意味着，每一次上课，弗明娜都要徒步走上 30 里路。

因为年纪相仿，萧红和弗明娜很快成为好朋友。每日上午课程结束后，弗明娜便教萧红跳舞，甚至在上课的时候，萧红满脑子想的都是舞步。经常是到了 12 点，萧红便嚷道："下课啦，下课啦！"然后合上书本，走到弗明娜面前跳上几个舞步。

"你看，我跳得对吗？"

"左边转，右边转，跳得可以。"

"你看我都会了，再教我一个新舞步！"萧红兴奋地央求着弗明娜。有时候还没有下课，萧红便已经按捺不住，想和弗明娜跳舞了。弗明娜便会故意严肃地板起面孔说道："上课上课，才 11 点钟。"

弗明娜在教授萧红俄文的同时，也向萧红学习中文。不过几次见面交谈，萧红已经明显感到弗明娜汉语的进步了，以至于弗明娜可以说出一些寓意很深的中文了。

那日，汪家小姐又打扮得明艳靓丽，裹着大红色的旗袍经过萧红的窗外，扭着蜂腰翘臀，甩着一头乌黑的波浪卷发出门了。弗明娜冷冷扫了一眼汪林，撇撇嘴："白吃白喝的东西。"萧红非常诧异，她不知道弗明娜是跟谁学的，竟然也可以说出这样的中文来。

因为萧军总是要外出做家庭教师，落下了很多课程，加之萧军的语言学习能力稍差，他的俄语成绩远远落后于萧红。这段时间，萧红不单单学会了俄语，还从弗明娜身上汲取了更多营养知识。她们经常在一起聊天，谈俄国的节日、犹太人的文化和吉卜赛人的流浪。都说，学习一门语言就是了解一种文化，萧红近距离地接触了俄国文化，也更加了解了外国移民的生活和内心世界。

读书、交友、旅行，之所以可以让人成长，并不是赋予了人们丰富的谈资与经历，而是让人变得心胸开阔，更加具有包容性。看的书多了，走的地方多了，经历的事情多了，便会更理解这个世界。萧红生活在多种文化融汇的哈尔滨，对于日本人和俄国人的感情，并不能单纯地用一两个字形容。

哪里都有好人，哪里也都有坏人，萧红虽然不过22岁，却深知这个道理。

俄语课持续一年就结束了，萧红再次见到弗明娜已经是半年后了。听说她生了肺病，萧红去弗明娜家探望她时，她艰难地从床上走下来，拉着萧红的手安慰道："不怕，我病好后就回国。我相信回去会找到一份工作的。"这次分别，让萧红心中隐约感到不安。于是几日后，萧红又去看弗明娜。这一次，却听说弗明娜住院了。最终，萧红也没有见到弗明娜，只好将糖果递给了弗明娜的母亲。

这次经历令萧红思考了很多，她以弗明娜为原型，创作了散文《索菲亚的愁苦》。每个人都有自己的秘密，每个人也都有不为人知的愁苦和酸楚，萧红捕捉到了少女的思绪，将其展于笔下，供人细细品尝，令人无限唏嘘。

1933年，金秋的十月带来了一丝凉风，终于吹散了笼罩于哈尔滨上空的暑气。而萧红的人生中也发生了一件令人神清气爽的大事，她和萧军要出书了！《跋涉》是萧军和萧红相恋后出版的第一本小说散文集，其中收录了萧军的6篇文章和萧红的5篇文章。萧红的文章分别是《王阿嫂之死》《小黑狗》《广告副手》《看风筝》《夜风》。

小册子原本拟用名称《青杏》，一是用来比喻两人还未十分成熟的文笔，二是借用萧红曾经写过的一首小诗的名字来比喻两人一路走来奋斗的艰辛和生活的不易。

萧红当年在诗中写道：去年在北平，正是吃着青杏的时候，今年我的命运比青杏还酸？经过反复讨论，最后小册子被命名为《跋涉》。通俗易懂的两个字，道出了二萧在文学道路上不懈的努力与奋进。其实，萧红和萧军的日子，又何尝不是一次长途跋涉。两人都好比流浪的苦行僧，唇干口燥，突然，对方出现了，两人携起手来共同面对接下来的难题，一路跋涉，越过高山险阻，穿过荆棘丛林，只为寻得真理与爱情。

《跋涉》的初稿是萧红在一字一字校验后，誊写在稿纸上的。秋后的蚊虫仿佛知道命不久矣，更加肆无忌惮。萧红经常是一只手写字，另一只手抓挠肿起的脚背。当时，萧红夜以继日地抄写着《跋涉》的初稿，就连嘴唇被蚊子叮肿了都不在乎。无论是在艳阳高照的夏日午后，抑或是在烛光摇曳的初秋深夜，萧红都静静地坐在商市街的小屋子里，一笔一画誊写初稿。只要心中有希望，便不觉得苦，萧红从来没觉得生活像现在这样有意义，有盼头。

萧军送走了来家里做客的朋友，看到萧红还在秉烛夜书，心疼地说道："别累坏了眼睛，休息一会儿吧，还差多少？"

萧红头也不抬地回道："才3000字。"

萧红和萧军要出书的消息很快在哈尔滨左翼文学青年的圈子里传开了。那段时间，萧红很少出门，几乎是一心一意抄写着洋洋洒洒的文字。朋友们来看她，都感叹说："悄吟真忙！"书稿终于整理完毕，只差封面设计。金剑啸自告奋勇为《跋涉》设计了封面，但是据说那个封面印刷不方便，于是，萧军临时抓来一张纸，在上面写上"跋涉"二字，下面写着"三郎""悄吟"，便将这张纸当作了封面。

书稿有了，封面也有了，然而，两人面临的最大问题是如何凑齐出版费。朋友们纷纷慷慨解囊，5块钱，10块钱，积少成多，尽自己绵薄之力帮助二萧。

其中最为感人的是舒群父子。舒群原本攒了30块钱准备给自己的父亲，当时舒群家里穷得破败不堪，一家老小差一点儿流落街头成了乞丐。舒群得知萧红要自费出书的事情后，毅然拿出了30块钱，交给了二萧。大家东拼西凑，终于集齐了大部分出版费，最后，哈尔滨五日画报的社长也不要出版费的零头了，答应帮助二萧出版《跋涉》。

从《跋涉》的排版到印刷，萧红紧盯每一步工序。她跑到印刷厂去，看到一张张摆放好的纸张上面印着自己的文章，比儿时母亲为她做一件新衣服还高兴。萧红微闭着双眼，嘴角微扬，努力嗅着空气中油墨的芬芳，心情激动得无以复加。

《跋涉》装订时，正赶上中秋节工人放假。为了不影响出版进度，萧红和萧军亲自去印刷厂装订小册子，两人锤铁丝钉、抹糨糊，整整忙了一天。萧军累得不停敲打后背，萧红的手上也磨起了血泡。可是二人一点儿不觉得辛苦，那一天，萧红和萧军总共装订了 100 本小册子。萧军雇来了一辆斗车，将 100 本册子全搬到了上面拉回去。

萧红也笑着跳上了斗车，回头冲萧军甜甜一笑，明媚的大眼睛神采顾盼。萧军也是干劲十足，擦了擦额头的汗水，挥鞭赶起马车。夕阳西下，将一马两人百本书罩上了橘色，萧红的头发变成了金色，紧紧地贴着她圆润的脸颊，服服帖帖。萧红的面容都变成了金色，渐渐和地平线上的落日，融合在了一起。

马儿载着欢快的姑娘和一整车的梦想，跑在哈尔滨的中央大街上。到了家门口，萧红迫不及待地抱着一摞摞书奔回房间，又跑了出来，挨个儿通知朋友们。那天晚上，大家聚集在萧红的家里，举行了一个简短的沙龙，分享了二萧的喜悦。

《跋涉》出版后，萧红和萧军快乐了好一段时间，两人去松花江划船、游泳，还意外地捡到一条死掉的鱼。两人乐天派潇洒的个性再一次展现得淋漓尽致。萧军甚至还用仅剩下的 5 分钱在松花江岸上买了茶水，与渔夫们坐在水边侃大山。他跟萧红说："全花了吧！"是啊，这样高兴的日子里，略微奢侈放纵一下又何妨呢？

《跋涉》是萧红和萧军自费出版的第一本小说散文册子，对于萧红来说是一个里程碑式的纪念。《跋涉》不仅浓缩了萧红早期文学作品的精髓，更是两人爱情的见证。萧军和萧红对《跋涉》投入的心血，就好像父母对子女的热爱与期盼。两人齐心协力，将一腔激情与才华全部凝于这薄薄的册子上。

多年以后，物是人非，这本册子仍然流传于世间，见证了爱情悲喜剧的分分合合。《跋涉》至今为止只有两版，第一版便是1933年首次发行时印刷的100册，第二版是1979年黑龙江省文学艺术研究所按照1933年排版重印的版本。在第二版的《跋涉》封面上，有萧军的亲笔题词。那是1946年萧军重返哈尔滨时，在旧书市偶遇《跋涉》，买回来后题写在封面上的。

“珠分钗折，人间地下，一帧宛在，伤问如之。”16个字，将萧军的情与爱、悲与痛尽数表达出来。

当年那个坐在马车后面迎着夕阳微笑的姑娘，做梦也不会想到，10年后，当她心爱的三郎再次拿起《跋涉》这本册子时，两人已经人间地下，天人永别。

有谁不爱鸟儿似的姑娘

萧军对萧红的爱就像是波涛汹涌的江河，来势汹涌、爱恨滔天、润泽万物，滋润萧红渴望爱与关怀的干涸心田，却也会在萧红的心田里变成洪水猛兽，吞噬萧红对未来的憧憬和希望。而萧红对萧军的爱则如涓涓溪流，汩汩流淌，不曾浇灌其他的土地，一心只向萧军，用并不充沛的水流，润泽唯一的一片土壤。

萧军军人出身，血性仗义，既能提笔写文，又可挥剑习武，浑身上下充满了男性的魅力。其实人有时候很奇怪，真正喜欢一个人，往往是没有理由的，若是能够说出因为怎样的原因而爱上一个人，恐怕这种爱就有了太多的附加价值，不够完美纯粹。萧军和萧红的结合简直找不出任何的理由，除了爱。

试想，一个即将临盆全身浮肿的孕妇和一个身高不到一米七的小个子男人，在一间混着霉味潮气的储藏室相见，怎么就会天雷勾动地火，一发不可收拾！很难说二人的吸引是萧红对萧军多一点儿还是萧军对萧红多一点儿。但是可以肯定的是，萧军确实有着不凡的人格魅力，而在两人共同携手的岁月里，萧红对萧军的依赖也越来越深。

女人的直觉天生敏感，爱情中的女人尤甚。所以当萧红一心一意陪在萧军身边时，她从他每天的行踪和表情上，嗅出了一丝异样。萧军一介野夫，没有貌比潘安的外表，也无丰厚的财产，但是凭借文艺青年和军人特性的人格魅力，确实吸引了很多女性。

萧红从小便是一个缺少安全感的女孩，她拼命地去爱一个男人，无非想换来一个依靠的肩膀和一个家的温暖安全。但是，萧军却也不曾给予她这样稳定的感情生活。第一次引起萧红注意的不是别人，正是他们居住的商市街 25 号的房东——汪家的小姐汪林。汪林和萧红一样，毕业于女中，接受过新文化的熏陶，思想开放，穿着打扮颇为时髦。

同样是新时代的女性，萧红的爽朗和直白中隐藏着沉重的寂寞和悲哀，她爱着萧军，却爱得压抑和痛苦，她的爱与痛，像是一对孪生兄弟，形影不离。然而汪林的爱却是高调奢华的，她要的东西便会放手去追。汪林是当时文艺青年圈子中的焦点，艳丽的红唇，时髦的鬈发，将一众青年男子迷得神魂颠倒。这其中，也包括萧军。而汪林看萧军的眼神，也是暧昧朦胧的。

一日，萧红和萧军回到商市街，刚进院子就看到汪林在看一封信，见两人来了便迅速地将信纸折起来。萧军打趣道：“看什么呢？情书吧。”萧红抬起眼看了看汪林，又看了看萧军，默不作声。

清晨，像往常一样，萧红翻看着当天的报纸，发现报上刊登了一篇文章，大意是在讽刺现在的小姐们画着妖艳的妆容，嘴唇红得像是“鲜血”。汪林也看到这篇文章了，她跑来和萧红聊天，说到这篇文章时，气冲冲地骂了作者几句。萧红很是觉得好笑，仿佛文章里写的就是汪林似的，不然汪林怎会如此介意这篇文章，并且如此气愤？

“你看，什么小姐不小姐，‘血’不‘血’的！这是在骂谁呢！”汪林站在院子里，手里捏着报纸，皱着眉头说道。

萧红心里很佩服作者，佩服他犀利干脆的文笔。不过萧红也不得不承认，汪林这样的小姐虽然嘴唇鲜红，风情万种，浑身充满了资本主义鲜明的标记，但她们是美丽的，勾人魂魄的，让人充满幻想的。

萧红从来没有在字里行间鄙视过这样的女子，但是，对于她们，她是心有防备的。

一日，萧军的一位长得胖胖的编辑朋友失恋了，每天痛不欲生。他浑浑噩噩，烦恼不已，和萧军萧红抱怨道：“爱情是苦还是甜呢？”后来这位编辑某一日带了酒菜和萧军回家了。

“胖子的女朋友到外地上大学去了。”萧军为三人斟满了酒，劝慰着一脸愁容的胖编辑：“别去想那么多了，来，喝酒喝酒。”胖编辑一边喝酒一边胡乱哼着京剧。萧红也说不出来什么劝慰的话，只能闲坐在一边，陪着喝酒。

爱情是苦还是甜呢？惆怅这个问题的，又何止萧军的编辑朋友一人？萧红虽是陪着他们喝酒，却也不由自主地沉浸在自己的思绪中，借酒消愁起来。萧红仰头，清酒下肚，她转眼望向窗外的明月，听着耳边两个男人微醺的呓语，莞尔。这时，一阵胡琴声音飘过，胖子来了劲头，把本就不在调子上的京腔哼得更离谱难听。

萧红推开窗子，看到汪林就在对面屋子的窗底下坐着，对着一轮月亮和清凉的夏风拉着胡琴。声音缓缓从琴弦下流淌出来，飞扬在夜空里，划过萧红的心底。她回头看了看萧军的表情，才发现他并没有喝醉，正端着酒杯听着胡琴。而胖子已经趴在了桌子上，嘴里仍旧不依不饶地哼着调子。

萧红心底一沉，琴声为谁而鸣，恐怕只有听者知。

夏天来临了，汪林决定采取进一步的行动。她和萧军萧红一同约去公园划船，三人在湖面上尽情地唱歌吟诗，好不快活。萧红是个直爽姑娘，虽然心里觉得这种三人的约会多少有些奇怪，但是看到萧军和汪林灿若繁星的笑脸，也只好将心头刚涌出的疑惑压下去。三人将船停在岸边，一一跳进了岸边的草地上，话题越聊越广，什么都开始讨论起来。不知有意无意，最后，三人聊起了恋爱和婚姻。

“你以后想嫁一个什么样的人呢?”萧军看着汪林。

阳光下，汪林白皙的皮肤变成了蜜色，却依旧那么吸引人。汪林仰头大笑，目光在萧红和萧军身上流转，最后若有所思地说道：“一个既可以谈理想又可以谈生活的人。”

萧军和汪林谈没谈过柴米油盐，萧红不知道，但是，他们在一起谈人生谈理想，却从来不避讳萧红。两人热情开放地互换意见，像是总有聊不完的话题。这次划船从公园回来之后，萧军和汪林仍旧觉得不尽兴，竟然觉得再多的言语都无法传递自己的心绪。

于是，回到商市街的房子里，吃了晚饭，汪林和萧军萧红坐在院子里，一边乘凉一边聊天。萧红赌气坐在屋子里，听着两人窗下暧昧亲昵的窃窃私语，心烦意乱。

眼不见为净，萧红干脆躺在床上，努力地培养睡意，睡着了就好了，便听不到窗外二人的笑声了。萧军不曾想到此时屋内的萧红心里做着怎样的斗争，他和汪林聊得分外投缘。

萧军喜欢在女人面前展示自己的阳刚和博识，喜欢看到女人眼中的崇拜和欣喜，喜欢听到女人言语中的娇嗔和害羞。更何况，这一次，主动的人是汪林。

这样的日子久了，萧红便觉得每过一分钟都是煎熬。萧军很坦荡，哂笑地对萧红说：“我一个穷家庭教师竟然被有钱人家的小姐看上了。”萧红猜不透萧军的心思，对于出轨，萧军竟然这样坦然就承认了。萧军递给萧红一个安心的眼神："不过我都和她说清楚了，一方面，我和她确实不配，背景差得太多；另一方面——"萧军一把抱住了萧红，蹭了蹭她的鼻尖："她知道的，我有了你。"

萧红听后，心里的冰川一下子就融化了。可汪林当然不会因为萧军的摊牌就放弃攻势。

"你冷静下来。"萧军对这个仍旧沉浸在幻想中的女人说道。

"我就是喜欢有理想的人。"汪林闪烁着一双大眼睛。

萧军在享受过汪林的崇拜和欣赏后，非常聪明地回到现实。为了解决汪林的问题，萧军又一次提出了去公园划船。不过这一次，是6个人。除了萧军和萧红，萧军还请来了一对夫妇，又请来了一位编辑。这位编辑就是写"小姐嘴唇上的鲜血"文章的那位。每两人一条船，萧军特地将汪林和那位编辑安排在了一条船上。

缘分有时就是这样奇妙。汪林和那位编辑竟然分外聊得来，不过短短两小时，当大家划船上岸时，汪林的目光已经不再追着萧军了，她所有的注意力都放在了那位编辑身上。而更有趣的是，这位编辑已经不再写口红、人血的文章了，他曾经描写过的"魔鬼"，现在都成了"仙女"。汪林每天都异常的兴奋，因为那位编辑经常到商市街看望汪林。编辑对萧军说："嘴唇当然不是用来涂人血的，亲吻却是可以的。"至此，萧军成功地摆脱了汪林的缠扰，还送给了汪林一位佳婿。

喜新恋旧，是对萧军感情生活的高度概括。但是，作为萧军的枕边人，显然萧红不是很能接受萧军拥有这么多风韵故事。

萧军告诉萧红，他在学开车时认识了一位新朋友。这位被萧红称为"程女士"的人，是一位来自南方的小姑娘。三天后，她便叩响了萧红的房门。

又是这样一位艳丽夺目的姑娘。萧红打量着她微黑的面庞，程女士嘴角噙着一抹略微害羞的笑容。她告诉萧红，自己才来北方没多久。程女士头上绑着鲜红的头巾，衬托得乌黑的秀发更加亮丽，然而这抹明亮倒映在萧红眼里，却显得那样暗淡。

汪林从萧红的窗边路过，却不经意看到了程女士，诧异道：“你怎么在这里?”

“你们认识?”萧红隐约感到不安，这些美丽开朗的小姐，怎么都围着萧军转。

“我们是跳舞的时候认识的。”汪林解释道。

随后萧军回来，告诉萧红，他和程女士一起滑过冰也跳过舞，还积极地为萧红借来了冰鞋，带着萧红去滑冰。萧红心里升起一丝悲哀，更令萧红不安的是，程女士除了经常来家里和萧军见面，两人竟然还时常通信!

然而萧红实在做不到当作什么也没发生过。她发现程女士来家里的次数越来越多，她越来越了解萧军，甚至比自己还了解萧军。程女士每次都说自己把萧军和萧红当大哥哥和大姐姐，因为只身一人来到北方，没有依靠。

这一切，萧红不说，汪林却都看在了眼里。这天，程女士再次到访，然而，还没有到萧红的门口，汪林却两手抱着肩膀截住了程女士的路：“别再有事没事地往那屋子里跑了。”

“为什么?”小姑娘眨着眼睛，表情天真。

“那屋子里有人可不高兴了。”经历过之前的事情，汪林更了解萧红，也知道陪在萧军这个潇洒不羁的文艺男青年身边，萧红需要比别人承受更多。

程女士顿时明白了，她急着澄清：“不是不是，你们误会了。我只把他当作哥哥。我自己是有男朋友的!”萧红正在厨房里调面条，听着程女士焦急地解释，缓缓放下了筷子，心中五味杂陈。从这以后，程女士确实来得少了，但是她和萧军的联系始终没有中断，仍旧很亲密。只不过，程女士再有什么悲春伤秋的忧愁，也不会跑到萧红家当面说给萧军听了。

萧红最后一次见到程女士，是她要回南方，来与萧军和萧红告别。萧红以为这一次无声的战争她又胜利了。因为，程女士直到最后也没和萧军说什么。然而，萧红不知道的是，萧军在把程女士送出门后，塞给了她一个信封。程女士打开信封，除了信纸，竟然还有一朵干枯的玫瑰！她诧异地望着萧军，萧军却只字未提，飞快地在她脸颊上落下一吻，转身便走。程女士呆呆地站在那里，好半晌才缓过神。生活又恢复了平静。萧红的生活经历了太多的波动，她实在无法想象萧军被别的女人虏获走之后，自己的生活是什么样子。熄了灯，躺在萧军身边，听着他轻浅的呼吸，萧红终于觉得踏实和心安。

在爱里，明灯百盏，不如心灯一盏。

伤了心的人，没了爱的魂

《跋涉》终于出版了，这本小册子不仅是萧红和萧军的第一次合作出版的作品，更像是两人爱情与努力的结晶。小册子出版后，萧红曾经形容像是“看着自己的孩子出生”一样的兴奋。这句话听着讽刺却又无奈。不知道孩子出生时，萧红是否真的有为人母的喜悦和激动，但可以肯定的是，《跋涉》这本册子的命运，也像是她的孩子那般，从出生就遭遇坎坷，一生颠沛流离、漂泊不安。

《跋涉》的出版在当时引起了很大的反响，虽然第一版只印刷了100本，但很快销售一空，萧红和萧军手里都没有留下一本。这本小册子不仅有着极高的文学价值，也口诛笔伐地反抗日伪政权，不仅在左翼文学圈子里，而且在普通百姓间，也引起了讨论，受到了赞扬。

然而伴随赞扬到来的，还有日伪政府的白色恐怖。虽然这本小册子非常畅销，但是人们一边抢购着《跋涉》一边传着谣言：抓人了！日本宪兵抓人了！日本宪兵没收书了！

萧红并不知道这些市井流言的真假，但是她知道世道一天比一天不太平，时局一天比一天动乱。白色恐怖的笼罩下，每个人的面孔都失去了红润，换上了苍白。连汪林那一向健康粉嫩的面颊也失了光彩。她的眼中充满了惊恐，她失神地走进院子，与萧红擦肩而过，默不作声。有时她还会慌张地说着类似于幻想的话，脸色苍白，看起来惶惶不安。

萧红也慌了，她不知道日本宪兵什么时候会抓到她和萧军，什么时候会追到家里来。终于，无形的恐慌促使萧红开始了第一步的行动——烧书。萧红颤抖着手指，慌张地翻箱倒柜，满地纸片。萧红和萧军紧张又仔细地翻看所有书籍所有纸片上的每一句话、每一个字，但是一句犯法的话都没有找到。即使这样，萧军还是慌张地将这些“可疑”的纸片扔进了火炉。

萧军非常矛盾，一面惊恐不安地烧毁纸张书籍，一面骂道：“这他妈的写的都是什么！我们为什么要烧掉，我们诋毁了谁吗?”萧红没有过多的时间说话，手脚麻利地将纸片塞进火苗旺盛的炉膛。

火苗一下子跳了起来，映红了萧红苍白的脸颊，萧红的大眼睛空洞无神。她蹲在火炉旁，握着萧军的手，全身战栗：“不不，别说了，快烧，日本宪兵是不是就要抓来了?”

炉膛内的纸片终于燃烧殆尽，萧红缓缓伸直了腰板，突然释怀了。她又信心满满了，谁来也不怕了。晚上，萧红和萧军一边吃着香瓜一边聊天，萧军将一本《世界各国革命史》从桌子上抽下：“把这本书收起来吧，别摆在上面了，毕竟这上面还说什么日本压迫朝鲜的历史呢。”说者无心，听者有意，萧红扔下香瓜，霍然起身抓起书本就要扔进火炉。

“你疯了吗!”萧军一把拉住她，“为了一个虱子烧掉一件棉袄?”

“我们的日子刚刚好起来……为什么，为什么又变成这样!”萧红突然哭起来。

生活对萧红来说，不仅是那解不开的一团乱麻，更是永无止境的折磨和压迫。她以为日子终于回暖，生活终于有了起色，不料却再次陷入乱世的恐慌中。因为早年时候颠沛流离，受人抛弃，又经历生产之痛，萧红的精神异常的敏感和脆弱，她总是草木皆兵，一点儿的风吹草动就足以让她终日心慌不安，精神紧绷。

萧红的担心并不是没有道理。日本宪兵抓走了剧团的同志，萧红知道了这件事后，也暂停了剧团的排练。一日，她和萧军还有几位朋友走在街上，其他人说起了这件事情。“徐志被抓了……两周了，还是没有消息。”这人话音刚落，萧红便撞了一下他的肩，暗示他住嘴。萧红已经惶恐到觉得有人一直在跟踪他们。萧军也意识到，局势确实越来越紧张，也许，真的到了需要离开商市街的时候了。

萧红每次进家门之前，都要反复在窗下门后查寻多次，确定没有异样才敢推门回家，回自己的家。有一次在中央大街，萧红和萧军正走着，过来一个人拍了拍萧军，萧军便默不作声地和那人拐进了一边的小巷子，像是要甩掉萧红一般。

一瞬间，无数念头涌进她的脑海，她臆想着，萧军要被人抓走了，下一个是不是轮到了自己。正想着，萧军从小巷子里拐了出来，笔直朝她走来。

“不要。”萧红瞪大了眼睛，吓得腿都抬不起来，她以为敌人使用了计策，用萧军做饵诱引自己上钩。

“走吧。”萧军自然地抓起萧红的手。萧红不明所以，仍旧不安地站在那里。“回家啊。”萧军又催促了她一声。“他是谁?”半晌，萧红才低声问出一直盘绕在心尖的疑问。“我的一个熟人。”听到这句话，萧红突然长出一口气。

风声越来越紧，此时，意外发生了一件事情，可谓雪上加霜。

夏日的午后，酷暑蝉鸣，萧红被一阵急促的敲窗声吵醒，她揉着惺忪的睡眼来开门，不料发现那是汪林的父亲。院子里人吵狗吠，汪林叼着纸烟，脸色依旧苍白，土狗在院子里狂躁地跑来跑去。萧红隐约看到萧军正在房东家的屋里说着什么，仿佛还有一个日本人的身影。

等待萧红的，一个是好消息，一个是坏消息。好消息是，日本人不是来查封《跋涉》的；坏消息是，竟然有人写了一封黑信告诉汪家，萧军是一个强盗，要绑架他的学生——汪家少爷汪玉祥。无论萧军怎么解释都无济于事，最终，汪家人不再让汪玉祥跟萧军学习武术了，甚至汪玉祥已经很少过来和萧军接触了。汪家人越来越不信任这个落魄的家庭教师了。

就这样，屋漏偏逢连阴雨，惊恐不安之余，萧军的稳定工作也丢掉了。此时，传来了更糟糕的消息，剧团的一位同事老柏已经被日本人盯上了，三天不敢回家。萧军找到黄田商量此事，黄田焦急地在房间踱步也拿不出半点儿主意。萧红和萧军在街上遇见了金剑啸，他通知两人尽快撤离，哈尔滨的局势已经非常危险了，一触即发。

夏天悄然过去，寂寥的秋天接踵而来。萧红意识到，无论如何都要离开伪满统治的地域，回到祖国。“回到祖国”这四个字在她心中日益清晰，但是，逃，能逃去哪儿呢？逃，又哪里有钱呢？萧军已经不再做家庭教师了，这次南下的迁居，需要的不是一元两元的小钱。萧红环视着屋子，看到柈子房里已经堆满了柈子，米缸里也装满了米，悲喜交加。

喜的是，她难以置信，她和萧军竟然过上了有饭吃可取暖的日子；悲的是，日子刚刚有了起色，便要再次归零。关于离开这件事情，起初萧红和萧军没有跟任何朋友提起。但是在牵牛坊的一次聚会上，萧军终于说出了此事。黄田听后竟然表示了同意。

“还是走吧，我想到要是我的朋友进去了，这样可怎么受得了？”黄田慷慨地对萧军说，“我资助你们一些路费吧。”

萧军和萧红是非常幸运的人，一路走来，一直有志同道合、肝胆相照的朋友无所保留地帮助他们。

既然决定了离开，萧红不得不面对再一次的分离。

她环视着商市街25号的小房子，看看破旧的门窗，这里墙面上的补丁，窗纸上的糨糊，都是那么熟悉。从今以后，这个屋子里不再有温暖，灶台上再也没有冒着热气的浓汤，锅里再也没有喷香洁白的米饭。萧红是个悲情的女人，一次又一次地逃亡和漂泊无情地打击着她，让她直面一次又一次的分别。

而让萧红最难以释怀和放下的，是她的同胞亲弟张秀珂。

萧红自从离家出走后，便和家里断了联系。其父下令，命族里所有的人和萧红这个“逆子”断绝关系，甚至要将萧红的名字逐出族谱。张秀珂表面上顺从了父亲，但是暗地里仍旧寻找着“莹姐”的消息。后来张秀珂到齐齐哈尔读中学，在报纸上看到了“三郎”和“悄吟”的名字，觉得十分眼熟，因为他原来就知道“莹姐”的一些笔名。张秀珂写信去报社询问过后，非常欣喜地发现“悄吟”就是“莹姐”。

张秀珂在信里给萧红讲自己的近况，讲齐齐哈尔的风沙如何迷了眼，讲令人瑟瑟发抖的冬天如何难熬。在萧红的建议下，张秀珂转学到哈尔滨读中学。弟弟终于辗转来到了哈尔滨，萧红见到久违的家人，欣喜万分。她非常重视和张秀珂的关系，因为在很长一段时间里，在张家，在父亲的吝啬和冷漠下，只有姐弟俩相依为命。从此之后，萧红一直保持着和张秀珂的书信联系。弟弟寄来的每一封信，都成了萧红的生命寄托，茫茫人海中，如今，萧红这个“弃儿”不仅找到了爱人，也寻回了家人。

离开哈尔滨意味着再次离开家人，萧红心中有千百个不舍。尽管这样，也不能放慢离开的步伐。金剑啸甚至开始和萧军商量什么时候离开哈尔滨，五六月也许最好，去哪里呢？那就去上海吧，可是要怎么去呢？船票多少钱？在海上遇见风浪怎么办……萧红和萧军每次路过旅行社的代售船票处，都会贴在玻璃橱窗上细细看着船票价格和地图，心里计算着时间和路费。

漫长的冬天终于过去，离启程的日子越来越近了。清晨，萧红像往常一样，在厨房里准备早餐。她推开窗子，看到春意渐浓，一抹新绿已经爬上枝头，高兴地说道："吃过早饭我们去江边吧，你看，春天都来了。"萧军却简单地做了回答。此时萧军正沉浸在他的稿子中，从起床至今，他一直夹着纸烟坐在那里埋头书写。

萧红从汪家厨房里打了一桶水，摇摇晃晃地往回走，"你也不帮我一下！"萧红嘀咕道。"你自己去提吧。"萧军从屋子里出来，在院子里踱步，像是为文章找灵感。萧红抬头看了一眼湛蓝的天，棉朵般的云，感受着微暖的清风，顿时心情好起来，没有计较更多，摇摇晃晃拎着水桶往回走。

一步，两步……突然，下腹猛地一抽，萧红一个趔趄，水桶狠狠地撞到她的小腿。她深吸一口气，忍痛将水桶拎回厨房，煮饭烧菜。然而这一切都就绪的时候，她肚子疼得已经直不起腰了。

"朗华！"萧红瘫在萧军怀里，"我不能吃早饭了，好疼。"话毕，两眼发黑，疼昏过去。

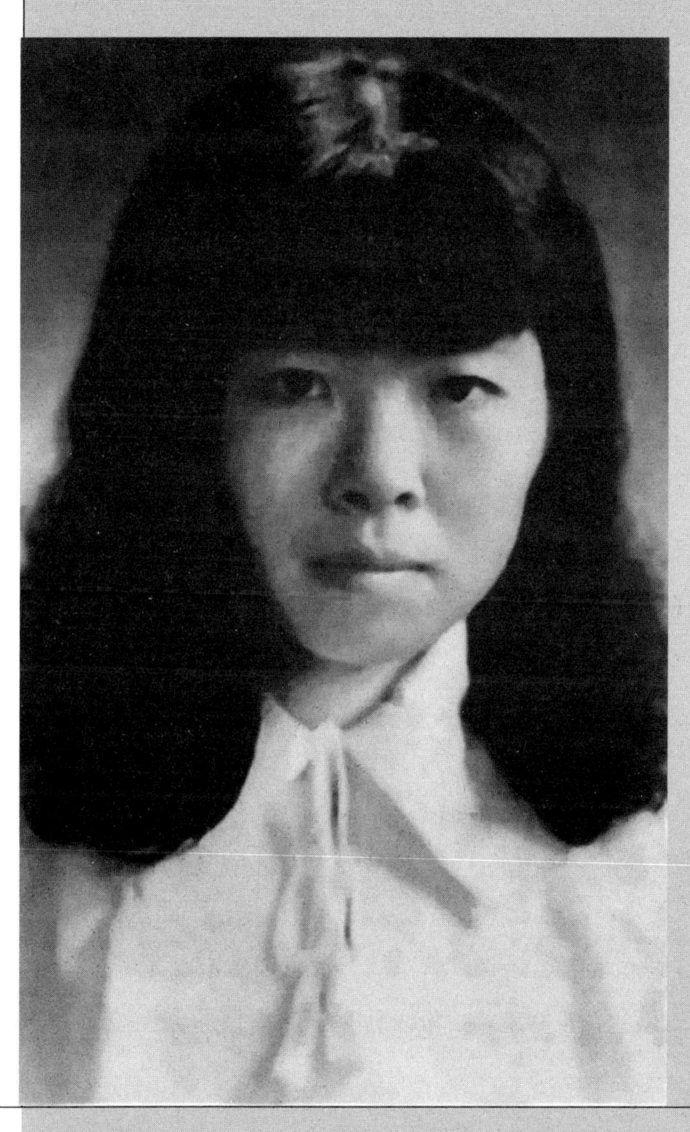

第八章

乱世漂泊·一段无法治愈的伤

樱花如雨，盛世孤独

离开哈尔滨的日子近在咫尺，登船的日子已经开始了倒计时。离启程还有一个月的时间，萧红却病倒了。因为怀孕生产时萧红身体羸弱，营养不良，加上没有得到充分的休息，所以落下了病根。这一次，萧红病得很严重，她奄奄一息地躺在床上，抱着肚子，用几乎不可闻见的唇语喊疼。

萧军请来了一位张医生，但却是一位治疗喉咙痛的医生。张医生问萧红是不是盲肠炎，萧红困惑地摇了摇头。萧军满怀歉意地送出了张医生，站在门口低声说道："对不起，张医生，一角钱也没有了，过几天把医药费给你送过去。"

张医生给萧红用了止痛药，但是不知道为什么仍旧不起作用。萧红疼得两眼发黑，萧军却抱怨起来，扎了止痛药也没有用，真是浪费。这样持续了一周，萧红的病情还是没有好转。这一周，她每天只能躺在床上，望着天花板发呆，或者昏睡过去，用睡眠抵抗从小腹传来的蚀骨般的疼痛。萧军从外面回来，带给她一束花，兴致勃勃地描绘着春天的嫩绿与芬芳。萧红苍白的嘴唇轻轻颤动，吐出几个字："真美，我想去看看。"

萧红试着下床，可是脚跟还没着地，她便又倒回了床上。"腿软得没力气。"萧红虚弱地告诉萧军。在饱受病痛折磨一周后，萧军和萧红终于去了医院。

如果说萧红的一生总是在不幸和痛苦中徘徊，那更加难能可贵的是她始终没有抱怨这种贫穷的生活，反而从底层的生活中体会到了人性的本质。她尤其善于观察和感悟浮世的善良、冷漠与孤寂，并将这些所见所闻所感凝练成文字，付诸笔下。

在医院里，萧红看到了各色的人生。穷苦的人们都有各自艰难的故事。她看到诊室里跛脚的病人、盲眼的女孩、头上生疮的小孩、年迈虚弱的外国老女人……所有的这些都让她深深感受到了底层人民生活的艰辛与不易。此时萧红作为一个患者，更加体会到贫穷中，病痛来袭时那种无助与恐慌。事后，萧红将这次看诊与患病的经过写成了一篇散文小说《患病》。

文中，萧红用一向风轻云淡的描写，将整个画面渲染出来。没有刻意的修辞，没有华丽的辞藻，萧红娓娓道来，用女性独特的敏感捕捉到了生命的脆弱与穷人看病时的凄苦窘迫。萧红始终努力做一名“接地气”的作家，这和她的童年及青年经历是分不开的。

最终，萧红接受了妇科的诊疗，这次的病才慢慢好下来。接受治疗中，萧军将萧红送到乡下朋友那里养病，萧红在哈尔滨的乡下度过了短暂又漫长的 13 天。

13 天是短暂的，弹指一瞬间，但是对于萧红来说，每一个没有萧军陪伴的日子都是漫长难熬的。乡下虽然空气清新、生活悠闲，但是萧红完全无暇享受这些。当萧军来看她的时候，她飞奔过去，紧紧抱住他。对于萧红来说，萧军不仅仅是她的爱人，更是她的依靠、她的安全港湾、她的家。

萧红执意要回家，萧军劝道：“你回家便要干活儿，要受累，这样病就不容易好。”萧红不肯。别人又怎能理解萧红此时的心情，她不要像被丢弃的婴儿一样，寄养在别人家里，她需要的是温暖和寄托。在乡下的雨夜里，萧红寂寞难耐地写道：那样风雨的夜，那样忽寒忽热，独自幻想着的夜。

终于，这独自幻想的夜结束了，萧军妥协了，带着萧红回到了哈尔滨。萧军之所以让萧红再等几天回来，一是担心她回家后操持家务，旧病复发；二是两人即将启程南下，若是萧红的身体抱恙，恐怕无法承受路途的跋涉与颠簸。

此时，金剑啸找到了萧军，这个一直计划要和萧军他们一起逃离的进步青年竟然对萧军说："你们先走吧。"

"那你呢?"

"家有妻儿，还要再安排一下。"金剑啸柔和睿智的目光从镜片后投射出来。

很快，萧红开始收拾家当。汪家的少爷汪玉祥在练习剑术的时候，举着剑就哭了。萧红一一变卖了家产，最后，连那张从门从窗都塞不进去的铁床也卖掉了。家里像遭遇了浩劫一样空荡荡的。

萧红环视四周，简直不敢相信，还有10天，就要离开商市街，就要离开哈尔滨，就要离开北国这片生养她的土地了。因为饱受病痛折磨，又劳累奔波，萧红的身体已经极度透支，眼看就要支撑不住了。

临走前，萧红和朋友们见了最后一面。罗烽、白朗、金剑啸和萧军萧红聚集在"天马广告社"，这几个人开了一瓶酒，一边喝着一边饯别。萧红曾经作为金剑啸的助手，帮助金剑啸承接绘画和广告业务。金剑啸加入中共哈尔滨党组织之后，利用自身专业特长，开了一家"天马广告社"，以其作为掩护，秘密开展党的地下工作。当时，金剑啸主要负责主持出版抗日反满的小报《东北民众报》，萧红帮助他刻版和绘画。方未艾曾经看到萧红为《东北民众报》画稿，欣喜地赞赏萧红，已经开始为党为革命工作了。

那一天，萧红不禁多喝了几杯。虽是抱恙在身，但是她仍旧稍微放纵了自己，借酒消愁。就要和好友分别，就要启程开始新的生活，萧红一半迷茫一半期待。不知，等待她的又将是怎样的未来。大家聊着过去和将来，理想与人生，水深火热的穷苦百姓和有燎原之势的共产主义。东方泛出鱼肚白，萧红恋恋不舍地告别了朋友。

那是1934年的6月，初夏刚刚来到，空气中还泛着一丝清爽的寒意。然而萧红不知道的是，她踏出“天马广告社”之后，就与金剑啸永别了。一周后，罗烽被捕；1938年，金剑啸牺牲。

1934年6月12日，萧红和萧军离开了哈尔滨。他们从哈尔滨带走的，有朋友的祝福，有对故土的不舍和依恋，还有那个叫作弗明娜的俄国姑娘送给他们的一幅刺绣。翌日，二人抵达大连。在大连，一位名叫王福临的朋友热情地接待了萧军和萧红。三天后，二萧从大连坐船前往青岛。

然而，一切并不是那样顺利。当他们匆忙登上开往青岛的日本客轮“大连丸”的三等舱时，上来了5个人。为首的一位胖警察眯着眼睛警惕地打量着两人，后面4个人有人穿着便服，有人警察打扮，都拿着手枪。

来者不善，善者不来。萧军心下一沉。但是萧军毕竟是当过军人的，良好的心理素质帮助他平静下来。

“你们要去哪里?”胖警察看似不经意朝萧军走来。

“青岛。”萧军屏住呼吸，仔细留意这几个人的每一个表情。接下来的问题看似平常，但却十分刁钻。胖警察盘问萧军在哈尔滨的职业，就职部门负责人是谁，叫什么名字，长什么样子，多大年龄。每当萧军用一些模糊的词语例如“大概，可能”回答时，胖警察便会眯起眼睛，斜着看萧军，不依不饶地问下去。

萧军的血液又一次倒流了，这一切都是他编造的，那个职位也只是他以前的一位朋友所担当的。但是萧军仍旧沉着冷静地应付警察。这都不是他最担心的，最让他放心不下的是萧红。为了防止两人互相暗示，警察将萧红带到一边单独询问。萧红久病初愈，神经又倍加脆弱敏感，萧军非常担心她的安全，也害怕警察会从萧红下手，彻底阻断他们的青岛之行。

胖警察反复检查着萧军和萧红的行李，不放过任何一张纸，甚至从他们包里拿出一张白纸对着太阳反复查看了好几次。胖警察问他们为什么去山东，萧军谎称自己的父亲在山东，此行是带着新婚的妻子回家。

胖警察的问题一个接着一个，环环相扣，不给萧军任何喘息思考的机会。就这样在反复盘问大约一个小时后，警察们决定带萧军上岸。

那一刻，萧军心中一凉，他瞬间想到了黄田和他说过的警察局。想到那皮鞭、辣椒水、煤油，种种酷刑涌入萧军脑海。然而，下一刻，萧军却冷静了。既然已经知道了结果，再怎样焦急恐慌也都无济于事。警察们带着萧军走向萧红。萧军从来没有觉得如此的坦荡和平和。他看到了萧红略微苍白的脸颊，那双清潭一样幽深的双眸，便心安了。就算是关在监狱里，就算是坐牢被判死刑，能够死在一起，也算是值得了。

这一刻，萧军突然感受到了潜意识里他对萧红深深的依恋和爱。

没想到此时审问萧红的警察已经走开了。萧红结束了审问，正趴在舷窗旁往外看。看到妻子眷恋的眼神、忧伤的神色，萧军下定决心与警察周旋到底。他故作平静地吃起了苹果。胖警察盯着萧军和萧红的眼神看了好久，反复说着，看你们就不像是好人。

苦于没有证据，最后，警察们下了船。几乎是同时，汽笛鸣响，钢链咬合发出了声音。萧军轻轻从身后抱住萧红，长舒了一口气，他知道，船起航了。他们安全离开了大连，前往青岛。

东北解放后，萧军回过哈尔滨，也曾经在这里流连徘徊，寻找过往的踪迹和记忆。然而，萧红穷其一生，也再没回东北。他们走得如此仓促，连萧红的弟弟张秀珂都没有通知。张秀珂原本在齐齐哈尔读高中，为了和莹姐保持密切的联系，他匆匆转学到了哈尔滨。放下行李，还没来得及喝一口水，张秀珂就跑到了商市街 25 号，迎接他的却是紧锁的铁门和空空如也的破屋。

这是萧红离开家乡呼兰后的第四次辗转。在商市街，萧红和萧军度过了非常愉快惬意的日子。虽然两人曾经为温饱发愁，也被穷困这头猛兽咬得体无完肤，但是两人互相扶持，相濡以沫，用乐观的精神抵抗人生中的种种苦难。他们潇洒、开朗、大方，结识了一批拥有进步思想的文艺青年，也接触了党的工作与革命任务。

哈尔滨是萧红的第二故乡，萧红在这里从一名懵懂的叛逆少女成长为一名母亲、一位妻子，一位用画笔和文字作为武器的革命战士。她在这里褪去了青涩和稚嫩，为人生的蓝图添加了色彩。

爱情如酒，越久就醇；生命如诗，真实又梦幻。萧红将苦难的日子过成了一首诗，用爱情装饰了自己的梦。爱情和诗，始终伴随萧红左右，使她的生命绽放。

文学洛神的孤独美丽

1934 年农历五月初四，也就是端午节的前一天，萧军和萧红抵达了青岛。萧红的生日是农历端午节，也就是五月初五。在到达青岛的第二天，萧红迎来了自己的 23 周岁生日。虽然萧红仅有 23 岁，但是这 23 年来她经历了常人不曾经历的波折与苦难。

因为萧红和萧军在哈尔滨自费出版的小册子《跋涉》引起了伪满当局的注意，在萧红逃离哈尔滨后，当局立即赶到张家的呼兰老宅，进行了搜索。尽管这次搜索以无功而返告终，但是萧红的父亲张选三还是感到事态严重，通过活动上层关系，拿钱消灾。

从萧红出生的那一刻起，仿佛她就没有为张家带来福气。张选三本来就不喜欢这个女儿，又因为萧红极其叛逆的性格而选择与其脱离关系，甚至走在大街上也是相见不相识。经历了北平的求学、哈尔滨的待产和商市街的甜蜜，萧红迎来了人生的第 23 个生日。这次，或许才是萧红实际意义上的新生。

萧红在青岛的这段岁月，是文学作品高产的岁月，也是萧红的文笔思想走向成熟的时期。萧红的长篇小说《生死场》中，有一个章节叫作“罪恶的五月节”。这篇长篇小说最后一幕发生的地点就是哈尔滨道里区，五月节来了，故事也结束了。萧红用多重方式纪念着 1934 年，这个重要又特殊的生日。

在青岛迎接萧军和萧红的，是舒群夫妇。早在东北的时候，舒群就是萧红和萧军的好友。萧红身怀六甲被洪水困于旅馆时，当年 19 岁的舒群就代表报社去看望她。后来，萧军和萧红自费出版《跋涉》时，舒群毫不犹豫地拿出了准备贴补家用的 30 元钱。可以说，舒群与二萧之间的友情，是非常珍贵纯净、难能可贵的。

舒群来到青岛后，很快便找到组织，继续开展党内的地下工作。在青岛党委这段期间，通过工作关系，舒群结识了倪青华一家。倪青华与哥哥倪鲁平都是中共青岛市委的党务工作者，倪鲁平的党内真实身份是《磊报》的主编。《磊报》是当时中共青岛市委的地下党内刊物。因为有着共同的理想和志向，舒群很快便和倪青华结为革命伉俪。两人的结合更有助于革命工作的开展。

倪家在青岛有一座公馆，在当地颇有影响力。萧红和萧军初来青岛，起初住在倪公馆里，后来倪家出面为二人在观象山租了一个底层的屋子。观象山是青岛有名的观海之山，萧红和萧军的房子就在观象山脚下，一面是青岛大港，一面是海滨浴场。站在观象山上，可以将整个渤海湾碧蓝的海天一色的美景尽收眼底。

萧军和萧红之所以选择落脚青岛，是有一定历史原因的。青岛起初仅为一个小渔村，沿海居民世世代代靠打鱼为生。但因为青岛拥有天然良港，是军事要塞。1891 年，清政府在青岛设防，从此青岛才逐渐由一个小渔村演变为一个都市。1897 年对于青岛的历史来说，是一个重要的转折，因为在这一年，德国从清政府手中取得了青岛的统治权，青岛开始了其殖民地生涯。

也正是因为德国人的统治，青岛才正式变为一个国际化的现代港口。德国按照欧洲建筑风格重新为青岛布局，奠定了青岛的城市风情基础。1914年，日本人从德国人手中接管青岛，在未来的20～30年，青岛政权掌管者几经易手，从清政府变为北洋军阀，最终在1938年，日本人再次占领青岛。

20世纪30年代，青岛是一个特殊的城市。北洋军阀、日本人和德国人为了争夺青岛的政权而进行混战。于是，青岛被不同势力瓜分，分为几个区，每一个区域都隶属于不同的势力，正是因为这样的局势，青岛成为很多流亡青年的聚集地。在这里，因为多方势力彼此较量博弈，无论代表哪一方的青年都不会有太大的危险，可以在乱世中谋得一个暂时安全的居所，暂时将青岛作为一个中转地。

萧军和萧红已经不能在伪满洲国待下去了，于是，逃离哈尔滨后，两人首先来到了青岛。青岛的特殊环境也为党的地下工作的开展提供了便利。当时，很多地下党员都主编报纸，开办书店，用书店作为掩护进行党的地下接头活动，当时最为著名的书店要数荒岛书店。

1933年，共产党员孙乐文和他的同学宁推之开办了这家书店。宁推之出身世家，其父是当地颇有影响力的银行家。宁推之借助上层社会的关系和力量为书店做掩护，使得当时党内很多秘密活动在荒岛书店里都可以安全有效地进行。1934年，中共青岛市政委连遭破坏，所幸荒岛书店没有暴露身份。于是孙乐文重整旗鼓，以荒岛书店的名义承租《青岛晨报》，并依托晨报传播搜集党的消息。

《青岛晨报》据说在当时是颇有影响力的地方报纸，孙乐文承租《青岛晨报》后，将该报刊发展成了党的地下工作的外围刊物。正因为青岛的种种革命和文化气息，更吸引了四处流亡的青年聚集在此。经过舒群的介绍，有编报经验的萧军顺利地成为《晨报副刊》的一名编辑。当时在青岛，萧军化名刘均，隐瞒了自己的真实姓名。因为同在报社工作，萧军结识了张梅林。张梅林曾经在吉隆坡领导过学生运动，思想先进锐意，又喜好文学，但是没有报刊编排相关经验，于是只在《青岛晨报》报社里面做一名普通的编辑。

因为工作经历相似，又极其热爱文学，张梅林和萧军很快成为朋友。在青岛，这些志同道合的文艺青年经常聚集在荒岛书店，互相切磋，交换意见。此时荒岛书店的气氛颇像哈尔滨的牵牛坊，只不过荒岛书店不会经常举行聚会，没有那么热闹。

萧红和萧军落脚青岛后，生活有了显著的改善。萧军在报社担任编辑后每月有固定的收入，萧红也协助编辑《新女性周刊》等杂志，也会有些收入。两人位于观象山的住所是舒群倪青华夫妇帮忙租下的，租金便宜，并没有花去二萧很多钱。青岛气候宜人，冬暖夏凉，没有哈尔滨那样令人难以忍受的严寒酷暑。总之，二萧来到青岛后，真正体会了什么叫舒适惬意。

经过商市街的磨炼，萧红已经由一个不知怎样生活的小姑娘成功转变成一名出色的主妇。萧军萧红和舒群倪青华夫妇二人的关系非常好，四人经常一起去公园，一起讨论文学和革命工作。更多的时候，萧红会和倪青华一起下厨做饭，准备一席丰富的酒菜等待男人们下班回来。

张梅林和萧军萧红的关系也颇近，他有时还会和二萧搭伙吃饭。每每提起萧红的厨艺，张梅林都是赞不绝口。他记忆尤深的是萧红做的葱花烙饼，黄金色的面饼在平底锅上发出“嗞嗞”的声音，葱花的香气混着豆油香，飘满整个屋子。萧红的拿手好菜除了葱花烙饼还有俄式大餐，她甚至一个人就能准备一桌子荤素搭配合理、令人垂涎三尺的美食。

此时萧红的生活，慢慢步入正轨，饥饿、寒冷、贫穷仿佛离她渐行渐远。

萧红住所的附近就是海滨浴场，闲暇时候，张梅林、萧红和萧军会一同去游泳。这是一段非常有趣的故事，萧红在水只到胸口的浅滩上，捏着鼻子，闭上眼睛，深吸一口气，一头扎下去，一阵乱扑腾，然后将头探出水面，一边大声喘气一边欣喜地对张梅林说："我是不是泅得很远了?"

张梅林哈哈大笑："你还在这里，一点儿也没动。你看，要像三郎一样，像一个皮球那样滚在水上。"

萧红循声望去，萧军正手脚并用地努力朝水架子爬去。她不服气地撇撇嘴说道："哼，我才不要像他那样，胡乱折腾一气，没有章法。"话毕，她很自信地潜到水底，接着用自己所谓的"方法"游泳去了。

张梅林非常喜欢萧红，他形容这个真挚开朗的姑娘："长得高高瘦瘦的，有些苍白的脸上一双大眼睛神韵十足，性格活泼，待人直率、坦白。"张梅林第一次见到萧红时，她穿着布旗袍和西装裤子，用一条天蓝色的丝绸撕成的布条绑住头发，穿着一双萧军的破皮鞋，后跟磨掉一半，简直"粗野得可以"!

就是这样一位外表看起来不拘小节、潇洒乐观的女人，内心却无比的敏感与细腻。来到青岛以后，生活稳定，经济也不再吃紧，萧红更加自律地投入到写作创作中。曾经在哈尔滨时，萧红便发表了小说《麦场》，但那仅仅是一个长篇小说构思的开头。到了青岛，萧红重新拾起纸笔，延伸了《麦场》后面的故事。此时的萧红，气色渐渐红润起来，精神饱满，干劲十足。萧红每天有大量的时间可以从烦琐的杂事中抽出身，专心于创作。

青岛的夏天，海风习习，清爽宜人。萧红才思泉涌，1934 年 9 月 9 日，《麦场》的全书完成。这是萧红第一次完成如此篇幅巨大的长篇小说。她用薄棉纸将书稿誊写了两份，视为珍宝，小心翼翼地拿出来给别人鉴赏。

萧红对自己的写作是非常矛盾的。一方面，她认为自己的才情、艺术天赋和细腻的文笔是非常大的优势，因此她笔下的文章可以在众多以男性视角为主的文章中脱颖而出；但另一方面，她又非常担心自己的文字女性气息过浓，不符合主流的审美。这一点也充分体现了左翼文学思想对萧红写作的深刻影响。

每当张梅林来的时候，萧红都雀跃又小心地捧上自己的书稿递给张梅林，让他第一个过目。萧红大声地给张梅林念其中的一段书稿，张梅林觉得非常有意思，借回书稿全篇通读，诧异于萧红文笔如此之清新脱俗、纤细秀美。萧红的文字给人一种散文如诗、诗如小说的感觉。

但是萧红仍旧十分想听到张梅林的意见，她满怀期待地看着张梅林问道："怎么样，阿张？"

张梅林如实回答，大加赞扬萧红的文笔与细节的处理能力。但是同时也提出了中肯的意见："全部结构缺少有机联系。"

其实，张梅林的这句话，也是近几十年来研究萧红的专家对萧红文章的看法。萧红的文章介于小说和散文之中，线索简单，没有过多冗长的情节。但是瑕不掩瑜，萧红的文字始终如一缕涓涓细水，流淌到每个人的心田，滋润着我们的思想荒地。

当萧红拿着《麦场》的初稿和张梅林兴致勃勃讨论的时候，萧军不服气地站起来，指着书架上的《八月的乡村》说道："看我的吧。"那时候，萧红和萧军的文学创作情绪非常高涨，两人有着高度的自律性，每天规定自己的写作时间。一开始，张梅林提议三人住在一起，一同协作讨论。萧红马上提议说，三个人在一起一定每天都是玩耍和说闲话，否定了提议。萧红的生活作息变得规律起来，除了为报社做一些零散的编辑工作，便是写作。

萧红被称为20世纪30年代的"文学洛神"。其一，因为萧红独特的气质。萧红的本性是纯朴、开朗的。在刚刚结合的时候，萧军也曾经坦言，很欣赏萧红的纯朴。东北的白山黑土养育了萧红，也赋予了萧红爽朗率真的个性。其二，因为萧红细腻的写作手法和牧歌般的情节铺陈。萧红的文风深受左翼文学的影响。起初，当张梅林看完萧红的《麦场》的初稿之后，萧红非常犹豫地问他："阿张，是不是女性气息太浓了？"张梅林十分肯定地对萧红说："这有什么不好？女性有她独特的视觉，除了思想外，应该和男性不同的，并且在作品里应该尽可能地发展女性的特点。”

纵观20世纪的左翼文学阵营中，应该很难再找到一个和萧红有着相似背景或者相似经历的女作家。萧红的童年充斥着痛苦与不幸，除了少数快乐的光阴，萧红一直在孤寂和淡漠中度日如年。萧红对于自然有一种天生的热爱，并且热衷于将自然之美和艺术之美有机结合，无论是萧红的绘画作品还是文学作品，自然之美总是不衰的主题。

在那个年代，萧红的爱情观也是尤为超尘脱俗的。她勇于冲破封建家庭强加于身上的父母之命、媒妁之言，她勇敢地踏出了逃婚的第一步，用事实行动向闭塞的封建家庭说“不”。无论萧红逃婚的结果是喜是悲，至少，她勇气可嘉。遇见萧军，是萧红人生的转折点。

萧军带给了萧红生的勇气和希望。虽然萧军和萧红的文字风格截然不同，但是二者的行文思路以及文章的中心主旨都大体相像。是萧军对萧红的鼓励和支持，才使得萧红有勇气重新拾起纸笔，投身于自己热爱的写作事业。但也正是因为萧军，萧红开朗的性格里面开始夹杂了更多的内向和忧愁。尽管萧红最终和萧军还是以分手告终，但是萧军对萧红性格以及文学写作上的影响却是伴随终生的。综合上面所有的因素，造就了不同非凡的“文学洛神”。萧红的美，不在于外表的美丽，而在于内心的纯朴和细腻，萧红是典型的文学女青年，她真正做到了“腹有诗书气自华”。

除了内心的丰富感情，萧红也曾经深深体会过农村底层劳动人民的贫瘠和痛苦。当初在张家大宅时，萧红就和佃户打过交道，她从小就看着这些人的喜怒哀乐，虽然身为张家大小姐，但是萧红的生活已经在不知不觉中和这些佃户交织在一起。对于底层人民的怜悯和思考，一直是萧红笔下经久不衰的主题。

萧红的长篇小说《麦场》是其著名小说《生死场》的雏形。在青岛的这段时间，萧红专心投身于写作，用纸笔还原了众生百相。《生死场》描绘的故事是在九一八事变前后当地农村生活的一个缩影。“生、老、病、死”

这种轮回本就是人生常态，而在《生死场》这本小说中，萧红借助故事的叙述，将这四个字一一诠释，娓娓道来。

《生死场》全书的基调是灰暗低沉的。读者企图在这样沉痛的行文中找到一丝的喜剧效果，甚至是黑色幽默，却发现是很难的。全书唯一美好的描写，便是怡人的乡村自然风光。萧红诚实地将自己的家乡美景和所见所闻的故事诉诸笔下。

《生死场》一文中世世代代的农民都过着平静如水的日子，脸朝黄土背朝天，没有过多的生活智慧，也没有过多的烦扰，他们的生活单调、纯净。但就是在这样的一个村落里，发生的事情却越来越让人心生悲痛，感到窒息。

因为，生之后，面对的就是死亡。《死》——美好的生活似乎都是一成不变的。恬静的乡村、朵朵懒散的白云、悠闲吃草的羊群，所有的一切都美得像幅画，时间在这里仿佛静止了。但是，村外的坟场似乎一直在变。随着村民死亡人数的增加，那片坟场的面积越来越大。那里成了野狗的天堂，每天，成群的野狗贪婪地在坟场里跑动咆哮，对那累累的白骨蠢蠢欲动。恐怖逐渐笼罩了宁静的村庄。因为死亡的逼近，村民一向麻木的脸上开始出现了担忧与害怕的表情。

全文的后三分之一，萧红讲述了农民为了反抗“日本鬼子”而做出的斗争。因此，有评论家认为，在《生死场》这本书中，萧红已经有了革命情感的萌芽。萧红真实地反映了东北农民勇于抵抗压迫、奋勇抗击日本鬼子的英勇事迹。但是，也有评论持反对意见。因为全书只有三分之一交代了农民的起义活动，剩下的章节全部用于描写村民灰色单调的生活。即使最后村民为了捍卫自己的权利，勇敢拿起武器进行了反抗，但是他们仍旧没有太多的革命情怀，他们单纯地只是为了重新找回自己的那片祥和宁静。

每个人在阅读《生死场》时都有不同的感悟和收获。但无论怎样，不能否定，萧红确实将全部的思绪与才情倾注于这本书中。全书行文流畅，情节单纯松散，萧红秉承她自己写作一贯的风格，没有刻意地布置主线，而是展开描写了一个村庄的面貌。通过萧红的刻画描写，每一个出场人物都是栩栩如生，各色人生百态跃然纸上。

萧红用笔赋予了这些农民新的生命。那些在黑土地上辛勤劳作的农民，在这片旷野中演绎着一幕幕人生悲喜剧，萧红让他们拿起了武器，走出了思想的牢笼，勇敢地站出来反抗日本鬼子的统治。从这点上来说，《生死场》受到各方的赞许表扬是当之无愧的。

萧红付出的努力总算没有白费。同一时期，非常值得一提的还有萧军的小说《八月的乡村》。1934 年，在青岛这一座城市，诞生了两本伟大的小说——萧红的《生死场》与萧军的《八月的乡村》。《八月的乡村》主要描写的是磐石游击队的真实故事。

1933 年冬天，中共磐石中心县委委员傅天飞到哈尔滨去找舒群。傅天飞是舒群的高中同学。两人见面后，傅天飞生动形象地向舒群讲述磐石游击队的武装抗日斗争。傅天飞激动地向舒群描绘游击队可歌可泣的英勇与战场上斗争的激烈。傅天飞问舒群是否还在写作，舒群惋惜地表示已经没有多少时间可以用来搞文学了。

傅天飞笑了，他拍拍舒群的肩膀说道："没关系，这是暂时的，我们还要想到将来。所以我特地给你带来一份珍贵的礼物。"舒群伸手去接，没想到傅天飞指着自己的肚子说道："都在这里，我带来了腹稿……我们两个人就是两份腹稿，总要保险一些……将来，我们两个至少能剩下一个人。"

舒群被傅天飞的故事感动了，他反复听了好几遍，记下了傅天飞的腹稿。后来，舒群来到萧红和萧军位于商市街的屋子里，将傅天飞的腹稿说给两人听。那天，萧红听得入了迷，连饼烙煳了都不知道。傅天飞的故事深深打动了二萧，也给二萧的文学创作带来了灵感。萧军笔下的《八月的乡村》的雏形便是傅天飞所述的磐石游击队的故事，而萧红在《生死场》中也借用了傅天飞的素材。

傅天飞一语成谶，他和舒群，最后真的只留下了一个人。1938 年，傅天飞被捕，英勇就义，时年只有 27 岁。所幸的是磐石游击队感人至深的革命故事却流传下来。《生死场》和《八月的乡村》是文坛上璀璨的两个明星，吸引了众人的目光，这两部举世闻名的作品也是萧红和萧军在青岛收获的最丰盛的果实。

不幸的是，“文学洛神”萧红忙于写作，旧疾复发，再次病倒在了床上。萧红这一生，总是在健康与疾病中反复徘徊，身体每况愈下，才 23 岁，就屡次步入鬼门关。萧军在日后的访谈中提及过此事，还叮嘱年轻人一定要注意身体，不要因为年轻，得了病就不在乎。

当时萧红因为协助编排报刊，向山东大学的名叫苏菲的女生约稿。苏菲到了萧红的住处，大吃一惊。萧红连日沉浸在文字之中，拖着疲惫的身躯昼夜不停地修改《生死场》，终于惹得疾病缠身，咳嗽不停。

“杏仁露可以止咳，买来喝吧。”苏菲看着在台阶前忙着家务的萧红，心疼万分。

“等再过几天报馆发下钱就去买点儿。”萧红苦笑地敷衍。

此时，萧红的生活没有在哈尔滨时那样拮据了，但也并不宽裕。她也想买药看病，但想到自己的经济状况，心有余而力不足。萧军对于萧红反复的疾病，是又心疼又厌烦的。作为爱人，他当然体谅萧红的难处，他总是抱着萧红羸弱的身子抚慰她，但是日子久了，萧军便失去了耐心。他和别人说道：“悄吟一天到晚老生病，我可不同。”这样的话语听了难免让人伤心，但是萧红已经无力反驳。萧军的脾气总是这样，狂妄自大，阴晴不定。

然而，萧红对于萧军永远是宽恕和包容的。常年的疾病缠身与抑郁的情绪，给萧红的健康埋下了隐患。我们相信，倘若萧红年轻时受到的关心再多一点儿，身体能再健康一点儿，也许英年早逝的悲剧就不会发生，“文学洛神”也会给我们带来更多的作品。

如果仅仅是如果，也许正是因为萧红短暂的生命浓缩了所有的精华，她的故事和作品今天读起来才会让人万分感慨，心生敬畏。“文学洛神”是中国近代文坛上一抹亮丽的彩虹，不容小觑，但同时，她也是人们心中的遗憾。

珍贵的信笺与信仰的力量

说起萧红传奇而又伟大的一生，不得不提到一位导师级人物——鲁迅。

说到这位文坛祭酒，就不得不谈一谈 20 世纪 30 年代的上海文坛和文学左翼联盟。当时的上海，是全国金融和工业的中心，文化事业也正在蓬勃发展。但是最吸引人的并不是上海显著的经济文化地位，而是上海享有的治外法权。作为法租界，上海享有特殊的权利，政府对于上海的管控其实都是游离于法权之外的。因此当时很多“唱反调”的左翼文学青年寄居在这里，为了寻求庇护。

这时的上海和青岛，对于左翼文学作家来说，地位和作用是一样的。同样是乱世中的一块殖民地，同时受多方势力的争夺和掌控，左翼青年在这里都可以找到很好的庇护。鲁迅先生 1927 年从北平迁居至“很不喜欢”的上海。这一年对于鲁迅来说也是至关重要的。因为来到上海，鲁迅才会更自由、更积极有效地口诛笔伐，抨击当时中国的旧社会。也正是这一年，鲁迅真正成为左翼文学青年的领袖。

鲁迅初到上海，便和茅盾等文学家一起受到了攻击。攻击称，鲁迅和茅盾是旧社会的渣滓，除非他们改变旧式的观念，否则二人对于革命来说是毫无用处的。反对的声音来自郭沫若领导的创造社以及蒋光慈领导的太阳社。1930 年左右，双方妥协，共同成立了一个“中国左翼作家联盟”，该联盟旨在推动革命文学，并翻译西方优秀经典著作。鲁迅只是这个组织的名义管理人，真正的掌权者是鲁迅的朋友瞿秋白。

当时这个联盟在全国都是颇有名气的，左翼文学思想着实影响了一大批青年，这其中自然包括奋笔耕耘已久的萧军和萧红。在那个年代，青年偶像的力量是巨大的。鲁迅已经是一流的文学家和文学评论家，是当之无愧的中国近代文学巨擘。萧军和萧红对于偶像的崇拜自是不在话下，那时候，鲁迅仿佛就是一个灯塔，当萧军和萧红在文学的海洋中畅游时，这灯塔便为其指引方向，帮助他们顺利到达彼岸。

当时，萧红的《麦场》初稿已经完成，萧军的《八月的乡村》创作也已接近尾声，在青岛的朋友圈内，大家传阅后，一致认为这是两本举足轻重的小说，出版后定将在市场上掀起不小的波澜。但是萧红和萧军心里还是不踏实，他们不知道自己的长篇小说试水后到底会有怎样的命运，民众是否接受这样叙述的文学。于是，他们便计划给鲁迅先生写一封信。

在写信前，萧军曾经和舒群去了一趟上海。两人在上海举目无亲，他们想拜访文坛上一些重量级人物，当然也包括鲁迅先生。但是两人师出无门，也不认识什么朋友，只好悻悻而归，没有任何收获。有过这次经历，萧军决定不再冒昧地登门拜访鲁迅先生，而是写一封信，叙说自己的相关情况。

萧红和萧军字斟句酌，以非常诚恳和严谨的态度写了一封信，想让鲁迅先生评阅一下《麦场》和《八月的乡村》，看看目前的主流文学是否接受这样的写作手法和题材。文末，两人准确且炽热地表达了对鲁迅先生的敬佩，也期待能够见到鲁迅先生。信的落款，萧军第一次使用了笔名“萧军”。在这之前，萧军经常使用的笔名是三郎、田军一类。萧军起好这个笔名之后，萧红随即给自己起名“萧红”，来替代“悄吟”这个笔名。二人的笔名合在一起有“小小红军”的意思，由此足以见得萧红和萧军感情的深厚以及两个人对革命的热衷。

朋友们得知萧红和萧军要给鲁迅先生写信，纷纷表示了支持和鼓励。张梅林尤其鼓励两人，他觉得现在先生就像是一个圆心，文学青年都向他学习请教。他还建议萧军“不要使用‘鲁迅先生收’这个字眼，最好写‘树人先生收’即可”。

当时萧军正犹豫不决，不知道该怎么写收信地址。在一次闲谈中，他和荒岛书店的孙乐文谈起此事。孙乐文表示，曾经在上海的内山书店见过鲁迅先生，并且还有简短的交谈。他建议萧军直接将信笺寄到上海的内山书店，不要使用真实姓名，落款留名“荒岛书店”。因为这样，即使退信回来，萧军也可以推脱责任，只是说是客户的信笺遗忘在这里，避免使人怀疑。

就这样，在仔细检查后，萧军和萧红寄出了充满希望的第一封信。他们觉得自己的行为甚是冒昧，但是若不这样冲动，二人确实没有机会能够认识鲁迅先生。信笺很快寄出去了，在等待回信的几日里，萧红是焦躁不安的。其实两人根本没抱什么希望，但即使仅有一线渺茫的希望，二人也是满怀着期待地等待回信。

令人诧异且兴奋的是，鲁迅先生回信了。鲁迅先生在信里简短地回复了萧军和萧红的问题：不要问现在要做什么，而要问自己能做什么。并且鲁迅谦虚地表明可以帮忙看一看《麦场》和《八月的乡村》这两本书稿，但是恐怕没有功夫和本领来批评。信的末尾，鲁迅先生还告诉萧军下次寄信的地址和收信人名称，叮嘱他们要邮寄挂号信，以免退回或者丢失。

萧红简直不敢相信这一切，鼎鼎有名的左翼文学的领导人、伟大的文学导师鲁迅竟然拨冗为他们这种名不见经传的无名小卒写了一封回信，还非常有耐心地解答他们的问题，这不禁使得萧红和萧军高兴得跳了起来！

他们将这个消息告诉了孙乐文、张梅林、舒群和倪青华等朋友。朋友们一起分享着萧军和萧红的快乐，由衷地替他们感到高兴。得到了回信，萧军和萧红仿佛受到了鼓励，即刻着手写第二封信。

两人摘取了《麦场》和《八月的乡村》的一些片段夹在信中，又选了一张他们在离开哈尔滨时的纪念合影。在这张珍贵的照片上，萧红用粗布条扎着两条辫子，抿起嘴唇微微一笑，坐在萧军身边，轻轻依偎在他怀里，那双灵动的双眸正散发着睿智的光芒。萧军则是意气风发地站在萧红身边，眉宇间透露着一股英气。两人看着镜头，踌躇满志，仿佛正在摩拳擦掌，立志要做一番事业。

离开哈尔滨时，虽然有着不舍，但萧红的心中更多的却是充满了希望和憧憬。这张照片彰显了二人的郎才女貌，非常精准地表达了两人的心情。后来，这张照片被选为文学杂志《凤凰》的封面。

多年以后，萧军仍然保留着和鲁迅先生往来的信笺。他清楚地记得信上的每一个字，也记得第一次收到回信时自己激动得难以言喻的心情。这次通信，为鲁迅和二萧搭起了友谊的桥梁。这之后，萧红和鲁迅结下了一段深深的友谊。

鲁迅之于萧红，影响力是巨大的。作为文学导师，鲁迅的一言一行都受到左翼文学青年的拥趸和崇拜，萧红从中学到了很多革命和文学知识，也更加丰富了自己的人文情怀。而作为朋友，鲁迅又能从长者的角度帮助萧红，每当萧红情绪低落之时，他便用自己的智慧开导关心她。从某种程度上来说，鲁迅先生不仅是萧红的文学领路人，更是她的生活导航灯。

萧红的一大特点，便是比较容易受人影响。萧红从小养成的个性虽然坚强，但是不够理性，很容易陷入别人温柔的陷阱。或者说，也很容易接受新思想和新浪潮。但是不能否认，萧红对于新鲜事物的接受能力远远高于对新鲜事物的判断能力。她之所以能被萧军所影响，除了她深深地爱着他，倾向于臣服他，还有她本身的性格因素。因此，鲁迅先生也在一点一滴中深深影响着萧红，从文学创作到生活感情。

当萧红和萧军欣喜又焦急地等待鲁迅先生的回信时，却传来一个噩耗。

1934 年 10 月初，《青岛晨报》的一位记者报道了一艘轮船的新闻，被指扩大夸张事实，于是警察直接来报社逮捕了这名记者。警察介入报社之后，报社不再是安全之地。孙乐文找到萧军，既遗憾又惋惜地告诉他："你们准备一下，离开青岛吧。"

这句话如平地炸开的一个春雷，震得萧军半天没有缓过神。"为什么?"萧军诧异。来到青岛不过5个月，日子逐渐步入正轨，现在却突然天降噩耗。

孙乐文告诉萧军，山东省这边，济南、青岛等地区的地下党组织都遭到了不同程度的破坏。同时孙乐文表示，自己不久也要撤离青岛，要将《青岛晨报》全权托付给萧军，让他处理善后事宜。报社要结束，剩下的几个人也要安全及时地转移，萧军在处理报社的相关手续的时候，也在偷偷地转移自己和萧红的物品。

得知这个消息后，萧红完全不敢相信。在青岛的这5个月，是萧红最快乐惬意的5个月，也是萧红文学创作状态的巅峰时期。虽然萧红一直疾病缠身，经济也不是十分宽裕，但是在青岛的生活已经不知道比在哈尔滨的生活幸福多少倍了。

萧红怀念观象山的氤氲，怀念海滨浴场，怀念青岛的一草一木，怀念居所的一砖一瓦。每在一处居住一段时间之后，萧红都会留下深深的感情。最为讽刺的是，萧红苦笑地想，为何又要踏上颠沛流离的逃亡之路呢?每每都是这样，生活刚有起色，便被无情地撕毁。在这个乱世年代，老天爷似乎一点儿都没有悲天悯人，它总是毫不客气地开着命运的玩笑，让人苦不堪言。

即将离开青岛，萧军迅速给鲁迅先生写了一封信，告诉他，自己和萧红即将启程去上海，不要再向荒岛书店这个地址寄信了。萧红甚至还没有从离开哈尔滨的忧愁中抽身，就要再一次陷入离别的忧愁。这时，更加令人担忧的是，舒群和倪青华夫妇也被逮捕了。

萧红有气无力地看着满桌子的书稿，绝望地想着，为何总是面对一次又一次的分离？为何每次都是逃亡？这样的日子什么时候才会结束呢？萧红只想拥有一个简单的生活，读书写字绘画，然而，这样单纯的理想，在这个乱世里，却显得格外奢侈。

从海上到上海，碧海蓝天豁然开朗

10月的青岛虽然不及哈尔滨那样冷，但是气温骤降，空气中也是多了几分萧瑟和冷清。

萧红利索地变卖着家具，整理着行李。萧红和萧军仅仅在青岛度过了5个月，但是这5个月却是萧红生命中难得清静、潇洒、无忧无虑的岁月。在这座充满异域风情的港口城市，萧红以极大的热情投身于写作，创作了第一篇真正意义上的长篇小说《生死场》。萧红忘不了在观象山上笔耕不辍的日子，忘不了海滨浴场上的欢笑，更忘不了青岛大大小小的花园里曾经留下的轻快足迹。

此时的萧红，面对再一次的漂泊，已经显得没有那样的悲伤了。在变卖家具中，萧军和张梅林提议那些木床木凳之类的就不要了。萧红瞪大眼睛说道："那怎么行？这些至少还可以卖十块八块的。"萧红一改往日的孱弱形象，变得更加干练和豪爽。

经历可以改变一个人。它会将软弱的人变坚强、犹豫的人变果断，再青涩的果子，假以时日，也会甘甜。经历了哈尔滨商市街的生活，萧红将骨子里的悲伤深深地压抑在心底，努力地展现着自己的乐观和开朗。没有人知道萧红阳光般的笑容底下到底隐藏着什么。萧红故作坚强，挺直腰板，笑道："就是门窗拆下来也好卖，管它呢！"

萧军和张梅林把所有要变卖的家具抬到独轮车上，萧红蹬着那双磨掉后跟的破皮鞋，大摇大摆地跟在独轮车后面，潇洒自在。萧红一路哼着小曲，帮忙在后面推车，眼前划过青岛的街景。欧式建筑的屋顶，干净的青砖街道，大鼻头的德国人，萧红抿着嘴唇将这些一一收在眼底。两个木车轮寂静地转过一圈又一圈，带着萧红最后一次参观这个城市。突然，萧红的眼神黯然，越来越近了，萧红停了歌声，低下头去。

倪公馆近在咫尺，但是门院萧瑟，已没有了往日的热闹。舒群和倪青华夫妇被捕后，孙乐文的处境也十分危险。中共济南地下党委和青岛党委随时有被破坏的可能。萧红想起初到青岛时在倪公馆度过的时光，不禁觉得恍然。短短几个月，竟然时过境迁，有了这样大的变故。

青岛是待不下去了，萧军出面主持了《青岛晨报》最后的工作，代替孙乐文将报社和租赁方解约，变卖报馆的家具。没有了报社的工作，萧军每个月稳定的经济来源也没有了，萧红的生活再一次陷入窘迫。不能再吃俄式大餐，也吃不上葱花烙饼了，一切仿佛又回到了原点。但是萧红做好了十足的心理准备，再苦再难的日子都过来了，这次只不过是又一次的飘零吧。

一天晚上，孙乐文把萧军叫出来，在月光照不到的暗影里，孙乐文塞给了萧军 40 块钱："带着萧红离开青岛吧，现在我的处境很危险，你也不要在这里久留。"离开早已经是意料之事，萧军心领神会地收下钱，为了不引起别人的注意，他每天晚上悄悄地转移东西，做好了离开青岛的所有准备。

1934 年 11 月，张梅林、萧军、萧红搭乘几个月前将他们从大连送到青岛来的客轮"大连丸"号，启程去了上海。因为经济吃紧，三个人捏着皱巴巴的船票，挤进了船舱，在船底和鱼虾为伍，闻着咸鱼的腥味，一路漂洋过海，来到了上海。

20 世纪 30 年代的上海，繁华程度自是不必多提。上海是远东地区最繁华的商铺和港口，被称为"十里洋场"。上海的文化多元，英租界和法租界里的文化气息截然不同。当时的上海，外国人及高等华人聚集在租界里，普通中国人挤在南市，而贫民则选择了北城。上海贫富差距悬殊，苏州河北面是大量穷人聚集的贫民窟，租界里又是灯红酒绿，夜夜笙歌。真是十足的“朱门酒肉臭，路有冻死骨”。

1934 年 11 月 2 日，张梅林和萧红萧军抵达上海之后，暂时住在码头附近的一个廉价小旅馆里。第二天，张梅林和二萧分头找房子。刚出小旅馆没几步，萧红便看到了“招租”告示。虽然即将出租的亭子间位置偏僻，毗邻郊区，但是总算是一个独立的房间，不必和别人共用同一扇门。经过一番仔细考虑，萧红和萧军决定搬到拉都路（今襄阳南路）283 号的一处亭子间。

一路漂泊来到上海，第二天就马不停蹄地找房，这其中的辛苦可想而知。萧红真的越发坚强，她虽然内心时刻渴望着一个港湾和归宿，但是已经将这种深深的渴望掩埋在了心底。她牵着萧军粗糙的大手，拎着柳条箱，来到了出租的亭子间。

这里很偏僻，放眼望去，竟然能看到一片绿色的菜园。萧军安慰萧红，打趣道：“没有美的自然景色，怎么能有好心情写作呢?”

初到上海，经济又是捉襟见肘，当初在青岛，孙乐文给他们的 40 块钱，在买完船票之后已经所剩无几。萧红用最后仅剩下的一点儿零钱买了米面粮食和一个煤炉。后来，萧红和萧军又向房东借了桌椅板凳。这个亭子间，此时才稍微有了一点儿家的味道。

来到繁华又寒酸的上海，萧红和萧军举目无亲，毫无依靠。两人的生活始终在窘迫中徘徊，此时，萧红不得不想到在哈尔滨的那些朋友，于是，立即写信请求哈尔滨的那些朋友寄一些钱过来。

上海到哈尔滨路途遥远，车马劳顿，书信也没有那么快到达，朋友们还要花些时间为二萧凑钱，这段日子里，萧红精打细算，一分钱掰成两半花，像是最精明持家的家庭主妇。搬到亭子间不久，张梅林根据萧军所画的地图找到了这里。当天晚上，张梅林提议去小馆子吃饭。萧红正从面袋子里往外掏面，她瞥了张梅林一眼，佯装生气说道：“你算了吧。”

言下之意非常明显。面袋子和米袋子正一截截地矮下去，哈尔滨的朋友们也不知什么时候才能筹钱寄过来，萧军还没找到能够维持生计的工作，这样的日子也不知能维持多久。

此时的萧红已经有了好手艺，当然选择在家里为朋友操持饭菜。想当初刚搬到欧罗巴的时候，有了一点儿零钱，萧红就会拉着萧军去小酒馆要上几两小酒就着小菜逍遥快活一番。今时不同往日，岁月已将一个少女磨炼成为一名战士，萧红懂得进退，也懂得平衡金钱、工作和生活。

虽然那晚张梅林到底没有去饭馆吃饭，但是他却觉得那顿晚饭无比的美味难忘。萧红买了一斤牛肉，熬成青菜牛肉汤，又做了最拿手的葱花烙饼。在饥寒交迫的上海的深秋夜里，三个刚从北方逃过来的异乡人，围在一起吃着家餐，这种美味和满足，是金钱物质所无法给予的。

常年在家乡的人是无法体会漂泊在外的感觉的。那不仅仅是一种无依无靠的孤独感，更多地夹杂着质疑与无奈。为什么要到这里，为什么远离家乡？这是一个复杂又心酸的问题，每个漂泊异乡的游子都不愿，或者不能给出确切的答案。谁不眷恋家里的温馨呢？谁不想念家里的饭菜暖床？但是世事无常，有些路，走下去了，也就不能放弃。

为何总是无尽的漂泊，对于这个过于复杂又高深的问题，萧红或许不能马上给出答案。但是，太多的因素推动着她，让她不得不选择一再地逃离和漂泊。从异乡到异乡，就算熟悉了街道，习惯了气候饮食，但那始终比不上故乡。为了逃离封建的家庭，为了躲避日伪政权的违法逮捕，萧红只能选择一次又一次地到达和离开。

要有多么强大的心灵，才能无悔地选择并且接受这一切？很多评论家认为萧红骨子里的悲观影响了她一生的命运，她有种自然而然的孤寂，并且她笔下的文字大多也反映了现实的悲剧。但是我们也应该看到，作为一名女性，萧红真的是异常的坚强。仅仅 23 岁，她承担了常人所无法想象的痛苦和压力。若不是靠着乐观与开朗的性格，无法预料萧红是否能在这样反复的流离颠沛中好好地生活。

无论日子多艰难，无论时局多动荡，生活还是要过。房子是租来的，生活不适，对此，萧红深谙此道。

相比于萧军和萧红远在郊区的亭子间，张梅林却住在法租界里。但是也仅仅是和同学挤在一间发霉昏暗的小房子里。张梅林向萧红抱怨道："那间黑暗的小房子连空气中都是发霉的味道，写作根本就是做梦。还是你们这里好，推开窗就看到田园。"于是，萧军提议让张梅林搬过来一起住。

这个提议被张梅林果断地拒绝了："不行，三个人会整天开座谈会的。"

"我们可以定下规矩，像军队一样工作起来。"萧军劝说着。

"不行。"张梅林坚持着。

萧军的性格直爽豪放，但是自律性确实不够强。当初在哈尔滨商市街的时候，萧军和萧红一同请了俄国姑娘弗明娜教授俄语，萧军的接受能力明显不如萧红，因为各种原因不能按时上课，三天打鱼两天晒网。萧红了解萧军的个性，也知道张梅林的脾气，她断定三个人要是住在一起，别说什么文学创作，恐怕是连字都写不出一个，更别提构思和灵感了。

落脚上海以后，萧红一面为生计发愁，但是一面又觉得踏实和满足，因为，她离心目中的导师和偶像——鲁迅先生更近了。逃到上海，既是因为上海是一个多国掌控的区域，形势类似于青岛，便于参加革命相关行动，也是因为鲁迅先生常居上海，并且先生在上海左翼文学阵营有着举足轻重的位置。

萧红此行，主要也是将希望放在了鲁迅先生身上。此时的萧红和萧军只是来自东北的两个年轻人，阅历尚浅，在东北作家群中还算小有名气，但是从全国范围内来看，不过是两名无名小卒罢了。萧红想尽快地联系鲁迅先生，请他指点自己的文学写作。

萧红来到上海这一步棋，走得至关重要。纵观其一生，鲁迅先生对她的影响之大，恐怕是她自己当初都不曾想到的。

初到上海，萧红和萧军仿若踏入异国。他们听不懂当地的方言，也不习惯南国的饮食和气候。张梅林和萧军萧红好奇地沿着马路散步，看着热闹的舞厅和百货公司，想进去一探究竟的欲望都没有。他们从南京路逛到西藏路，只在永安公司的楼下看了看。萧军和萧红站在百货公司的橱窗前，看着摩登女郎们穿着时髦的西式服装，昂首挺胸地进进出出，隐约带来一阵阵的馨香。萧军指着橱窗里的香水对萧红说："买上三五瓶?"

"哼！我一辈子也不用那臭水!"萧红孩子气地说道，倔强地扭过头去。

还在青岛的时候，起身之前，朋友们就叮嘱萧红，到了上海做事情多留一个心眼，多想几步，处处小心。因此萧红和萧军决定租下拉都路的亭子间的时候，仔仔细细把房东的地契合约看了好几遍，才小心翼翼地签下租房合同。

张梅林很是羡慕二萧的住所，虽然亭子间地处偏僻的角落，房间的家具也都粗糙简陋，但是萧红和萧军的心态却非常乐观。张梅林站在窗前，看着远处的一片绿意盎然的农田，对萧军感叹道："还是你们这里好。没有自然之美，都写不出文章了。"

"自然之美是最难写的，要不，让那个第一个发现田园之美的人写两首诗。"萧军戏谑地说道，故意指着萧红，眼里含着笑意。

"哼！你别以为我不会写诗！过几天我就写两首诗给你看!"萧红却把萧军的玩笑当真了，气鼓鼓地冲到萧军面前大声抗议，甚至眼里闪出了泪花。

萧军最喜欢看萧红这副样子，两只大眼睛里闪烁着晶莹，一副万分委屈又说不出话的模样。每当萧红的眼泪眼看就要溢出眼眶时，萧军往往会忍不住先笑起来，再说几句好话哄哄爱人。萧红马上破涕为笑，可这时候泪水已经滑落满脸。

萧军看着萧红又哭又笑的样子，继续揶揄道："哎哟，好凶啊！难道是早上多吃了几块油饼的缘故吗?"

萧红和萧军此时乐观的态度也感染了张梅林。张梅林在回忆录中提及过当时的生活，他非常佩服二萧的工作态度，也由衷敬佩二萧对于文学的热爱。萧军和萧红来到上海，虽然最初也是生活艰辛，没有经济来源，一切从头开始，仿佛回到了商市街，但是二萧的心情却和在商市街时候截然不同。

他们不再是在东北时候的苦命鸳鸯，他们立志成为相互扶持、共同成长的革命文学伉俪。萧红展现了性格中开朗乐观、单纯天真的一面。于是，在二萧的影响下，张梅林也逐渐找回原来的状态，提笔写字。但是毕竟不同于二萧，张梅林在上海有不少的朋友同学，每天面对各种邀请难以推辞，成日浸淫在玩乐之中。

终有一日，张梅林逃离了那些虚伪的无效社交，脱离了浮躁和喧哗，来到萧红这里，述说着来到上海之后的苦闷。他一边叙说着自己的近况，一边打听着萧红和萧军的状况，得知两人虽然笔耕不辍，但是作品往往都石沉大海。萧红的境况尤为令人气馁，连退稿信都收不到。

“听说上海的文坛就是这样……”张梅林安慰道，他看到墙角里矮下去的面粉袋，问萧军和萧红：“面袋子再矮下去可怎么办呢?”

萧军举起拳头，拉着萧红的手说道：“真没有吃的了，就靠着拳头去饭馆里白吃一顿。”张梅林哈哈大笑：“你以为你在拍电影吗?”萧军胸有成足地回答：“前途永远是乐观的。”

萧红和萧军的乐观与自信也不是没有理由的。来到上海，他们找到了精神上的支柱——鲁迅先生。11 月 2 日到了上海，翌日，萧军即提笔写信给鲁迅，提出想要见面。

令两人非常高兴的是，11 月 3 日他们就收到了鲁迅的回信。

鲁迅在信中写道，来信当天就已经收到了，先前邮寄的稿子和书本也都收到了，没有遗失，看来通信过程中并没有被截去。但是见面的事情还要缓缓，因为不知约会的种种事宜颇为麻烦，等到真的有必要见面的时候再讨论此事。

读罢书信，萧红和萧军高兴之余夹杂一丝失望，他们没想到鲁迅先生竟然这样快回绝了见面的请求。

但是他们不知道的是，鲁迅有自己的打算。

其一，当时上海政治时局相当复杂，鲁迅深处险境之中。鲁迅起初也与一些江浙一带慕名而来的文学青年保持着联系，但是时日久了，有些青年蜕化变质，出卖朋友，这使得鲁迅不得不多加提防。当时事态动乱，鲁迅处于国民党特务的监视之下，交友也变得谨慎起来。

其二，仅仅通过简单的书信来往，鲁迅并不确切了解萧红和萧军的为人。他甚至请胡风帮忙，暗中打探二萧的背景，询问一些东北朋友，哈尔滨是不是确有这两位作家，他们的政治背景和社会关系是否复杂。

鲁迅的担心是不无道理的，但是萧红和萧军尚且年轻，也没有在上海这样复杂的社会中摸爬滚打过，自然不懂得鲁迅先生的顾忌。

书信来往几回后，萧红也提笔给鲁迅写信。在这次的信里，萧红和萧军像小孩子一样，恶作剧般地提出自己天真的抗议。萧红问道，为何要称呼她为夫人；萧军则写道，为何先生年龄比自己大，还要叫自己先生。这一封信，明显包含着两人捣乱的企图。但是鲁迅收到信后，不仅没有生气，反而微微一笑，欣赏两人的童趣与天真。

在战火纷飞的年代，时局动乱，政治极度不稳定，人心不古，世风每况愈下。鲁迅见过了世间太多的尔虞我诈、阿谀奉承，也经历了所谓的江浙才子的出卖与背叛，接触到萧军和萧红之后，反而被他们的率真和开朗打动。鲁迅以一名朋友的态度，对萧红和萧军的问题一一解答，丝毫没有因为两人恶作剧般的问题而动怒。

鲁迅回信道，除却夫人等之外，对于女性没有更加适当的称呼。难道称呼你为悄姐姐、悄妹妹、悄侄女吗？……鲁迅幽默的回答，一下子逗乐了萧红，她很难将说出这样风趣话语的长者和那个用纸笔作为武器的战士联系到一起。鲁迅对萧军的回答则更有趣，若是去调查每个人的年龄未免太麻烦了，所以还是叫先生吧。

除了这些之外，鲁迅还不忘以一名长者的身份，为二人指点方向，提醒他们身处上海，要处处警醒，但也不必过于草木皆兵，在保持天真善良的同时，明辨是非，不要使自己陷入困境。他写道，稚气的话，说说并不要紧……上海实在不是好地方，固然不必把人们都堪称虎狼，但也切不可一下子推心置腹。

正是鲁迅亦师亦友的态度，一下子拉近了他与二萧的距离。萧红分明感觉到，这次来到上海，自己的心境已经截然不同了。有了鲁迅在精神上的支持，她仿佛在迷雾中找到了方向。鲁迅没有因为二萧的年轻与稚嫩就懈怠了这份友谊，他感受到了这对年轻人的期盼与激情，从他们的文稿中，鲁迅读出了中国文坛未来的希望，因此，他渐渐对二萧放下了防备。

其实，朋友之间的感情就是这样。萧红的率真、直爽与开朗使鲁迅在乱世之中感受到了一抹清新，而鲁迅诲人不倦的教导和娓娓道来的关心更是让萧红觉得温暖与踏实。萧红和萧军不再感到自己是悬崖上的孤草，无依无靠，在冷风中独自飘零，现在，他们有了精神的依靠。虽然生活清贫，但是萧红感受到了前所未有的富足。

萧红从来不是一个看重物质的人，那些功与名都是身后事，生不带来，死不带走，她非常重视灵魂的契合。当初和萧军的结合，她没有任何的悔恨，商市街的寒冷与凄苦她全部能够忍受，只因身边有了爱人。这次来到上海，她也没有对简陋的生活加以抱怨，因为鲁迅先生的谆谆教导就是那股清泉，缓缓流入心间，滋润着她渴望灌溉的心田。

俞伯牙和钟子期高山流水间，知音相逢，萧红和萧军身处南国，通过文字的指引，遇见了鲁迅这位知音。都说万两黄金易得，知音一个难求，这份珍贵的友谊，就是支持萧红和萧军在文坛上走下去的力量。这一封封的书信，就是他们困苦生活中最大的慰藉。

每次收到鲁迅的回信，就是萧红和萧军一天中最快乐的时光，这封信带给萧红和萧军无尽的希望。他们不仅会反复朗读信件，还会把信放在口袋里，连走路的时候都要摸一摸，仿佛这一张普通的纸张，因为鲁迅先生的书写，而充满了神奇的力量。

每天晚饭后，萧红和萧军都会沿着拉都路散步。散步的时候，两人会互相讨论着鲁迅的回信。若是某一天鲁迅回了信，两人就各自买上一袋花生米，小小地庆祝一番。萧军总是吃得比较快，萧红就特意放慢速度，将剩下的花生递给萧军。有时候她会亲昵地将剥好的花生塞进爱人的嘴里，那时候，萧红的笑深入眼底，满满的感动与知足。上海对于她的意义，已经完全不同。

鲁迅一直用自己的方式默默地帮助着这对年轻人。虽然没有见面，但是他耐心地回答萧红和萧军的每一个问题。

渐渐地，萧红也不再唯唯诺诺、小心翼翼了，甚至顽皮得连“先生还喜欢壁虎吗”这样天真的问题都问。而鲁迅也耐心地回信写道，母亲在北京，大壁虎也在北京，不过喜欢壁虎的只有我一个人，我不在北京了，恐怕壁虎也被人赶走了。

然而，突然有一天，萧红在报上看到鲁迅得了脑膜炎的新闻，惊慌失措，虽然从未见面，但是通过书信来往，萧红觉得已经和这位亦师亦友的先生关系非常亲近了。她马上写了信，询问鲁迅的病情。不料鲁迅却告诉他们，脑膜炎是别有用心的上海所谓的“文学家”造出的谣言，并指出“还有一批险恶的文学家，一定要小心”。萧红和萧军还是不放心，连续几封信件中，都提到了鲁迅的健康。鲁迅向他们保证，要死的样子一点儿也没有。

“我还没有到自己要死的时候。”鲁迅一向幽默地写道。萧红刚读到这句话的时候，简直担心得要昏过去，看到后半句，才拍拍胸脯长出一口气。鲁迅之于萧红的意义，超越了普通的老师，萧红已经将他当成了推心置腹的好朋友、忘年交。

精神食粮是有了，但是现实生活中，那袋面粉还是悄无声息地一天矮过一天。寄给哈尔滨那边的朋友寻求帮助的信迟迟没有回音，萧军又没有找到正式工作，萧红终于鼓起勇气给鲁迅写了一封信，向他借 20 块钱，请他帮助萧军介绍一份工作。

晚年的萧军回忆起这段往事，仍旧愧疚，他说："我们是……多么，多么痛苦不堪啊！可是……当时又有什么办法呢？"至此，虽然从未谋面，但是鲁迅已成为萧红和萧军的知己。他的来信就是二萧生命中的阳光与空气，他温柔敦厚的语言丝毫没有长者的架子，让二萧放下担心与防备。如果上海没有鲁迅，日子对于二萧来说，必将是另一副难以想象的模样。

半生的颠沛流离，萧红一直向往着宁静的生活，渴望有一个理解她的人在身边帮助扶持自己。偌大的上海，花花世界令她眼花缭乱，而这乱世中，有一位长者放下架子，与她促膝而谈，耐心又不失幽默，对此萧红十分动容。想见鲁迅的欲望蠢蠢欲动，在内心叫嚣着，萧红觉得自己已经等不及了，她万分想要拜访这位在困顿生活中得之不易的知音。

第九章

劳燕分飞·别离是不可逃避的宿命

最后瑰丽的岁月

萧红和萧军向鲁迅提出的问题越来越多，每次都或直白或间接地询问鲁迅，什么时候方便见面。鲁迅实在招架不住这两位年轻人的“逼迫”，终于，11月20日，他在一次回信中写道，许多事，一言难尽，我想我们还是在月底谈一谈好，那时我的病该可以好了，说总能比写信讲得清楚。但自然，这之间如有工夫，我还是要用笔回复的。

萧红和萧军看到这封信，欣喜万分，抱在一起又哭又笑，简直不知道该怎样表达自己内心的激动。萧红无数次在脑海里描绘着鲁迅的模样，每当她提出自己的设想时，萧军也才想着先生会穿什么样的衣服见他们，应该有着怎样的身材和音容笑貌。两人说着说着就争吵起来，争吵过后，又会和好如初，接着勾勒心中鲁迅先生伟岸的形象。

从11月20日到月底还要有一周多的时间，但是萧红萧军已经等不及了，还未相见，他们的思想再次沸腾起来，在那个简陋的亭子间里，两人畅想着见到鲁迅之后的未来，那一刻，这个小小的亭子间充满了欢乐和希望，是全中国最饱含生机的地方。萧红和萧军仿佛变成了小孩子，尽情地幻想、欢笑、期盼，肆意地宣泄自己喜悦的心情，觉得无论怎么样表达那种欣喜都是不够的。

11 月 27 日，他们终于接到了鲁迅的信件，鲁迅在信上详细地告诉他们约定见面的时间和地点。这次见面约在了书店，虽然鲁迅没有提及书店的名字，但是萧红和萧军心照不宣，那就是著名的内山书店。

期盼已久的时候终于要来到了，萧红和萧军激动得无以复加。他们的命运齿轮，也正是从遇见鲁迅这一刻开始，向另一个方向转动，带着两人走向光明且辉煌的未来。不过此时，萧红和萧军还是上海文坛名不见经传的无名小卒，没有任何一家报刊愿意刊登或者出版他们的作品。但是，这些坎坷带来的伤心失望，早已被即将见到鲁迅的欣喜替代了。

1934 年 11 月 30 日，这一天，天气清冷阴暗，和以往的上海冬天没什么两样，太阳娇羞地躲在厚厚的云层之后，惨淡的阳光吝啬地洒在街道上。萧军和萧红按照约定的时间来到内山书店。内山书店位于虹口区四川路的北侧，是日本人内山完造于 1917 年创立的。鲁迅是这里的常客，并且在这里避难，和老板内山的关系非常好。

两人穿过街道，来到内山书店推门而入。鲁迅正坐在前台和内山用日语聊天。他看到萧军进来后，走过去问道："是刘先生吗?"萧军点点头，鲁迅没有更多的话语，用一个日式提包将桌子上的信件和书稿收起来，夹在腋下就走了，回头示意他们两人跟着他走。

二萧心照不宣，默不作声地跟在鲁迅后面，萧红清楚记得鲁迅先生没有戴帽子和围巾，穿着一件褐色的瘦瘦的黑色短长衫、一条窄裤管藏青色的西服裤子和一双黑色的橡胶底的网球鞋。鲁迅先生一副大病初愈的神色，面容憔悴，眼窝深陷。

萧军在后来的回忆中形容鲁迅的容貌："瘦弱而憔悴，瘦削的然而是直直的黑色的背影，浓浓的森森直立的头发，两条浓而平直的眉毛，一双眼睑微显得浮肿的大眼睛，没有修剃的胡须，双颧突出，脸颊深陷，脸色是一片苍青而又近于枯白和灰黄，更突出的是一双特大的鼻孔已经变成了黑色。"

见到了日夜盼望的鲁迅先生，但是他憔悴的容貌和身影还是令两位年轻人震惊了。他们紧跟在鲁迅身后，保持着一段距离，看着瘦弱的背影，不禁感到心疼、惋惜与悲哀。

他们跟在鲁迅后面，穿过几条马路和小巷子，最后到了一处咖啡馆。鲁迅很熟稔的样子，直接推开门，径直走向靠近门最近的位置。旁边座位上的一个矮胖的外国人很熟悉地和鲁迅打着招呼。萧红和萧军觉得好奇，但是没有多问，最后，三人终于落座。因为这个椅子背很高，落座后，邻座几乎看不到这边坐着的是什么人。所以，靠近门边的这个位子近似于一个封闭的小屋子。

萧红激动得半晌说不出话，一直在信的另一边鼓励指导他们的老师、他们的朋友就坐在对面，萧红觉得一切像是做梦般的不真实。

刚刚落座，萧红打量着四周，瞪着一双大眼睛，有些焦急地问："怎么，许先生不来吗?"她指的许先生，就是鲁迅的夫人许广平。鲁迅在与萧红通信的时候，不仅提及了自己的家室，还告诉他们自己有一个"足五岁，淘气得可以的小男孩"。萧红不仅盼望见到鲁迅，也一直希望能够见到许广平和他们的儿子周海婴。

"他们过一会儿就来。"鲁迅看着坐立不安的萧红，淡然一笑。这时候，活泼好动的周海婴先跑了过来，抢在母亲的前面奔向父亲，他一边跑着一边说着萧红听不懂的上海话。许广平笑着跟了进来，抱起了周海婴。鲁迅为三人做了介绍，他对萧红说："这位是Miss许。"许广平大方地伸出手，诚恳地握住了萧红的手。

许广平是个聪明人，初见萧红，不必多说什么，自然心里明白了八九分。女人之间的默契仿若上天注定，看到萧红不过二十出头的年纪，青丝中却夹杂了白发，许广平就知道她的过往一定有一段不平凡的故事。许广平坐在鲁迅身边静静地听三人的讨论，间或凝望萧红的侧脸，她便已经知道，这个姑娘不简单，有着别人所没有的敏感细腻，也经历了别人不曾经历的沧桑磨难。

但是蹉跎的岁月并没有抹掉萧红对文学的热爱，艰难的生活也没有打消她的热情。那天下午，萧军先是和鲁迅简单介绍了他与萧红在哈尔滨度过的岁月，讲萧红如何逃婚，两人如何出版《跋涉》，最后又是如何辗转青岛落脚上海。

对于很多细节，萧军一笔带过，但是鲁迅何其聪明，他隐约知道了这个叫作“悄吟”的姑娘，身上有着传奇的故事，鲁迅欣赏萧红的文笔，也喜欢她率真的个性，更加佩服走过如此多的风风雨雨，这位23岁的姑娘还这样乐观、坚强，充满激情迎接生活的挑战。

萧军还向鲁迅简单地介绍了东北的抗日情况，这也一直是忧国忧民的鲁迅一直心系的事情。鲁迅向二萧讲述了上海国民党反动派对上海左翼作家的压迫、逮捕甚至杀戮的情况，虽然鲁迅声音低沉，神色平静，但是那些故事还是令萧红义愤填膺、热血沸腾。萧军的个性一向直白粗野，他按捺不住内心的情绪，愤怒得难以自制，张口说道：“随便他们要杀就杀，要抓就抓……他们来了，我们就对付他们……弄死一个够本，弄死两个有利息！”

鲁迅诧异地问：“这是干什么！”然后，他深深吸了一口烟，幽幽说道：“你不知道，上海的作家们，只能拿笔写，他们不会用枪。”

这是一句颇耐人寻味的回答。鲁迅指的，不单单是百无一用是书生的文人们肩不能扛手不能提，他还有另一层意思。鲁迅曾经告诉萧红和萧军，我觉得文人的性质是颇不好的，因为他们的知识思想都较为复杂，而且处在可以东倒西歪的位置，所以坚定的认识不多。此话不假，通过一阵子的通信往来，鲁迅凭借自己的经验和判断，很是赏识来自东北的萧军和萧红。他不喜欢江浙一带所谓的矫揉造作的才子的做派，因为那些人可以轻易更换立场而变得不可信，所以，鲁迅说上海的作家只能拿笔，不会用枪。

夕阳斜下，三人仍畅谈正酣，都没有要散场的意思。不过，考虑到鲁迅的身体状况，萧红和萧军还是依依不舍地与鲁迅分手了。分手之际，鲁迅将一个信封放在桌子上，对萧军说："这是你们需要的东西。至于帮你推荐工作，我和别人交际甚少，所以难找。"

许广平紧紧握住萧红的双手感叹道："见一次面真不容易啊，不知道下次什么时候再相见。"萧红不明所以，鲁迅告诉她："他们已经通缉我四年了。"萧红顿感诧异，她知道鲁迅深处困境，却不曾想到在国民党反动派的白色恐怖下，先生过得如此不安与危险。

告别鲁迅夫妇，萧红和萧军走回位于拉都路的亭子间。在返程的路上，初见鲁迅时的激动和兴奋已经退去，理智渐渐回笼，萧红感叹文学伟大导师生活的不易，也敬佩鲁迅能够在国民党反动派的压迫下坚持以笔代枪，揭露旧社会的丑陋，坚持斗争。然而萧军想得更多，他手里捏着信封，却有说不出的难受。

萧军虽然接受了鲁迅先生的钱，但是回家之后，想到鲁迅苍老憔悴的容颜和疲惫的身影，感到深深的内疚与不安。即使 40 年后，萧军回忆起当时的情景，还会觉得难堪和愧疚，一位瘦弱的老人，饱经沧桑，却还要救济两个年轻力壮的年轻人。鲁迅苍老的样子深深刻在萧红和萧军脑海里，让两人心情沉痛，久久难以释怀。

萧军因此写信给鲁迅，解释道，自己一个壮年小伙子用了先生的钱，感到羞耻，尤其是看到先生的样子，内心无比刺痛。鲁迅则坦然地面对这一切，他早料到两人看过真实的自己之后，会有不小的震惊和撼动。

12 月 3 日，在回信中，鲁迅提到，我知道我们见面之后，是会使你们悲哀的……一个人过了 50 岁，总不免如此。尽管鲁迅一再和二萧讲述自己的身体多么健康，只是精力不如以前罢了，但是萧红还是能从字里行间读出那种苍凉、心酸与无奈。

鲁迅终于活生生地站在了萧红和萧军面前，他不再隐藏在信纸另一端，他的出现，令萧红和萧军的生命熠熠发光。如果说在这之前，萧红对于前途还有些许的迷茫，在这之后，她觉得自己越加清醒，她明白该做什么，该怎么去做。

身处霓虹灯闪烁的上海街头，这一次，萧红感受到了温暖与包容。身处异乡，萧红却觉得，获得的关心和爱护多于来自故乡的亲人。

正是因为上海有了鲁迅，萧红才有勇气，将异乡当作故乡；才有勇气，重新面对困难重重、千疮百孔的人生；才有勇气，在乱世中挣扎奋斗。即使渺小如一粒尘埃，当一个人有了方向的指引，她就有了好好活下去的信念。

浮生众相，全部集中到了上海的十里洋场。在这个霓虹闪烁的世界，有人高歌畅饮，有人暗自垂泣，有人为钱所困，有人为情所扰。浮躁、喧哗冲击着年轻人，在花花世界里，有人开始摇摆不定，难以静心。

自从来到上海，虽然每天严于律己，但是萧军在写作上的进步确实龟速。他在青岛完成了《八月的乡村》大部分的写作，来到上海则写完了整部作品。在修改阶段，萧军常常觉得困扰和烦躁，没有办法安静地阅读书稿，有时看到自己改写的稿子，气得一塌糊涂，恨不能烧掉，要不是因为上海的冬天没有火炉，说不定萧军真的会在冲动下将书稿毁之一炬。萧军困扰于自己的暴躁，但又控制不了自己的脾气，《八月的乡村》改了很久，都没有誊写一份终稿。

于是，萧军写信向鲁迅求助，他不明白自己为什么静不下心来写作。鲁迅非常理解他的难处，他劝慰萧军最好常到外面走走，看看社会上的情形，以及各种人的脸。鲁迅告诉萧军自己也曾经有过类似的体会，刚来上海的时候，也写不出小说来。他耐心地劝导说："一个作家，离开本国后，不会写文章了，是常有的事。"

在鲁迅的帮助开导和萧红的监督鼓励下，萧军字字推敲，句句修改，终于完成了《八月的乡村》的终稿。萧红对萧军的爱到底有多深，从这里可见一斑。上海的冬天阴冷潮湿，萧红披着一件衣服，用冻僵了的手勉强握着笔，一个字一个字复写《八月的乡村》终稿。

因为生产之后营养不良，萧红一直疾病缠身，在阴暗的屋子里，萧红的鼻尖冻得通红。她流着鼻涕，不时搓一搓手掌，就这样操劳了整整几个日夜，才誊写完萧军的书稿。萧红使用的复写纸是日本制造的美浓纸，只有北四川路的内山杂志公司有售。两人生活十分拮据，最后，连买复写纸的钱都没有了，萧红当掉了一件毛衣，拿着可怜的 7 毛线和萧军步行来到内山杂志公司。萧红因为皮鞋不合脚，一路走来，脚后跟被磨得鲜血淋淋。

无论为萧军付出多少，萧红总是没有一句怨言。是怎样伟大且深沉的爱，才可以包容萧军的一切。萧红集母亲、妻子和女儿的角色于一体，用慈祥的爱、激情的爱和感恩的爱回馈萧军对她所做的一切。如果说萧军的爱是熔岩，炽热奔腾，萧红的爱就是溪水，宁静悠远。

萧红和萧军的日子如此清贫，没有固定的经济来源。萧红投出去的稿件屡次碰壁，多少让她丧失了信心。为了使得萧红和萧军更快进入上海文坛，接触圈内的核心人物，鲁迅费心安排了一次饭局，借着胡风儿子满月酒的宴席，准备给两位年轻人多介绍一些朋友。

12 月 17 日，鲁迅给萧军和萧红发了邀请函，请他们都到梁园豫菜馆吃饭。拿到请柬后，萧红激动得热泪盈眶。她难以置信地将请柬看了又看，短短的 5 行字，萧红已经能够背下来了，但还是不敢相信眼前的事实。这封请柬从萧红手里转到萧军手里，又从萧军手里转到萧红手里，最后两人一同捧着珍贵的请柬，贴在胸口，欣喜万分。

萧红激动得泪流满面，她紧紧抱住萧军，与爱人分享着这梦幻般的喜悦。漂泊已久，萧红的心渐渐僵硬，她甚至已经不相信人间会有不求索取一心回报的关怀与温暖了，然而鲁迅的出现，让她感受到了来自父辈的爱护和疼惜。鲁迅伟大的灵魂一直指引和帮助二萧，萧红和萧军被他的无私与热情所感动，觉得自己僵硬的心又变得柔软，又再次相信了人间的真善美。

萧军拿着地图，反复确认赴宴的地址。萧红不以为然，撇撇嘴："你是要打仗吗？手指在地图上指来指去。"她更关心的是萧军的衣着打扮。女人就是有着天生的美感，她觉得萧军是万万不能穿着这件灰蓝色的破罩衫赴宴的。

"那穿什么？我没有第二件……"萧军立刻反驳道。

"我给你做一件！"

"没必要，上次见鲁迅先生我穿的就是这件。"萧军认为，这次会面的客人无非也就是左翼的作家，没有什么高贵的客人，实在没有必要为了一次饭局重新做一件衣裳，况且——萧军想到口袋里的零钱，无奈叹息。

萧红的倔脾气又上来了，她瞪大眼睛盯着萧军，不多时，眼泪湿了满脸。她抓起大衣，狠狠地甩上门跑下楼。萧军知道她的脾气，萧红正在气头上，劝也劝不回来，此时追出去，说不定她更加生气，不哄两个小时别想把她"请"回来。

果真，过了两个小时萧红才回来。她兴冲冲地跑到萧军面前："你猜我给你买了什么？"萧军沉浸在书稿里，头也不抬。"你没听到我回来了吗！"萧红嘟起嘴巴，故作娇嗔地生气。"没听到。"萧军想看到萧红可爱的委屈样儿，故意戏弄她，翘了翘嘴角。

"坏蛋！看！"萧红献宝一样拿出一块布料，"我要给你做一件衣服。"原谅萧军吧，在这样艰苦的岁月里，看到这样一块做工精美的布料，萧军下意识想到的不是感谢萧红，而是，天哪，这要花多少钱？还好这块布料只花了 7 毛钱，萧军沉重的心慢慢恢复了平静。

萧红是一名合格的好妻子。她翻出萧军在哈尔滨时候穿的一件高加索立领绣花衬衫，照着衬衫的大小比画着，兴奋地喊道："太好了太好了！这块布料大小正好！"萧军提醒她明天晚上就要赴约，此时做一件衣服，时间根本来不及。

萧红俏皮地向萧军眨了眨眼睛："看我的吧！"这个原来只会缝扣子的

女人，什么时候变成了心灵手巧的裁缝？萧军诧异地看着萧红利落地裁剪布料，穿针引线。在昏暗的灯光下，萧红一针一线为萧军赶制衬衫，她将对萧军的爱与包容，密密麻麻缝在了针脚里。每一个线头里，都含着萧红对萧军的忠贞和眷恋。萧红几乎是不吃不喝地，终于赶在第二天6点之前为萧军缝制了一件爱心牌衬衫，又为萧军配上了围巾和腰带。看着自己的"作品"，萧红自豪又满意。

她上下打量着萧军，萧军定定地站在那里，盯着萧红。萧红从头看到脚，帮着萧军整理衣物，蓦然一抬头，四目相视。就像是阴阳磁石般，两人都被对方眼中的深情所吸引，良久，萧红和萧军突然拥抱在一起，紧紧地，就像是要把对方融进身体一样。浓烈的感情，怎样表达都是不够的，他们唯有将对方融入骨血，才能彼此交换那种深入骨髓的感情。

第二天下午6点，萧军和萧红准时出现在了豫菜馆的门口。鲁迅非常重视这次聚会，他非常想介绍上海文艺圈内的朋友给二萧，帮助两位年轻人进入上海文坛，为他们今后的发展铺路。鲁迅一一给几位朋友写了邀请函，落款为了表示尊重平等，同样地加上了许广平的名字。

许广平站在餐馆门口，看到萧红，热情地揽过她的手臂，以女人独有的热情招待着她，两个女人连同海婴一同拐进了餐馆的另一间屋子，像是要说女人的悄悄话一般。10分钟后，许广平走出来，带着萧红入座。那天参加酒局的一共有9人，除了鲁迅许广平一家三口和萧军萧红之外，还有茅盾、叶紫和聂绀弩、周颖夫妇。原本鲁迅也邀请了胡风一家，但是邀请函阴差阳错被送到了胡风的小姨子——梅志的妹妹那里，大家等到7点，也没有看到胡风一家，鲁迅这才请服务员上菜。

酒菜备齐后，许广平捕捉痕迹地四处打量着，看了看门口，轻启菱唇，说了一个字："没。"鲁迅心领神会地点点头，向在座的客人相互介绍。萧军发现除了萧红和自己，所有的人之间都很熟稔和热情，看来他们相识已久。为了安全，鲁迅在介绍彼此时都没有透露真名。他指着茅盾对萧军说："这是我们一道开店的老板。"

席间大家谈笑风生，大快朵颐。萧红和萧军自从落脚上海后，难得吃上这样丰富的美味，二人非常珍惜这难得的美食。这是一次以烤鸭为主的酒席，大家在席间聊天也多用一些暗号和隐语，萧军大概猜到这些人的身份也非常敏感，同时觉得自己好像一个闯入者，与这个圈子格格不入，语言不通，连话都说不上几句。

茅盾、叶紫和聂绀弩畅谈着自己的近况，还有一些沪宁一带的逸闻趣事。萧军觉得自己插不上什么话。席间，他看到聂绀弩大方地为周颖布菜，帮她夹离得很远的佳肴，而周颖也没有丝毫的扭捏，连声谢谢也不用讲，自然地吃着聂绀弩为她夹到碗里的菜。萧军入乡随俗，也学着他们的样子，帮萧红夹那些放得太远又不好意思伸手去夹的饭菜。萧红一愣，在桌子下的手捏了捏萧军，想要制止他这种行为。萧红觉得在公开的场合，这样太亲昵了，她非常害羞。萧军才不管，仍旧我行我素，最后萧红也默许了这种行为。

萧军听了好久，以他直爽的性格早就按捺不住了，他觉得有必要讲些什么"作为交换"。于是萧军侃侃而谈，给这些南国的听众讲述东北的风俗习惯和发生的事情，不过对于自己和萧红的经历，萧军所谈甚少。这次酒席，大家普遍对萧军和萧红都留下了深刻的印象。他们评价二萧率真直爽，这些文人尤为喜欢萧红这个爱笑的女孩，觉得她的笑青春无邪，让人放下防备，心与心的距离拉近了。

萧军提到自己曾经学过俄语，想买几本俄语书，茅盾很热心地给萧军建议了几本书。萧军在心底疑惑着——这个老板懂得可真多。这次聚会上，萧军认识了一些在上海文坛上举足轻重的人，其中萧军和聂绀弩的友谊一直保持了几十年。

散场后，叶紫主动跑过来找萧军，并交换了地址。每一环的安排，鲁迅都是用心良苦，因为萧军性格粗野、冲动、好意气用事，在上海这样复杂的地方，难免会引起什么不必要的麻烦，鲁迅派叶紫作为萧军和萧红的“向导”，帮助他们理解这个圈子的游戏规则，以期在上海生活得平安无事。

上海的冬夜，虽然没有凛冽的寒风，但是阴冷的潮气还是扑进骨子里。萧红有些微醺，靠在萧军肩头，挽着他的臂弯，幸福地回想着晚上的宴席。

“鲁迅先生他们真是我们的贵人！”萧红感叹道。

“不如，我们照张相纪念一下吧。”萧军在一家照相馆前驻足。

1935年春天，萧军穿着赴宴时萧红亲手为他缝制的格子衬衫，围着白色围巾，拉着萧红走进照相馆，补照了一张迟来的纪念照片。

照片上的萧军，剑眉入鬓，眉宇间凝着一抹英气。他踌躇满志、意气风发，眼中含着希望与激情，亲昵地搂着萧红。而萧红仍旧是齐刘海、大眼睛，圆圆的脸上挂着纯朴与天真的笑容。看到照相馆的烟斗道具，萧红一把拿过来好奇地叼在嘴里，故作老成。

这张黑白照片在后世广为流传，见证了萧军和萧红初涉上海文坛时，相互扶持的岁月。此时的萧红，还是一个名不见经传的小作家，或者只能称为一个写手。而短短几个月后，她的名字将会传遍大江南北，她的作品将会成为永世不朽的经典。

鲁迅对二萧的帮助和提携，远比萧红和萧军所认为的还要多。在中国文坛，鲁迅不仅有着很高的文学造诣，也身怀社稷，忧国忧民。鲁迅是中国现代文学的奠基人，所以，但凡他出面推荐的文章和人才，大家都是抱有希望和接受的态度的。鲁迅用自己的名望和声誉，为萧红和萧军在上海文坛开辟了一条捷径。这些帮助，远远比单纯的金钱资助要有价值得多。

宴席散场，萧红和萧军踱步回家。他们在兴奋之余，冷静下来，两人依偎在一起，回想着宴会上遇见的那些人和听到的那些事。

萧军还沉浸在初识朋友的兴奋中，他反复对萧红感叹：“那个老板好厉害啊。”萧红终于忍不住了：“那哪里是什么老板，他是茅盾。”

“什么?”萧军诧异地跳了起来，他看着萧红的眼睛，那双明眸中写着肯定。“怪不得……”萧军喃喃自语，跌坐在萧红身边。随即，萧红向萧军一一介绍这些所谓的老板的真实身份。萧红之所以知道这些，是许广平在酒席前10分钟向她交代的。他们不想太早告诉萧军，是怕萧军酒足饭饱之后，得意忘形，信口开河，要知道，那时候左翼作家的处境十分险恶。因为有柔石等左联作家的遇害在先，鲁迅一直记着这心头上的惋惜和痛楚，分外注意保护左翼文学家的安全。

虽然经过鲁迅的介绍认识了很多左翼作家，但是萧红和萧军的稿子仍旧前途未卜。1935年的春节过后，萧红和萧军仍旧没有找到一份固定的工作，只是两人时常去鲁迅家做客。萧红就像是一个孩子一样，每次到鲁迅那里，见到许广平，都亲切地拉着她的手讲个不停，甚至连和萧军吵架的事情都巨细地讲给许广平听。而后者则像是闺中密友，给萧红最踏实的依靠和最中肯的意见。

某一日，叶紫去拉都路拜访萧红和萧军，看到两人蜗居在穷酸的房子里，非常惊讶:“你们都是怎么生活的?没有经济来源吗?”萧红脸上闪过可疑的绯红。

确实，自从漂泊到上海，因为人生地不熟，习俗语言都不一样，萧军没那么容易找到工作，两人一直靠着朋友的救济过日子。若是说萧军和萧红有什么技能的话，大概只有写文章了。叶紫建议他们靠稿费生活。萧红长吁一口气，悲哀道:“这又有什么办法呢?没有一个杂志肯要我们的文章。”

“你们去跟老爷子说一说呀。”叶紫所说的老爷子就是鲁迅。当时左翼作家能够发表文章的唯一一本杂志就是《文学》，并且这本刊物的稿酬丰厚。但是首先，《文学》选稿时实行推荐制度，一般推荐人都是在文坛上比较有地位的，这类作家推荐的文章质量是可靠的。其次，也是最重要的一点，左翼文学家的安全比任何事情都重要。《文学》只接受社会背景可靠的作者的文章。在上海这个时局复杂的地方，每一类刊物都有自己定向的人群，《文学》要保证每一个作者的安全，所以，没有推荐人的陌生稿件是不予受理的。除了这种大杂志，很多小杂志也不敢贸然刊用陌生作者的文章。那时候的上海，国民党特务渗入到每一个角落，使得人心惶惶，不敢轻易相信他人。

正因如此，萧红和萧军屡次叩响杂志社的大门，但每次吃的都是闭门羹。

“你总要生活下去啊！老头子介绍的文章只要不是太差，他们都会登的。更何况，太差的文章老头子也不会推荐的。”萧军还是有一些扭捏。此时此刻，他和萧红才终于意识到，鲁迅对他们的帮助真的太多了。

为了生计，萧军最后还是放下了内心的愧疚，提笔写信，将两篇小说《职业》和《搭客》的稿子一同寄给鲁迅。没过几天，鲁迅就有了回音，说萧军的文章写得非常好，计划将其中的一篇介绍给《文学》杂志，另一篇介绍给《良友》。这样的答复萧军万万没想到，鲁迅对于萧红和萧军，几乎可以说是有求必应的，这令两人有了奋斗的动力，看到了未来奋斗的方向。

萧军喜出望外，一气呵成，又完成了小说《樱花》和《军中》，请鲁迅代为投稿。看到萧军的稿子大多有了着落，萧红完成已久的《麦场》还没有动静，她不免心急起来。但是越急越难以静下心来好好创作，萧红此时觉得郁闷不已。

小时候，每当萧红被父亲责怪惩罚时，她都跑去祖父那里，拉着祖父的大手去后园玩耍，后园里的天地之于萧红，就是幸福的天堂。离开呼兰后，再次遇见挫折和苦闷时，萧红只能自己慢慢消化。所以，这也变相地造成了萧红双面极端的性格，极度的开朗热情与极度的纠结郁闷。

萧军是爱着萧红的，但萧军不懂萧红。然而来到上海，萧红赫然发现，鲁迅先生就像是祖父的化身，他总是风趣幽默又耐心地回答自己幼稚的问题，不遗余力地提携后辈帮助自己。萧红那颗孤寂的心，渐渐被温暖包围。

久久没有灵感，看到萧军的文章风生水起，萧红又气又急，给鲁迅写信，请求他“鞭打”自己，又说自己自从来到上海，成天吃饭睡觉，已经胖成一个蝈蝈了。鲁迅看到萧红可爱的比喻后，哈哈大笑，提笔回信劝慰说：我不想用鞭子去打吟太太，好文章不是打出来的……如果胖得像蝈蝈了，就会有蝈蝈样的文章。

鲁迅风趣幽默的回信也逗乐了萧红，虽然仅是简单的几句话，但是先生的良苦用心却跃然纸上。萧红一扫心中的阴霾，打起精神，重新操持纸笔。萧红是一个倔强的女人，无论和男人比还是和女人比，她一向是不服输的。萧军的成功对于她是一种激励也是一种鞭策，萧红在鲁迅的鼓励和支持下，闭门写文，才思泉涌，不多时日便修改好了一篇小说《小六》。

最终，《职业》发表在了《文学》杂志上，《小六》发表在了《太白》上，因此，他们拿到了38元钱的稿费。萧红简直不敢相信自己的眼睛，原来一篇文章的稿费就可以这样丰厚！自此之后，萧红和萧军在上海文坛中逐渐被接受，生活也有了保障，这一切当然都离不开鲁迅的帮助与支持。

虽然一些小的短篇发表了，但是萧军心心念念的还是长篇小说《八月的乡村》的出版事宜。因为小说中涉及了一些敏感话题，而这些内容是当局非常不愿意看到的，所以没有书局和出版社肯出版这部小说。萧军再一次想到了自费出版。与往日不同，现在萧军有了丰厚的稿酬，完全可以靠自己的实力出版小说，而不必像当年出版《跋涉》的时候，需要靠大家凑钱。

久未打牙祭、生活窘迫的叶紫跑来怂恿萧红找鲁迅请他们吃饭。萧红天真单纯，真的找鲁迅说了此事。鲁迅没有推辞，只是说，不吃则已，吃的话就不能将就，要吃得丰盛。过了几日，鲁迅兑现了诺言，带着萧军、萧红和叶紫吃了一顿大餐，犒劳众人。萧军责怪萧红不该找鲁迅恳求此事，但是他却是吃得最多的一个人，一个人吃的饭菜比萧红和叶紫两个人加在一起都多。

席间，萧军向鲁迅表达了自己的想法。叶紫的作品《丰收》因为涉及敏感内容，提交给国民党当局检查后被退回，辗转多家书店，老板们都摇摇头，不敢出版。萧军建议自费出版，丛书名就叫作“奴隶”。这个主意得到了大家的一致赞成，鲁迅尤为赞许，解释道：“这奴隶，是受压迫者，用来做丛书名，表示了奴隶的反抗。所以，统治者们和‘正人君子’们看到这类字眼就深恶痛绝，非禁止不可。”

要让这种“非法”出版的私书合法化，就要有发行者和出版者。叶紫随便取了一个名为“容光书局”的发行者，萧军则用“奴隶社”当作出版者。就这样，第一本“奴隶丛书”发行了，鲁迅为其作序，提高了《丰收》的知名度。

想到叶紫的经历，萧军决定以同样的方式出版《八月的乡村》。1934年3月，《八月的乡村》的校审工作进入尾声。在这部小说中，萧军一反常态，没有使用“三郎”这个笔名，而是使用了“田军”。因为这部丛书是“非法”自费出版的，而当时在上海，“三郎”“悄吟”这样的笔名已经非常有名了，大家不想让“奴隶社”引起国民党特务的注意，所以改用不常用的笔名出版小说。

起初，萧红并没有料想到自己的小说《麦场》也会核审不通过。1935年12月，已有书局表示同意出版《麦场》，但是国民党中央宣传部审核书稿长达半年，还没有给出是否通过的批示。萧红此时才意识到自己有多么傻，《丰收》和《八月的乡村》都不可能通过当局的审核，《麦场》凭什么能抱有侥幸呢？

鲁迅动用了所有可以想到的关系，将《麦场》推荐给多家出版社或者书局，但是最后都被退稿。此时，萧红想到了奴隶社。因为二萧已经靠着写稿有了一定的积蓄，自费出书已经不是一件难事，萧红把最后的希望留在了奴隶社。

这本小说起初没有名字，《麦场》只是其中一个章节的名字。胡风从文章中高度凝练了“生、死”两个字，作为小说最终的题目。《生死场》的出版历经坎坷，虽然这部小说完成时间早于《八月的乡村》，但是出版时间整整比前者晚了一年。

11 月，萧红将校对好的复写版本交给鲁迅，希望鲁迅先生能够给小说写一篇序言。鲁迅依约写好了序，还校对出一些错别字，萧红为此深感惭愧，她将《生死场》校对了几遍，没想到还是出现了错误。

鲁迅评价《生死场》叙事写景，胜于描写人物，萧红以为这是鲁迅对自己的赞赏，鲁迅却不以为然：“也并不是好话，也可以理解为描写人物并不怎么好。”萧红为自己的小说《生死场》设计了封面，并且在封面的设计中听取了萧军的意见。

终于，1935 年 12 月，作为“奴隶丛书”的第三本书，《生死场》正式问世。这一次，萧红首次用笔名“萧红”代替了“悄吟”。简单的两个字，却表现出萧红对萧军的依恋，先有“萧军”的名字在前，才有“萧红”的名字，合意为“小小红军”。此后，这两个名字形影不离，即使最终萧红和萧军分道扬镳，但是这四个字仍旧同时被人们所提起。

《生死场》的出版在上海文艺界掀起了不小的波澜，如同《跋涉》当年在哈尔滨的出版一样，萧红靠着自己的实力，成名于雪国东北之后，又立足于上海滩。当时，左翼女作家本就少之又少，而能写出高质量文章的女作家更是凤毛麟角。《生死场》帮助萧红奠定了其在中国现代文学历史上的地位，借着这部小说，她成为当时最著名的左翼女作家。

胡风为《生死场》写了读后感，他非常中肯到位地评价这部经典作品：……这本书不但写出了愚夫愚妇的悲欢苦恼，而且写出了蓝天下血迹模糊的土地和流在那模糊的血土上的铁一样重的意志的书……却是出自一个青年女性的手笔。在这里我们看到了女性的纤细和宽广的胸怀。

玫瑰色的红，倔强的红

《生死场》从最初的校验到最后的出版前前后后经历了大约一年的时间。萧红第一次把小说送到国民党的文化部那里审核，大半年都等不来消息，这时候，她又没什么写作计划，于是每天晚上不到10点，就困得不成样子，非要睡觉不可。

拉都路的亭子间里，一盏25瓦的电灯提供着昏暗的光源。萧军精力旺盛，是典型的夜猫子，他坐在灯下看书，对于萧红这么早就疲倦得不成样子，非常嗤之以鼻。萧红上下眼皮不住打架，哈欠连天。每次萧红打完哈欠，大大的眼睛里便充满了水光，眼睛微肿，眼神迷离涣散，萧军看到后，又好气又好笑，轻轻将吻落在萧红脸颊，宠溺地笑道："小海豹!"

来到上海已经有一段日子，但是萧红仍旧不习惯上海的饮食和潮湿阴冷的天气，加上身体虚弱，疾病缠身，萧红近乎体力不支。萧军总是嘲笑萧红病怏怏的，然后述说自己多么结实强壮。"简直是浪费时间!"对于萧红的作息，萧军非常不理解。

一个要早睡，一个要熬夜，作息时间慢慢有了差别。萧红实在没办法拖着疲惫的身体陪萧军至深夜，于是，她提出了分床睡觉。通过鲁迅先生的介绍，两人在黄新波那里借了两张小铁床，搬回家里。

终于不用再挤在逼仄的单人床上了，萧红自告奋勇地表示，要去睡新借回来的小铁床。那个小床孤寂地摆在房间的角落，但是一想到一人睡觉，就不会因为作息时间的不同打扰他了，萧红高兴得跳上床去。第一晚，两人各自躺在自己的小床上，熄了灯，在黑暗中互道"晚安"。

寂静的深夜，只有银色的月光朦朦胧胧地洒进屋里，萧红却失眠了。没有了坚实的臂膀和结实的胸膛，萧红感到倍加的恐慌和孤单。她怀念那个温暖的怀抱和低沉的声音，甚至是略带不满的指责。冰凉渐渐爬上心尖，忧愁恐慌和黑暗融在一起，将她包围。

终于，暗夜中，一声啜泣划破了宁静。萧军其实也没有睡着，他嘴上不说什么，但却一直辗转反侧。听到哭声，萧军马上翻身下床，走到萧红床边，用手探着她的额头：“怎么了？哪里疼吗？莫不是又得了什么急症？”萧红呜咽地摇着头，萧军不明所以，将她的肩膀扳过来，却意外地看到她泪流满面。

“我睡不着！不习惯！觉得我们离得太遥远！”说着说着，萧红的眼眸又罩上雾气。原来是虚惊一场，萧军揩去额头的冷汗，轻敲萧红的额头，又生气又好笑地告诉她别逞强回来睡吧。

萧红慢慢爬起来，扑到萧军怀里，再也不愿分开。

萧红没有安全感不是没有道理的。萧军的爱如熔岩爆发，炽烈、迅猛，但是他并不珍惜萧红，也并不真的懂得萧红。萧红隐约地察觉到了自己和萧军性格上的巨大差异，她害怕这种差异会让萧军远离自己。萧红孑身一人，除了萧军，她实在不知道能依靠谁，能相信谁。但萧军对萧红的爱始终建立在他的大男子主义之上。他有时候会责怪萧红的懒惰，有时又在她面前卖弄自己的文章，借此贬低萧红。

《八月的乡村》即将出版时，萧军和叶紫洽谈出版封面设计的相关事宜，和几个年轻人聊得非常投缘，竟然大意地说出了自己的家庭地址。叶紫听后大惊失色，赶快暗示萧军转移话题。事后，叶紫拉着萧军走出来，指责道：“你知道这个青年的背景吗？现在形势复杂，在不完全了解对方之前，万万不可透露自己的信息。”

为了安全起见，萧军慌忙地搬了家。但是搬来搬去，都没有离开拉都路。1935 年 6 月，萧军和萧红搬到了萨坡赛路 109 号，这是萧军的朋友唐豪的官邸。二萧住在唐家二楼的后楼。

刚搬家不久，一日，胡风和梅志夫妇去探望二萧。梅志后来回忆道，最初见到萧红的时候，她以为萧红是一个非常精明能干的家庭主妇，完全无法把她和左翼女作家联系到一起。萧红扎着两条辫子，大大的眼睛，动作麻利。

梅志形容萧红的声音和说话方式非常柔和，很有感情，很有韵律，让人听了舒服极了。相反，萧军的说话方式则给人一种压迫感。但无论怎样，梅志起初对萧红的印象，都是乐观积极、聪明活泼的。

然而这一天，梅志刚一进门，就看到萧红蹲在地上，一脸憔悴地擦地，满头汗水，完全没有了从前在一起聚会时那样的踌躇满志的眼神。萧红看到两人，非常歉意地给两人找座位，沏茶。

“萧军呢?”胡风不满地皱皱眉头，打量着四周。

“他可潇洒了，这一大早起来去法国公园里看书去了。等着吧，回来一定说我不用功看书。”她一边给胡风夫妇找座位，一面指着地上的烟头和脚印说道：“脏死了，怎么也要擦一擦。”

不多时，萧军回来了，腋下夹着一本书，神采焕发，声音洪亮地招呼着胡风夫妇，这副健康的体魄与萧红羸弱的病躯形成了鲜明的对比。他和胡风聊了一会儿后，满不在乎地对萧红说：“你就是不用功，不肯多读书，你看我，一早上看了大半本。”话毕，不理会萧红怅然若失的表情，也没看到她手里拿的脏抹布，他依旧我行我素地谴责她，顺便夸奖自己。

“你一早到公园用功，我还要擦地呢!”萧红冷冷扔下一句话，连同手中的脏抹布甩在地上。

这样的纷争在二萧之间越来越频繁，两人的感情不知不觉间已经出现了细小的裂缝。萧红拼命地弥补，但其实她并不知道两人之间究竟发生了什么。萧军对萧红的不满越来越多，经常横加指责。而风雨过后，两人又会和好如初紧紧相拥，如此反复，萧红也觉得这是一种折磨。

女人心，海底针，萧红靠着第六感隐约地猜到了什么，但是她不愿意相信。当初在商市街的时候，萧军就曾经移情，虽然当时萧军坦荡地承认了一切，并且保证不会和那些女人发生什么，但此时，萧红已经难以相信他了。

彼时的萧军，贫穷落魄，饥寒交加，连饭都吃不饱。此时的萧军，每月有固定不菲的稿费收入，住在法租界的中等公寓里，在上海文坛也小有名气，萧红觉得，这一次，萧军走得更远了。

萧红活了多少年，不安感就追随了她多少年。不安，像一个噩梦，又像是一条蟒，紧紧地缠住萧红。她倾其所有，付出感情与时间，只为求得一个安稳，然而，不知是命运的残酷还是她的秉性使然，萧红的选择总是令自己更加痛苦。这一对在别人眼里的金童玉女、文学伉俪，已经悄然走上了分岔路口。

还记得萧红在商市街提到的那个南方姑娘吗？那位黑黑瘦瘦的程女士，带着没有说出的苦闷，酩酊大醉一场，将所有心事埋在心底，返回上海，决定将过往遗忘。然而，程女士想遗忘，感情线那端的另一人却不想遗忘。

漂泊到上海后，萧军不可遏制地想到了程女士，这位在上海出生长大的女孩。萧军曾经背着萧红去程家找过她，但是程女士当时漂泊异乡，并不在上海。通过家书，身处沈阳的程女士知道了一个叫作“三郎”的人曾经去上海的家里找过自己。她返沪后，便高兴地带着自己的孩子去拜访萧军和萧红。她的想法很简单，自己已经做了母亲，无论如何都不可能再和其他男人有瓜葛了，萧红应该不会对她有敌意才对。

然而，程女士却预料错了。她以为萧红不知道的事情，萧红全知道。萧红知道两人自从在哈尔滨分开后，并没有完全了断音讯，仍不时有书信往来，这种关系断断续续持续了两年。萧军寻找过程女士，结局未果。这一次，没想到两人这样迫不及待地想见面。萧红冷笑着，要看看这两人玩出什么花样。

程女士大方地到萧红家做客，临走的时候，还要萧军送一送她。碍于面子，萧军只好尴尬地起身，将程女士送到门口。萧红就站在后面，看着两人的背影，有说有笑，心里千滋百味，说不上的绞痛和难受。

这之后，萧军找各种理由去探望程女士，这些，萧红都知道。最后，萧红决定提早将搬家的事情提上日程，她以为离那个女人远一些，萧军自然就会不再那么想念。但是这一次，萧红错了。试想，隔着大半个中国，这么远的距离都没能斩断萧军和程女士的情愫，同在上海，就算远了几个街道又能如何呢?

萧军开始撒谎，他会借着赴宴的理由，绕到程女士的家，并且将理由安排得天衣无缝，让萧红抓不到把柄。萧红的警觉性越来越高，最后，每当萧军要出门时，就会干脆地问他："你是不是要去见她?"

"胡说什么！我只是去书店！"萧军理直气壮地回答。

关于程女士是否和萧军是两情相悦，多年来一直是一个有争议的事情。按照程女士的说法，萧军总是没有征得她同意便擅自跑到她家里。萧军的压迫感很强，眼神里有一种不容反抗的固执。程女士慢慢感觉到了萧军对自己异样的感情，她开始感到困扰，她觉得萧军的感情太可怕了，那完全是一种不切实际的幻想，程女士已经有了丈夫女儿，她也明白萧军还有萧红。于是，再一次，她选择逃脱。

然而萧军不允许程女士就这样离开自己的视线，有时候酒局结束，无论多晚，萧军也要拐到程家，只为看她一眼。萧军会暗示她，他自己是走了多么遥远的路途赶过来的，程女士左右为难。很多人相信程女士对萧军不是完全没有感情的，否则，一个已婚女人是不会和一个有了爱人的男人暧昧不清的。一段感情，都曾付出，都曾努力，别全否定，感情的事情，难定对错，没有黑白。

最终，在丈夫的催促下，程女士决定去北平。萧军得知此事，过来送程女士，还送上了20块钱。在原来，萧军才是被给予钱财救助的对象，现在，世界变了，萧军出名了，经济有了节余。程女士非常感动，但是又觉得尴尬。

两人在咖啡馆里面面相觑，不知道说什么。萧军突然就明白了，他凄惨地苦笑一声，一杯接着一杯地喝酒，程女士实在看不下去，带着哭腔握住他的手说："别喝了，我求求你别喝了。"

"从明天起我就不喝了。"萧军扬起头，双眼布满水光和红血丝，"为了你的缘故，这一杯，你就让我痛痛快快地喝吧！"话毕，仰头，杯空。

同样的时间，不同的空间，萧红孤独地坐在家里，不想开灯。她握着酒杯，一口一口慢慢品尝，她想尝尝这香醇的美酒，是不是也有苦涩。萧红想知道，是不是这世上，所有的幸福都是泡影，所有的美好背面都是丑陋不堪。这个世界上，还有人会一心一意地欣赏自己、爱护自己吗？萧红凄惨地牵牵嘴角，将最后一滴浊酒饮尽。

萧红喝下了满肚的惆怅和心酸，咽下了爱情的苦涩和艰难。她扶着微醺的头，在草纸上写下几行小字：

> 已经不爱我了吧！
>
> 尚与我日日争吵，
>
> 我的心潮破碎了。

这组名为《苦杯》的组诗，是此时萧红内心苦闷的最大宣泄。萧红躲在文字后面，独自品尝着无处安放的悲哀。萧军，注定是萧红的驿站，而不是家。

1935 年 11 月 5 日，萧红和萧军收到了鲁迅的一封短信笺，邀请"刘兄"和"悄吟太太"到家里做客。信上说，让他们在逛完公园后去书店里等他，然后一起回到寓所吃饭。萧红再一次激动得要哭出来，她拿着信笺，不敢相信自己的眼睛，鲁迅先生竟然请他们去家里做客！这在当时，是多么大的殊荣啊！鲁迅不仅从经济上帮助萧红和萧军，还将二人介绍给上海的文学家朋友。这一次，鲁迅竟然邀二萧去他的家里，这无疑表明，鲁迅已经彻底相信了这一对从东北来的年轻人。

那一晚，鲁迅一家三口和二萧过得非常快乐。小海婴非常喜欢萧红，虽然仅是第三次见面，但是已经和萧红非常亲近了。鲁迅逗他，问道："为什么喜欢萧红?""因为她有辫子!"小海婴说完又调皮地去抓萧红的辫子。萧红自小就缺少母爱，也没有同胞姐妹，更没有什么联系紧密的女性朋友，而许广平的出现，给萧红的生活添加了一丝欣慰。萧红将许广平当作大姐姐，除了谈心聊天之外，还可以和她讲一些女人家的体己话，将自己平时没办法和萧军说的痛苦烦恼说给许广平听。

那个美好的夜晚，四人相谈甚欢，不觉时间飞逝。鲁迅身体初愈，想到先生的身体状况，萧红和萧军屡次提出回家，但是许广平和鲁迅一再挽留："再坐一坐吧！再坐一会儿。"午夜时分，萧红和萧军才走出鲁迅的寓所。鲁迅还给他们指路，告诉他们下次来的时候看到门口的"茶"字，旁边就是了，上海弄堂长得太像，要是记不住门牌号很容易走错。

除了做客，鲁迅还经常请二萧看电影，通常是《夏伯阳》或者《人猿泰山》之类的。鲁迅总是打趣道："电影没什么好的，看看鸟兽之类的倒可以增加些对于动物的知识。"二萧和鲁迅先生一家看电影，是萧红最珍惜的幸福时光。但是每次都是鲁迅先生请客，这令萧军十分不好意思。有一次，鲁迅提议去上海大戏院看《夏伯阳》，萧红和萧军爽快地同意了，但是走到售票处时，萧军连忙对鲁迅说："老作家请客十次，青年作家也该请一次客了!"此时，经过鲁迅的介绍，萧红和萧军的文章出路已经非常好了，两人每月都会收入一笔颇丰的稿酬。但是鲁迅却机智地回道："等老作家请完十次，青年作家再请吧。"

没料到鲁迅会这样回答，萧军愣在那里，哑口无言，趁这个时候，许广平已经买好了电影票，拉着大家走进去了。萧军非常沮丧，这一次又是鲁迅夫妇请的客，他和萧红实在太过意不去了。

从这以后，萧红便成为鲁迅家的常客，她开朗的性格感染了鲁迅夫妇，许广平也非常喜欢这个爱大笑的姑娘。上海的梅雨季节总是湿漉漉的，太阳也没了身影，萧红的心也如同梅雨天气，尽是阴霾，提不起一点儿精神。这一天，太阳难得露面，萧红高高兴兴地跑到鲁迅家里，喘得上气不接下气。鲁迅正在喝茶，温和地笑着："来啦?"萧红连茶也不喝，兴奋地点头："来啦!"

"什么事情这么高兴!"许广平噙着平静的笑容，看着小妹妹一样的萧红。

"天晴啦！太阳出来啦!"萧红无比喜悦。其实，萧红的世界一直是简单的，高兴就笑，不高兴就哭，她不想承担太多，也不想游走在尔虞我诈的世间，萧红只想安静地看书写字，做一名与世无争的女子，和心爱的人携手终老。

在上海的生活，可以说是萧红一生中最富足的日子，有了稿费，经济压力变小了，萧红开始打扮自己了。和很多双十年龄的女孩一样，虽经历了风雨，萧红仍旧怀着一颗爱美的心。她还特意搭配了红色的大宽袖子上衣和咖啡色长裙，跑到鲁迅家里，像只欢快的小麻雀一样，转着圈，拉着许广平的手期许地问道："好看吗?"

许广平正忙着做家务，没有给出过多的评价，鲁迅却放下茶杯，品头论足起来："红色就应该搭配黑色，上面穿着红色的衣服，下面配着咖啡色的裙子，不伦不类。你这裙子还是格子的，浑浊得很。"那天鲁迅兴致勃勃，评论完萧红的衣裙，又打趣她的靴子："你以前穿过的一双短靴啊，是军人才穿的，因为靴子的前后有一条线织的拉手，这拉手是放在裤子下面的。"

"我不是都不穿了吗!"萧红故作娇嗔地噘了嘴，"我穿了那么久你怎么都不说!"

"你不穿我才说，你穿着的时候，我说了你就该不穿了。"鲁迅幽默地回答，话毕，哈哈大笑，萧红也跟着笑了起来，圆圆的大眼睛眯成了两轮弯月。

获得鲁迅先生的保护和帮助后，仿佛运气都跟着好了起来。初到上海，萧红和萧军举目无亲，走投无路，然而此时，许多朋友来到上海投奔他们了。罗烽、白朗夫妇几经辗转之后来到上海，投靠二萧。

时值盛夏，四个人挤在小屋子里，艰难程度可想而知。罗烽和白朗非常想见鲁迅先生，请萧军引荐。萧军给鲁迅写了信，但是鲁迅在信中婉拒了，他写道，这样热的天，四个人挤在一起确实非常不好，但是最近自己太忙了，像是机器人。鲁迅先生当时确实要务缠身还是因为某种不得已的理由拒绝罗烽、白朗的相见，这就不得而知了，但是非常遗憾的是，直到鲁迅去世，罗烽、白朗也没有见到先生。

不久，舒群出狱后，也来到了上海。同样的，舒群也希望通过萧军的引荐，见到鲁迅。真是风水轮流转啊，在哈尔滨的时候，这些朋友不遗余力两肋插刀帮助萧军，在青岛时，舒群倪青华夫妇也热情地帮助二萧，这一次，轮到萧军为朋友们做点儿什么了。

但是萧军骨子里总是有一种傲慢，现在他成名了，更加骄傲不羁，据说他和罗烽的关系非常紧张，曾经一度绝交，就是因为萧军，最终也没有让罗烽夫妇见到鲁迅先生。所幸，罗烽和萧军这对朋友，在 1937 年终于一笑泯恩仇，和好如初。

如此多的东北朋友来到上海，萧红自然是最高兴的，她本就怕孤单，喜好热闹，这一次，东北人相聚在南国，她更是责无旁贷地照顾和招待朋友们。萧红喜欢围炉夜谈的感觉，于是，她邀请胡风梅志夫妇到家里做客，同时，也邀请了很多东北朋友。那是胡风第一次见到如此多的东北人，看到他们的说话做事方式，甚至饮食习惯都完全和自己不同，觉得很新鲜。

那一顿饭，大家一起包了饺子。南方人怕是不能理解饺子对于东北人的意义。在战火纷飞的旧时岁月，只有过年、立夏之类的重大节日，大家才会吃饺子。饺子象征着团圆，包饺子的过程尤为热闹，一家大小擀皮、包饺子，非常有趣。那晚，梅志看到萧红熟练地包着饺子，一定要学，但是学了好几遍，都包得不像样子，甚至还有四角的方形。

梅志由衷地感叹："你们东北人的饺子真难包。"她费了好大的劲儿，一个也捏不好。萧红过来解围，梅志却仍旧坚持。那晚，大家相谈甚欢，年轻人在一起，异常的高兴和热闹，梅志兴奋地要和二萧比酒量，还说要将萧红和萧军灌倒。

白朗在一边提醒说香槟也是会醉人的，梅志才作罢。被东北人爽朗的性格所影响，梅志在席间肆无忌惮地说笑，虽然和这些朋友才认识不久，但她觉得自己早就认识了他们，感到无比的亲近。最后，在胡风的一再提醒下，梅志才离席提前回家，给孩子喂奶去了。

《生死场》的出版，给萧红带来了巨大的荣誉，萧红成功了。当时上海文坛评论家称《生死场》是"萧红女士和上海人初次见面的礼物"。虽然胡风在读后感后记中指出了《生死场》的一些不足，他说生死场人物的描写技法欠缺，虽然每个人都是栩栩如生的，但是每个人的性格特点都不够突出。但是，瑕不掩瑜，《生死场》还是在文坛上掀起了波澜。一时间，萧红这个左翼文学女作家的名字传遍大江南北。

鲁迅、胡风等人总是不自主地拿萧红的《生死场》和萧军的《八月的乡村》做对比。鲁迅认为萧红的文字比萧军的有灵性，字里行间透着女性独有的敏感，情节的处理也成熟一些。胡风则认为，萧红跳出了小说创作的条框，用诗歌般优美的语言和散文的行文方式，将一些细腻的东西很好地描绘出来，她的文章给人一种浑然天成的美感，即使写的是悲剧，也极为吸引人，让人折服。

对于这些评论，萧军当然是不服气的。但是不可否认，萧红的写作更多靠的是灵感和天赋，萧军则是通过刻苦努力练习达到今日的成就的。萧红一直排斥着既成的行文规律，她有着自己的内心世界和想法，用一双慧眼洞察人生百态。

鲁迅给萧红的文章做了很高的评价，认为她的文章比萧军的更有前途。鲁迅说："萧红，是当今中国最有前途的女作家，很可能成为丁玲的后继者，而她接替丁玲的时间，要比丁玲接替冰心的时间早得多。”

几乎一边倒的舆论，令萧军非常反感和不舒服。萧军一直有着很强烈的大男子主义，每当有人当着他的面夸萧红的时候，他就以一副很受挫的样子争辩道：“我也是重视她的创作才能的，但她少不了我的帮助。”萧军几乎不会主动地赞美萧红的文章，有时候还会讽刺道：“就你写的文章，要是没有鲁迅先生的帮助，谁会看到呢？”

萧红这个时候会非常的委屈。她一双圆圆的黑眸噙着泪水，委屈地坐在一边，不敢作声。她始终不敢反抗萧军，无论萧军说什么做什么，仿佛她只有接受的分儿，不能提任何的建议和反对。此时，萧红郁闷，自己的文章受到了赞扬，作为爱人的萧军应该替自己感到高兴才是，为何总是百般贬低自己，借此显示他的高大呢？

萧军和萧红的性格，从本质上来讲，就是不一样的。萧军粗野、直率、不考虑别人的感受、我行我素、冲动鲁莽，但是踏实认真、拼劲很足。萧红则不同，她天生聪明灵性，因为身体的原因没有办法像萧军一样拼命努力地学习，但是她靠着敏锐的观察力，在文学的道路上披荆斩棘，也取得了令人瞩目的成绩。

无论是萧红的文章还是萧军的，都各有千秋，或细腻灵动，或浑然天成，或淳朴原生，或引经据典，但不管怎样，萧军都不能，也不该否认或者贬低萧红。他的女人不只是他的附属品。萧红做过太多人的附属品，这一次，她崭露头角，生活和经济都有了自主权，开始思考一个问题：能不能为自己真正活一次，不再躲在别人的背后听从别人的意见？即使这个人是亲密的枕边人，萧红也不想受制于人了。

此时，萧红和萧军的感情已经出现了裂缝。或许人成名之后，大都看不到自己的不足，只想到别人的过错。多少夫妻，可以共苦，却不能同甘。不得不说，萧红和萧军彼此搀扶走过了最困苦艰难的岁月，但是，当黎明的曙光来临时，两人却开始了同床异梦的日子。

1935年平静地划过，这一年，是萧红的丰收之年。《生死场》顺利出版了，萧红获得了赞美和掌声，她在上海文坛上初露头角，已经小有名气，甚至有几个杂志来找她和萧军约稿，请他们做杂志的主要撰写人。

然而，萧红的命运里从来就没有“一帆风顺”这个词，或者说，萧红细腻多愁的性格使得她根本不会，也不可能享受日子。随着《生死场》的出版以及大卖，1936年悄悄来临了。在辞旧迎新的那个夜晚，萧红蜷缩在被子里，听着萧军的鼾声，心却荡到谷底。

“你眼中的爱情是什么样的呢?”萧红完全不像一个待产的母亲，反倒像不谙世事的少女，眼中盈满了希望，盯着萧军。

“爱便爱，不爱便丢开。”萧军毫无遮掩地道出自己长久以来的处世哲学。

“若是丢不开呢?”萧红的心微微一沉，但仍旧噙着笑容。

“丢不开，便任它丢不开!”萧军纵声大笑。萧红也陪着大笑，虽然隐隐对萧军的爱情观感到不安。

这一幕，发生在萧红和萧军初相识的晚上。虽然之后，萧红跟随萧军辗转中国南北，也过着清贫但相爱的日子，不过萧军的“爱情哲学”一直是萧红的一根心头刺。“爱便爱，不爱便丢开”短短八个字，却压得萧红喘不过气来。她一遍又一遍回想着这几年和萧军携手走过的风雨，心里万分纠结。放手，她无论如何都做不到，接着走下去，她又觉得困难重重。

爱情也好，婚姻也罢，始终是两个人的事情，当第三者介入时，如何叫萧红沉稳地面对这一切？只闻新人笑，不闻旧人哭，亘古不变的道理，不会在萧军这里戛然而止。萧红心里明白的，除了程女士，萧军还同时爱慕着其他女人。当年在哈尔滨的时候，有一个叫李玛丽的姑娘，艳丽明亮，是很多人暗地里崇拜和宠爱的对象，萧军也曾暗暗苦恋过这个人。

然而那时候的萧军只是一个无名小卒，靠着当家庭教师，向朋友借钱和典当衣物为生。如今上海滩上的这个萧军，意气风发，站在了聚光灯下，事业蒸蒸日上。萧军闻知李玛丽姑娘也来到了上海，遂对其展开了攻势。

萧军和萧红的问题是复杂的，除了性格不合、萧军移情别恋之外，还有一个很重要的因素——谁也逃不出围城这个劫。不是他们的爱情不够深刻，而是他们当初的结合就不是最合适的。那个时候，萧军和萧红都穷得一塌糊涂，一件毛衣两人穿，一个面包两人吃，甚至就连鞋子都是两人共享的。可是萧红穿着萧军的破皮鞋，在中央大街上边走边唱的时候，她是知足的、乐观开朗的。

时过境迁，物是人非。萧红和萧军不再是连面包都不敢看一眼的贫苦青年，他们有了丰厚的稿费，从拉都路的亭子间搬到了法租界。可是，萧红的心里却空了。当初为了改善生计，两人将性格不合这个次要矛盾挤到了墙角，忽视了它。此时，生活稳定后，这个问题变成主要矛盾。

萧军的大男子主义气概非常浓，还未成名时，这种颐指气使的脾气便已经初见端倪。现在两人均已名扬四方，萧军需要的是一个崇拜自己、顺服自己的女人。萧红则是受过新文化熏陶的新时代女性，并且天性中就带有一丝不羁与叛逆。她想要独立，她想在这段感情中获得一席之地，而不是作为萧军的附属品。

这个愿望如今看来再正常不过，可当时却是奢望。因为萧红认识的左翼文学青年大都是萧军的朋友，最初萧红也是以萧军爱人的姿态出现在这个圈子里的。当二人矛盾日益激烈的时候，朋友们大都站在萧军这边，以他的立场和萧红对话，甚至包括萧红的弟弟张秀珂。

张秀珂从哈尔滨中学毕业后，跟随莹姐的脚步，来到上海。某一次，张秀珂去看萧红，推门而入便感到气氛萧飒，萧红告诉弟弟，刚才萧军又发一顿脾气，将灯泡都砸碎了。

萧军责怪了萧红，张秀珂也劝说萧红，让她不要胡闹，要体贴萧军。晚年张秀珂回忆起来这段事情，无比遗憾，他当时不是很清楚萧红和萧军之间发生了什么，假若当时他就知道事情的真相，是绝对不会责怪莹姐的。

爱情这杯苦酒，令萧红心碎。她在写完《生死场》后，几乎没有什么经典作品问世。被爱情折磨得体无完肤的她，终日垂泪、叹息，又不知向谁讲述内心的苦闷。萧红的神经本来就异常脆弱纤细，后天的经历又使她骨子里透着悲观。所有的因素加在一起，压得萧红再一次面临精神崩溃。

萧军对萧红的暴躁则愈演愈烈，甚至对萧红实施家暴。这件事情，在圈子里基本属于半公开的秘密了。

在一次聚会上，梅志赫然发现萧红的半面脸竟然是青肿的，关心地问道："怎么了？"

"没什么，昨天晚上夜里起来不小心撞到东西摔倒了。"萧红苦涩地一笑，企图搪塞过去。梅志对于萧红的变化看在眼里，疼在心里。萧红脸上的笑容越来越少，若是有着笑容，也是五味杂陈的苦笑。她圆圆的眼睛里不再充满着欣喜和期望，目光暗淡，没有神色。更可怕的是，本就华发早生的萧红，青丝丛中再次抽出了银丝，那一头银发配着忧愁的面容，叫人不禁担忧。

"你别不要脸了！"萧军当着众人的面，丝毫不给萧红留情面，"我昨天喝了点儿酒……是我打的。"

"不是不是！是我自己走路不小心撞到的。"看到萧军气如火焰，萧红惊恐地瞪大双眼，侧过脸去，用头发遮住脸上的伤。

"是我喝了酒，打她一拳……"萧军气冲冲地说道。顿时，酒桌上氛围尴尬，大家面面相觑。梅志想劝萧红，但又不知如何开口，她觉得不应该在别人悲哀的时候打听隐私，也就只好象征性地说了几句和解的话语。

萧红每天游荡在孤寂和悲痛之间。她觉得自己再次走进了一个死胡同，无处可逃了。上一次有这种感觉是什么时候呢？那时候她身怀六甲，一个人蜗居在阴冷的旅馆储藏室里，她以为自己的生命再也燃烧不出新的火花了，可是，萧军出现了，他拯救了萧红破败的灵魂，他让萧红明白什么叫作天无绝人之路。可是这一次，同样的一个人，拯救过她的人，却亲手将她推进了无底深渊。

无处宣泄的痛苦将萧红逼得发疯，她想到了鲁迅和许广平夫妇。这段时间，萧红经常在许广平那里做客，有时候一坐就是一天半天。许广平不好多问她和萧军之间的矛盾，只能耐心地劝慰，更多的时候，只是静静地聆听。

这天，萧红又在许广平那里坐到了很晚。小海婴不知道萧红的苦闷，拿出自己的书本玩具，让萧红陪他一起搭积木。恰巧梅志也来了，他们三个一起在客厅里一边玩耍一边聊天，这让萧红心里略微好受一些。萧红问梅志的孩子怎么样了，小海婴却抢着用上海话奶声奶气地讲："依格小弟弟好白相嘞!"童言无忌，把梅志和萧红逗乐了，暂时驱散了萧红心间的阴霾。

胡风出现在了鲁迅家的楼梯口，梅志知道他来接自己回家了，于是起身告别。在门口拐角处，许广平对梅志说："她天天来一坐就是半天，我哪有时间陪她，只好叫海婴去陪她。我知道，她也苦恼得很……她痛苦，她寂寞。没地方去就跑到这儿来，我能向她表示不高兴、不欢迎吗？哎！真没办法。"

萧红也深知，鲁迅先生身体欠佳，许广平又很忙，不能经常打扰他们，但是她又不知道这样的苦痛和谁诉说。其实，萧红是非常孤寂的一个人，不到迫不得已，这样的心酸与失意都是一人独自承担，就是和朋友们讲述，也通常半遮半掩，甚至当朋友们问起，她都尽量回避这个话题。许广平后来回忆说，她们之间的谈话时能勉强进行，萧红那话语和神情间流露出的强烈哀愁"像用纸包着水，总设法不叫它渗出来"。

萧红的忧愁写在脸上，许广平看到了，鲁迅也看到了。但是良好的修养使得鲁迅不能轻易打探别人的隐私，尽管鲁迅隐约也知道了萧军和萧红之间的矛盾，但是作为长者和朋友，鲁迅还是不便多说什么。这个时候，鲁迅的身体已经非常不好了，萧红去鲁迅家的时候，鲁迅多半都是在睡觉静养的。萧红多么盼望先生的身体好起来啊，那时候萧红便又可以打破砂锅问到底了。萧红最喜欢追着鲁迅问问题，一件事情不问明白不罢休，有时候鲁迅也会被这个天真的小姑娘搞到头疼，但是还是保护着萧红的天真，一一解答她的疑问。

7 月初，鲁迅的病情有所好转，朋友们零零散散地过来探望他。萧红虽然每天都会到鲁迅家里陪小海婴玩，陪许广平聊天，但是都没有去楼上探望过鲁迅先生。这一天，她终于鼓起勇气上楼探望先生。她一边害怕见到病中的鲁迅越加消瘦憔悴的样子，一边又期待见到这位人生中的导师。

许广平端来了茶水，萧红双手紧紧握着杯子，坐立不安。鲁迅倒是很平和，他打量着萧红，缓缓说道："人瘦了，这样瘦是不行的，要多吃点儿。"

简单的一句话，却让萧红最后的心理防线崩溃。眼泪如溃堤的河水，泛滥而出。这些时日，萧红一直独自一人承受所有的痛苦，她不敢去想也不敢奢求有一个温暖的归宿，去包容她、理解她。然而此时面前的这位老人，慈祥地看着她，对她说出一句暖心窝的话语，这一切，就够了。

萧红想到在哈尔滨的时候，祖父和自己在后园度过的美好时光。她想到了祖父慈祥憨厚的笑容、温暖的大手和爽朗的笑声。时间空间变化，萧红有些恍惚地看着鲁迅先生，感动得落下泪水。她本不想给鲁迅添麻烦的，但是陪伴左右的这些人，只有鲁迅是最理解她的。鲁迅理解她的情仇，读懂了她文字中的美与灵气，也读懂了她眼中的忧愁和孤寂。

鉴于萧红和萧军之间敏感尴尬的气氛每日剧增，黄源建议萧红到日本生活一段时间。黄源给出的理由是，日本的消费并不比上海高，并且日本的文学出版业很发达，在那里萧红可以读到很多难得的作品。黄源的妻子许粤华（笔名雨田）正在日本主修文学，在日本学习短短一年的时间，已经可以翻译一些日语短文了。

和萧军反复商量过后，萧红决定和萧军暂时分开一段时间，彼此冷静一下。这一年，萧红去日本，萧军回到青岛，两人约好一年之后相见。萧红的想法很简单，大家都彼此好好想想，需要的到底是什么，这段感情先冷却一下，看看时间是否能修补它。

假若爱情这杯苦酒可以暂时麻痹神经，让自己脱离苦海，那萧红宁愿一醉方休，永世不得醒来。

东瀛扶桑的寂寞身影

做出去日本的决定后，萧红在离开之前去看了鲁迅，当时她并不知道，这一次，竟成了她和鲁迅先生的最后一面。7 月 15 日，萧红临行前最后一次拜访了鲁迅先生一家三口，那一天许广平亲自下厨做饭，鲁迅也将这件事情记在了日记里：晚广平制馔为悄吟饯行。

晚饭过后，鲁迅安详地坐在藤椅里，那时候他仍在病中，高烧 38.5℃。但是先生打起精神，告诉萧红到了日本之后要注意的种种事情，他拖着低沉的声音，缓缓说道："每到日本码头就会有当地的日本检疫人员上船来检查乘客们是否有疾病，不要怕，而中国人专会吓唬中国人，跟随的茶房往往会大惊小怪地乱叫，不必理会。"

翌日，萧红和萧军还有黄源好好吃了一顿大餐。这时萧红和萧军已经拿到了《生死场》和《八月的乡村》两本书的一部分售卖利润，共计 300 块钱。萧红因为要出国，拿走了大部分，剩下的钱留给了萧军。萧红烫了头发，一改往日两条辫子的清纯模样，换下了经常穿在身上的布旗袍，穿上了西装。

然而这样的打扮在梅志看来，简直不伦不类。她觉得这样时髦的发型和萧红的气质年龄都不相配，西装看起来就像是廉价货，反而不如旗袍淡妆舒雅。但是梅志明白，萧红是想改头换面，重新开始。

萧红剪短了头发，换了新衣服，宣示彻底与旧生活的告别。临行前，黄源和二萧去照相馆照了一张合影留念。照片上，最左边的黄源戴着一副黑框眼镜，表情自然，面带微笑，心胸坦然地看着镜头，萧军站在中间，依旧是那样意气风发的表情，有一种居高临下舍我其谁的气概。然后站在最右边的萧红，那笑容要多勉强就有多勉强。从这张照片来看，萧红已然有了中年妇人的苍老，这不合时宜的沧桑感悄悄爬上了她的眉梢。

萧红是笑不出来的，即将分别，萧军毫无半点儿眷恋之情，倔强的萧红也决定隐藏自己的不舍，潇洒地拖着行李，头也不回地踏上了开往东瀛的客轮。

萧军的潇洒是真的，他可以不在乎萧红，他的世界里，有太多灯红酒绿，有太多的诱惑和吸引。然而萧红的潇洒是假的。船到日本，萧红看着陌生的港口，心中掀起一阵波澜，不免眼眶发酸。这陌生的国度里，从此，她只能一个人踽踽独行，孤独地生活了。萧红不是没有自己一个人在冷清中生活过，但是，经历炽热的爱情和友情后，此时的萧红，比以往更加害怕一个人的黑夜和漫无边际的孤独。

这种蚀骨的孤寂和沉痛，一直缠绕着萧红。

来到日本，萧红不仅没有想象中那样舒缓了神经，反而更加忧愁。她经常和萧军通信，叙说着自己的寂寞不安，她觉得自己的灵魂一直在飘荡着，找不到归宿。为了排遣寂寞，萧红重新拾起了烟酒。第一次抽烟，还是因为祖父的去世，萧红才学会的。而这一次，萧红又用这一片草叶排遣自己心中的寂寥。

在日本的这段日子，是萧红一生中最煎熬、最苦闷、最孤寂的时候。她有一种被压抑得喘不过气的感觉，陌生的语言、陌生的环境，走廊上木屐的声音更是扰得萧红难以入眠。精神衰弱的她本就浅眠，现在更加睡眠不足，萧红每天顶着两个黑眼圈，幽灵一样游荡在陌生的街头。

她明白，这种像蛹一样卷到茧里的生活，萧军是不会有的。萧军粗豪、豁达，看到的都是大目标，不计较小事情。而萧红虽然在文字中尽量表现着男人的英气和胸怀，但不免还是有着小女人的依恋和敏感。

虽然和萧军的感情有了裂痕，但是萧红对他的关心还是溢于言表。不过，两人对同一信息的接受理解程度显然不同。萧红对萧军的关心巨细靡遗，从买什么样的枕头到买什么样的床单，从添衣吃饭到工作交友，萧军觉得烦琐，甚至厌烦。

晚年的萧军承认道："她常常关心我太多，这使我很不舒服，甚至厌烦。这也是我们常常闹小矛盾的原因之一。我是一个不愿可怜自己的人，也不愿别人'可怜'我！"然而，萧军又怎能明白，萧红并不是在"可怜"他，萧红是用尽全身的力气在爱他啊！萧军说自己喜欢的一直都是史湘云、尤三姐之类的女生，而万万不想招惹林黛玉一样的女人。萧军对于配偶的选择由此可见一斑，他不需要对方多么的细心，最好没有悲春伤秋的情怀，也没有心如发丝的心绪，只要能跟随自己的脚步，服从自己，这就够了。

显然，萧红并不是这样一个人。

来到日本后，萧红唯一的寄托仿佛就是给萧军写信。唯有写信的时候，萧红才觉得自己可以忘却异乡的烦恼，暂时躲到两人营造的快乐中去。萧红也会在信里撒娇，譬如写一些"腿肚上被蚊虫咬了个大包"之类的。萧军和萧红明显不在一个频道上，对于恋人间无营养的亲昵对话，萧军竟然回信道：腿肚上被咬了个大包，这种不疼不痒的话有什么好说的。你腿上被咬了大包，我又有什么办法呢？

漂泊在东洋，除了要忍受和爱人的分别以及思乡之情，萧红仍旧饱受病痛的折磨。萧红多年来一直被妇科疾病缠身，每个月都有一次肚子疼，疼得死去活来，躺在床上什么都干不了。她非常羡慕萧军健康的身躯，写信道：你亦人也，我亦人也，你则健康，我则多病，常兴健牛与病驴之感，故每暗中惭愧。

多病也是造成萧红压抑和自卑的原因之一。因为身体原因，萧红潜意识里感觉自己和萧军是不平等的，萧军是个男性，在社会上受到认可，并且身体健康；自己是一名弱不禁风的女性，又是如此多病羸弱。萧红渴望的平等，既没有先天条件，也没有后天条件。也就是说，她和萧军本来就不是平等的，而萧军的大男子主义又拉大了两人不平等之间的距离。

萧红曾说过，自己喜欢心胸开阔的男人，并非不接受粗野或者冲动的男人。可是萧军的豪爽和侠情，显然不是萧红所说的心胸开阔。萧红希望有一个男人包容自己，爱护自己，而不是不以为意，不在乎自己的感受。

萧红在处理感情问题上的方法很明确，那就是隐忍和退让。几十年前的事情，当事人都已经故去，无法评论萧红和萧军的对错。但是，萧红采用了几千年来儒家思想文化中女性惯有的作风——让和忍。她没有直面萧军的错误，也没有将两人的问题摆在台面，而是用温情和爱意打动萧军。

说到退让，简直替萧红觉得心酸和不值。

在萧红旅居日本的时间内，萧军重新坠入爱河。这个人不是别人，竟然就是黄源的妻子许粤华。初到日本，是许粤华帮助萧红租了房子，置备家居，带着她熟悉环境。萧红为此是很感激许粤华的，只不过那时候许粤华太忙了，萧红即使和她在一个屋子里，都不能跟她说上几句话。

萧红做梦都不曾想到，萧军竟然和许粤华在一起了。这件事情，萧红是隐约感觉出来的，但是在回国之前，她不是很清楚其中的来龙去脉。对此，萧红没有采取吵闹争宠的方式，而是一再地退让。不知道萧红的良苦用心萧军读懂了几分，倒是萧军模棱两可的回答和非常不积极不准时的回信搅得萧红心神不宁。

萧红在每一封信件里的措辞都是小心翼翼的，生怕引起萧军的误会。因为害怕失去，萧红也反复无常，一会儿撒娇耍脾气，一会儿又低声求饶。萧红不愿意伤害至今她仍旧深爱的恋人。她在一封信的末尾注脚写道：军，上面有一些怕引起你误解的话，因为一向你看得我很弱……毕竟我是一个女人呵！

在日本这段期间，萧红的主要生活除了写作，什么都没有。刚来日本一个月，萧红就寄出了3篇短篇小说，但这些小说都是萧红逼迫自己集中精力完成的。后来，为了提高写作效率，萧红改变作息时间，每天读书学日语，晚上写文章，几乎每晚都要12点以后才入睡。

再一次的背井离乡，萧红被浓浓的乡愁所包围。其实东京带给她的好处，远比爱情带给她的多。但是那时候萧红沉浸在寂寞与乡愁之中，导致日语也没有学好。日本是一个恬静祥和的国度，然而这样安静的环境，却使得萧红更加的心神不宁。

萧红在日本期间，有写长篇的打算，但是，她的情绪十分影响写作进度，最后，这部还在酝酿中的长篇小说夭折了。日本的冬天总是下雨，这也令萧红十分恼火和烦躁。虽然《商市街》散文集子已在上海出版了，可是当萧军来信告诉她这个好消息的时候，萧红却一点儿也振奋不起来，仿佛上海发生的事情已经离她非常非常遥远了。

来到日本，唯一令萧红欣慰的是，她见到了自己的弟弟张秀珂。张秀珂以优异的成绩到早稻田大学留学，事后，张秀珂表示他在萧红启程前往日本时就知道消息了，但是迟迟不敢相认，那时国民党特务严防死守，让他不敢轻举妄动。

异乡遇亲人，再没有什么比这更能抚平萧红内心的彷徨、孤独与不安了。和弟弟张秀珂深情拥抱的一刹那，萧红仿若回到呼兰，回到小时候，回到祖父和家人身边。至此，萧红和张秀珂的通信往来一直都没有中断，而正是这份珍贵的亲情，支撑着萧红四处漂泊。弟弟在，家就在。

萧红在日本时，除了《牛车上》这部集子，没有更多的传世作品。而《牛车上》还是在1937年才付梓出版的。不过，萧红以女性的独特视角写了很多小诗。这些精巧灵动的小诗，被世人喜爱。这是一组名为《沙粒》的小诗，简单的几个字，却勾勒出她远离亲朋好友的悲伤和无止境的自怜。

美好的诗歌往往不需要华丽的辞藻，萧红的文笔始终透露着清新，夹杂淡淡的忧愁。这一个一个巧妙的比喻，令人拍案称绝，很多感受，只可意会不可言传。萧红充分利用了上天赐予她作为一名女性的细腻和敏感，这些看不到、摸不着的情绪，经过笔尖，徒然放大，让世人更加理解人间的苦难、感情的波折和世事无常。

理想的白马骑不得，梦中的爱人爱不得。萧军，你可知道我对你的爱有多深，你可知道情有多深伤就有多痛。

什么是痛苦，说不出的痛苦最痛。命运和我开着一个又一个玩笑，请问，这一切的原因只因为我是一个女人吗？

生命为什么不挂着铃子，不然丢了你，怎么感到有所失？

萧红落笔最后一个问号，站在窗前，看着淅淅沥沥的小雨，心里没来由地一阵恐慌。生死是萧红文章永恒的主题，也是萧红生命中所敬畏和惧怕的。此时，她想到了远在上海的鲁迅先生，说到生死——不知先生近况如何，病是否痊愈了呢？

墓草萋萋话离殇

萧红身处异乡，被哀愁缠绕，好在她的女房东对她非常热情和关心。女房东经常送萧红一些礼物，花生、饼干、苹果之类的零食，还有一盆花。房间里有了阳光，有了花，萧红也慢慢有了希望。她买了一些画挂在墙上，看起来也赏心悦目一些。有一张画的是茅草屋里睡觉的农家小女孩，她觉得就像她小时候的样子，只要萧红感到疲倦的时候，就会看看那张画，想一想遥远的假象，她特别喜欢这张画，准备带回国去。

想到回国，萧红陷入沉思。国内除了萧军，再就是鲁迅先生最让她放心不下了。萧红来日本已 3 个月，没有和鲁迅通过一次信，萧红觉得先生卧病在床，就不要让他再费精力写信了。

然而萧红并不知道的是，在鲁迅去世的 14 天前，他坐在病榻上，和茅盾感慨道："萧红一去以后，并未给我一信，通知地址；近闻已将回沪，然亦不知其详……”若是萧红当时知道鲁迅先生对自己的挂念，说什么也要写信的，但是，这件事终究让萧红抱憾终生。

说到回国，萧红不是没想过，她和萧军的定期是一年，萧军确实已经到了青岛。来到东京后，第四封寄回国内的信，地址就是青岛。然而萧红也幻想着萧军忍受不了这样的小别，会央求自己回去。回还是不回，萧红每天都在矛盾中反复摇摆。

萧红在信中写道：“你说让我滚回去，你想我了吗？我可不想你呢，我要在日本住十年。”话语中透露着小女孩的娇蛮，但是撒娇意味颇浓。在同一封信里，萧红又写道：“你等着吧！说不定哪一个月，或哪一天，我可真要滚回去的。到那时候，我就说你让我回来的。”

就在萧红在回国与不回国之间摇摆不定的时候，一个惊人的噩耗传来。

同样的时间，在上海，萧军和黄源经历着一场生死时速的奔跑。因为萧红的《商市街》在上海出版，萧军在十月份回到了上海，拜访了鲁迅先生，还送给他一袋从青岛带回来的小米。1936 年 10 月 19 日清晨，萧军正在酣睡，被一阵暴躁的敲门声吵醒。黄源夫妇站在门口，惊恐万分地看着萧军：“周先生走了！”

“什么！”萧军不敢相信自己的耳朵，这个消息如平地惊雷，炸得萧军不知所措。他慌乱地套着衣服，一边扣着扣子一边随黄源夫妇一路狂奔。

两人钻进黄源来时所乘坐的汽车，来到鲁迅先生位于大陆新村的寓所，径直跑上二楼，“扑通”一声跪在鲁迅脚下，抚摸着他骨瘦如柴的小腿，放声痛哭。

远在东瀛的萧红起初并不知此时，但是第二天，她看到报纸上出现了鲁迅的名字，后面还有一个“偲”字。萧红隐约感到不安，但是这个日本字她又不认识，很多汉语传到日本之后，读音和字意都有很大的变化。她抓起报纸去问女房东，女房东正在切胡萝卜，看到她还笑着提醒“伞，伞”。原来，萧红都没有注意到下了雨，冒着雨心急如焚地跑过来了。

女房东看了半晌，表示不认识这个字，萧红看了看报纸，稍微安心，劝说自己，也许是鲁迅先生其他的新闻罢了。但是随后的几天，萧红断断续续在不同的报纸上看到相关新闻，鲁迅先生的名字后面跟着逝世、去世等字眼。

萧红一刻也不能等了，她觉得世界就要坍塌，自己就要崩溃了，她一定要尽快确认这个新闻。22日，日本靖国神社开庙会，萧红确认了这个事实：鲁迅先生去世了。

萧红一下子瘫软在地，她万分不能接受这个事实。最后一次见面的情景仿佛就是昨天，萧红还能记得鲁迅坐在藤椅里，慈祥地告诉她："每到日本码头就会有当地的日本检疫人员上船来检查乘客们是否有疾病……"

"你现在还喜欢壁虎吗？"

"我搬离了北平，喜欢壁虎的只有我一人，大概他们都把壁虎赶走了。"

"先生你怎么知道这么多衣服搭配的事情？"

"我读过一些和这个相关的书。"

"是买的书吗？……"

平日里，萧红像个孩子一样，缠在鲁迅身边，打破砂锅问到底，而鲁迅也爱极了这个仍旧葆有童心的女孩子。这些对话言犹在耳，然而，先生已经走了！萧红眼前一片漆黑，看不到任何东西，心像是要跳出胸膛，她想哭，却已没有了哭的力气。

怎么办！先生就这样撒手人寰了！没想到那晚的饯别，是最后一面。萧红原本在日本买了一本心爱的画册，打算回去送给鲁迅先生的，但是现在看来，这本画册只能自己留着了。萧红整日沉浸在悲痛和愧疚中，终于打起精神，给萧军写了一封信：关于周先生的死，21日的报上，我就渺渺茫茫知道一点儿。昨夜，我是不能不哭了，而且是那么痛苦的一刻。可惜我的哭声不能和你们的哭声混在一道。

萧红在东京白天上课学习日语的时候，有一个教他们的教员，小个头，鬈头发。他下课后常常被人围着，讲一些中国和日本不同的习惯与风俗。令萧红诧异的是，这个小个子教员的北京话说得很好，中国的旧文章和诗也读过一些，但是令人心里不愉快的是，他讲话的时候常常把眼睛从下往上看。

“鲁迅这个人，你觉得怎么样?”小个子教员问道。萧红心中一抖，为什么要问我呢? 还好，萧红旁边座位的人站了起来：“我说，鲁迅……这个人没有什么，没有什么了不起的，他的文章就是一个骂，而且人格上也不好，尖酸刻薄。”

萧红坐在他旁边简直气到不行，恨不能用手把他黄色的歪到一边的小鼻尖扭过来。日本举行鲁迅先生的追悼会，全班 40 多人只有一个女生去了。这位小姐回来的时候，全班哄笑。她红着脸打开门，踮着脚尖向前走着，走得越轻越慢，那鞋跟就越响。

萧红不知道的是，在国内，鲁迅先生辞世的当天下午，他的遗体就被转移到胶州路的万国殡仪馆。那一夜，胡风、黄源、许粤华和萧军等人轮流守灵。次日上午，鲁迅先生的遗体被安排到楼下礼堂，进行简单的遗体告别。在告别仪式上，萧军代表治丧办事处同人和鲁迅先生生前十分支持的《译文》《作家》《中流》《文季》四个杂志社的同事做了简短的致辞——鲁迅先生的死是一把刀，一把饥饿的刀！深深地插进了我们的胸槽，我们要用自己和敌人的血将它喂饱！我们要复仇和前进！

萧军结束演讲时，大家一起合唱安息歌。然后上海民众代表献上一面旗子，上书“民族魂”。众人将旗子覆盖在鲁迅先生的棺木上，抬棺将其放入墓中。

萧红在随后给萧军的信中，提到最多的就是许广平和小海婴母子俩。她请求萧军去看看母子俩，并帮忙转告许广平：看在孩子的面上，不要哭得太多。除了惦记着许广平母子，萧红连鲁迅家里两个老娘姨也记得，让萧军替她问候。

鲁迅先生去世了，萧红备受打击，内心一直被这个巨大的噩耗盘踞着，她根本就写不出文章了，于是，她想着给鲁迅出版全集的事情。当时日本方面已经在着手这件事情了，预计11月，日本的鲁迅全集就可以问世了。萧红认为中国人搜集中国人的文章总比外国人快，因此，她更加焦急，交代萧军和其他朋友，一定要把这件事情先做起来。在国内，鲁迅全集的事情是胡风、聂绀弩和黄源等人一手操持的。

因为鲁迅先生的去世，萧红急火攻心，在接下来的一个月内不断地发烧，嘴唇全破皮了，一块一块的。只要闭上眼睛，她就总能想到鲁迅先生对自己的爱护帮助，那种感觉就像是祖父带给自己的安心感。她觉得鲁迅先生走了，这个世界上再没第二个人可以这样对她。

感情上的寄托和精神支持轰然倒塌，萧红的工作停滞不前，身体也一再抱恙，她决定提前结束和萧军的一年之约，等待病情稍微好转，就起身回国。

萧红回国，一面是自己的意愿，一面也是萧军和黄源的催促。萧军在晚年回忆：那是她在日本期间，由于某种偶然的际遇，我曾经和某君有过一段短时期感情上的纠葛——所谓的恋爱，但是我和对方完全清楚意识到出于道义上的考虑没有彼此结合的可能。为了结束这种无结果的恋爱，我们彼此同意促使萧红从日本马上回来……这种结束，也并不能说彼此是没有痛苦的。

萧军此处说的某君，就是黄源的妻子，曾经在日本帮助过萧红的许粤华。

在回国之前，黄源已经把事情告诉了萧红。萧军此时也是万分痛苦的，他和许粤华不能够在一起，被迫分开，这种失恋的痛苦同样折磨着萧军。萧军因此借酒消愁，萧红却以为萧军是在报复她重新吸烟。

最后，萧军向萧红坦白了自己的隐情，令所有人诧异的是，萧红表现出了前所未有的大度。她甚至没有过问，就原谅了萧军。

当一个人不再因为爱情责罚另一个人，只能说，这种爱，对于这个人已经失去了意义和作用。或者，我们更愿意相信，萧红成熟了，她不再是被萧军牵着走、为了爱情迷途的羔羊了。

身在东瀛，萧红无时无刻不被苦闷和乡愁包围着。她知道萧军已经开始了一段新的恋情，然而那段恋情却是有始无终，不能开花结果的。这件事情始终如一粒沙子迷进了萧红的眼睛。若是几年前，萧红绝对不会选择原谅，那时候，她什么都没有，萧军是她唯一相扶持的伴侣和精神上的支柱。但是现在，萧红选择宽容。她变得愈加成熟，懂得如何挽回感情。在外人眼里看来，萧红的爱是幼稚也好，幻想也罢，但是萧红仍旧坚持着她的爱情观——懂得进退，忠贞不渝。

在反复的思考过后，萧红决定提前回国。她做出这样的决定有两个目的：一是想尽快回国祭拜鲁迅先生，先生临终前，萧红没能赶回去看最后一眼，这是她永生的遗憾；二是她想回去和萧军谈一谈。从萧军的字里行间，萧红大体可以猜到，萧军虽然和许粤华坠入爱河，但是他的一颗心却没有完全放在那个女人身上。作为陪在萧军身边5年的女人，萧红有信心回去解决这个棘手的问题。

1937年1月9日，萧红乘车从东京到横滨，翌日，她搭乘“秩父丸”，买了三等舱的船票，启程回上海。

在船上，萧红意外地遇见了曾经的老朋友高原。高原最开始见到萧红时，不敢相认。他印象中的萧红，还停留在5年前，天真的笑容，直率的语言，虽然眉间总是凝着一抹忧愁，但总体看来还是单纯积极的。此时眼前的女人，虽然年纪尚轻，但眼角不知为何含着淡淡的悲伤，她站在甲板上，一边抽着纸烟，一边看向远方，眼神没有焦点，仿佛若有所思。

萧红站了一会儿，便回到餐厅吃饭。高原就坐在她对面，打量了她许久，终于开口说道：“你长得好像我的一个朋友。”萧红没有意识到对面的陌生人是在和自己说话，她回头四处张望，最终才确定这个人就是在和自己说话。

“你的朋友叫什么名字?”萧红好奇。

“她叫张廼莹。”

“你是高永益!”萧红一下子反应过来，起身绕过餐桌和高原紧紧相拥。高原非常开心，他乡遇故知乃是人生一大喜事，高原和萧红多年不见，此次相认分外亲热。高原带萧红回到了船舱，给她介绍几个同路的朋友，这些朋友都来自东北。此时萧红的文章多见刊报，小说也引起了不小的反响，是非常出名的左翼文学女作家。高原对朋友说道：“这就是我们要找的萧红。”

大家纷纷拿出糖果和糕点，准备来个小型的聚会。萧红也回房拿来一瓶白兰地和一盒樱花牌香烟。高原虽然不会抽烟，但是还是陪着萧红吸着纸烟。那一晚，大家相见恨晚，交谈甚欢，推心置腹，互相聊了彼此的近况。高原向萧红提起了徐淑娟，徐淑娟是萧红在东北时结识的闺蜜，她是为数不多萧红没有通过萧军认识的女性朋友。高原也要到上海去，他告诉萧红：“小徐嫁到了常熟，常熟离上海不是很远。我们在北方时，她在南方，现在我们去了上海可以时常看她。人总是悲欢离合……”

萧红深深吸了一口烟，听着高原讲“悲欢离合”，不禁心中感慨万分。此次回沪，与萧军的出轨和鲁迅先生的逝世是分不开的。世间万物，离合总是伴随着悲欢，但是，结合未必伴随欢喜，相反，很多结合伴随着化不开的苦涩。

整整一夜，萧红和高原都坐在那里，侃侃而谈。萧红很羡慕高原健康的体格，高原还向萧红介绍了一些简易的锻炼方法。最终，高原还是陪着萧红将一整盒香烟抽完了。东方泛出鱼肚白，萧红才回到船舱，一位老人操着广东话对他们说：“你们整整谈了 24 小习（时）啊!”这样怪异的语音听起来颇有喜感，萧红和高原哈哈大笑，更加快乐了。

客轮顺利抵达上海，萧军和黄源去码头接回了萧红。萧红和萧军此时的相见，略有尴尬。那件事情如刺在心，萧红想忘掉，却发现自己没有那种决心和勇气。黄源设席为萧红接风洗尘，萧军劝萧红喝几两花雕。萧红爽快地答应了，她连干了几杯，仿佛告诉朋友们，看，我还是这样的爽朗和豁达，我很好，我一点儿事都没有。

萧红到底有没有事，所有人都不知道，只有她自己清楚。回到上海后，萧红俨然成为文艺界的新星，她的应酬也多了起来，很多人请她去做讲座，杂志也都向她约稿。萧红脸上的自信增加了，在人前也愈加意气风发。过去，这种精神面貌仅仅是属于萧军的，萧红像是一个懦弱的孩子，拉着他的衣角，躲在后台偷看。

但是现在不同了。萧红越来越独立，她开始思考以一个女性的身份站上文学舞台，推崇带有女性色彩和精神的文学作品。萧红不想再做别人的附属品。这个别人，就是萧军。某一次在一个小型创新文学聚会上，萧红慷慨激昂地做了演讲，她大谈自己对文学的理解、对创新意识的评定，以及自己的文学抱负。讲台上的萧红，嗓音洪亮，眉目轻盈，举手投足都透露出良好的教养。台下一众新老朋友在那里捧场，萧红不禁有点儿飘飘然。

萧红从日本返回上海，见到了萧军，心里变得稍微踏实了一点儿。因为文学上的成就也使得她有了经济独立的能力。有了经济的独立才有了人格的独立。萧军慢慢觉得萧红开始脱离自己掌控了。对于萧红取得的文学成就，萧军虽然给予了肯定，但他不喜欢别人在他面前直白地评论萧红的文章写得比他好。甚至别人客观表扬萧红，他也觉得萧红的成功有自己很大的功劳。

“虽然她写的文章很优秀，但也有很多要改正的缺点。”萧军在屋子里和友人对萧红的文章指指点点。

“结构也不坚实。”

“她写的散文有什么好呢?”几个男人对萧红的散文嗤之以鼻。

此时的萧红已经在内屋躺下熄灯就寝了。外面的男人们以为萧红已经睡了，殊不知，萧红将这些话，字字句句记在了脑海里。她苦笑着牵动嘴角，看来，那个计划终究要实施了。

萧红早就想搬出去住，和萧军过分居生活了。她四处打听哪里有可以出租的空房甚至一个床位也好。后来她看到一个私人画院正在招生，便跑过去问道："你们还招生吗？还有床位吗？"从画院回来的路上，萧红偶遇萧军，但是萧军没有注意到她。萧红宁愿相信萧军是真的没有注意到她，而不是看见了也懒得搭理。

事实证明，萧军确实看到了萧红，但不想与萧红有过多的接触。因为萧红离家出走搬到画院，不出两天，便被萧军的朋友找到了。萧军回忆起那天在画院附近看到萧红的情景，大致推算了一下萧红的路径，就猜得八九不离十。他们半威胁半劝阻道："你是有家的啊！"画院的主持者听后，连忙摇头："你家里不允许你出来，我们是不能收你的。"

萧红像是一个俘虏般，被带回了家。

自从再次回到上海，萧红就感觉到，在心理上萧军离自己非常遥远。萧红努力地挽回这段感情，无奈萧军总是被动地接受这一切，自己没有一丝想要修缮感情的想法。

萧红的忧郁一天重过一天。不仅萧军这样对她，连萧军身边的朋友也都站在萧军那一边。这其中，也包括黄源和他的妻子许粤华。这是一段非常微妙的关系，至今想来，都觉得不可思议，也只能感叹大概自古文艺青年的爱情观和世界观就是非同常人的吧。

萧军和许粤华的恋爱，黄源自始至终都是知道的。他一边无法割舍对妻子的依恋，一边又不想失去萧军这个朋友。最终，黄源决定成全他们，他和妻子离婚了，只求萧军能够给许粤华一个好的归宿。无法判断萧军对许粤华的真心有几分，但可以肯定的是，当黄源做出让步时，萧军却退却了。他以有了萧红为理由，不得不中断这场没有结果的恋爱。所以，即使有了这样的插曲，萧军和黄源夫妇还是保持着亲密的关系。

黄源心中其实还是怨恨萧军的，但是碍于萧军的强势和朋友一场的情面，只能郁郁寡欢，不多言语。许粤华意外怀孕了，为了除掉这个孽种，她接受了人工流产。在她小产期间，萧红曾经去黄源家里探望过她，但是场面无比尴尬。原本聊得开开心心的3个人，在见到萧红走进屋子时，笑声戛然而止。萧军和黄源看着萧红，仿佛她是剥夺了他们快乐的敌人。

萧红努力挤出笑容，亲切走向许粤华。对于许粤华，她是怨恨不起来的。当初刚到日本，没处落脚，身在异乡倍感孤独，是许粤华一手帮她置备了家用，又陪伴她度过了无数个思念家乡的日日夜夜。作为曾经的密友，萧红不想用憎恨结束这一场缘分。除此之外，萧红对萧军的在乎程度也没那么高了，她现在从精神到经济上已经能够独立了，虽然还会眷恋萧军赐予的温暖，但是她明白，有些事情不能强求。

基于这些原因，萧红是非常友好且怀着关心的态度来探望许粤华的。她走向半卧在床的许粤华说道："这时候到公园走走多好呀!"没有人回应她。

"开着窗子不冷吗?"看到许粤华身边的窗子没有关，萧红关心地拿起一件外套，想要披在她肩上。"请你不要管了。"沉默许久的黄源低沉着嗓音，以警告的口吻说道。

萧军全程没有帮腔，一字不说，坐在旁边照顾许粤华。萧红悻悻走出黄源家。我做错什么了吗？萧红觉得悲哀凄凉，自己这个真正的受害者，此时看起来却像是破坏别人幸福的刽子手。萧红凄惨地仰天大笑，把就要涌出眼眶的泪水逼了回去，她知道，是时候独立走向文学，走向接下来的人生了。

萧红的苦闷抑郁无处述说，自然想到了许广平。鲁迅刚辞世不久，许广平的精神状态也很差，心情低落。但是，她还是要抽出时间安慰萧红。两个人感情的问题，许广平不好做过多的干涉和评价，只是默默陪伴萧红，用自己的人生智慧开导她。有时候在许广平家里会遇见梅志，萧红也不避讳梅志，当着她的面也抱怨着和萧军之间的不合。

但毕竟许广平那里不能久坐，萧红明白许广平也非常需要一个人静一静，独自舔舐伤口。回到上海后，萧红和萧军去万国公墓中拜过鲁迅墓。在那里，萧红看到了鲁迅寓所中的万年青被移到了墓碑旁，只是花瓶瓶底已经丢失了。墓碑旁边放着很多鲜花，但是大多已经枯萎凋零。

萧红深深凝视着墓碑上鲁迅先生的照片，仿佛先生的音容笑貌还在昨天。鼻子一酸，萧红眼眶泛着水光，深深向鲁迅先生墓碑鞠了一躬，把手中的鲜花放在墓碑旁。

回家以后，萧红写了几首拜墓诗。其中有一句是“你的死，总觉得是带走了正义，虽然正义并没有能被人带走”。怀念鲁迅先生的文章很多，但是萧红作为鲁迅的朋友和学生，接触到了鲁迅的方方面面，更能深刻体会鲁迅先生的热情正义、工作上一丝不苟的精神与忧国忧民的情怀。

鲁迅先生的逝世对萧红无疑是一个致命的打击，萧军对她若即若离的态度更把她推向了深渊。萧军对许广平这样说：“获得‘性’是容易的，获得‘爱’是难的。我宁可做个失败的情人，占有她的灵魂，却不乐意做个胜利的丈夫。”萧军一边出轨，一边害怕萧红和别人相恋。他既想肆意享受萧红不计回报的爱和付出，也想挣脱萧红妻子般的管教，潇洒自由畅游花丛间。

最难耐的伤害，是不放，又不爱。

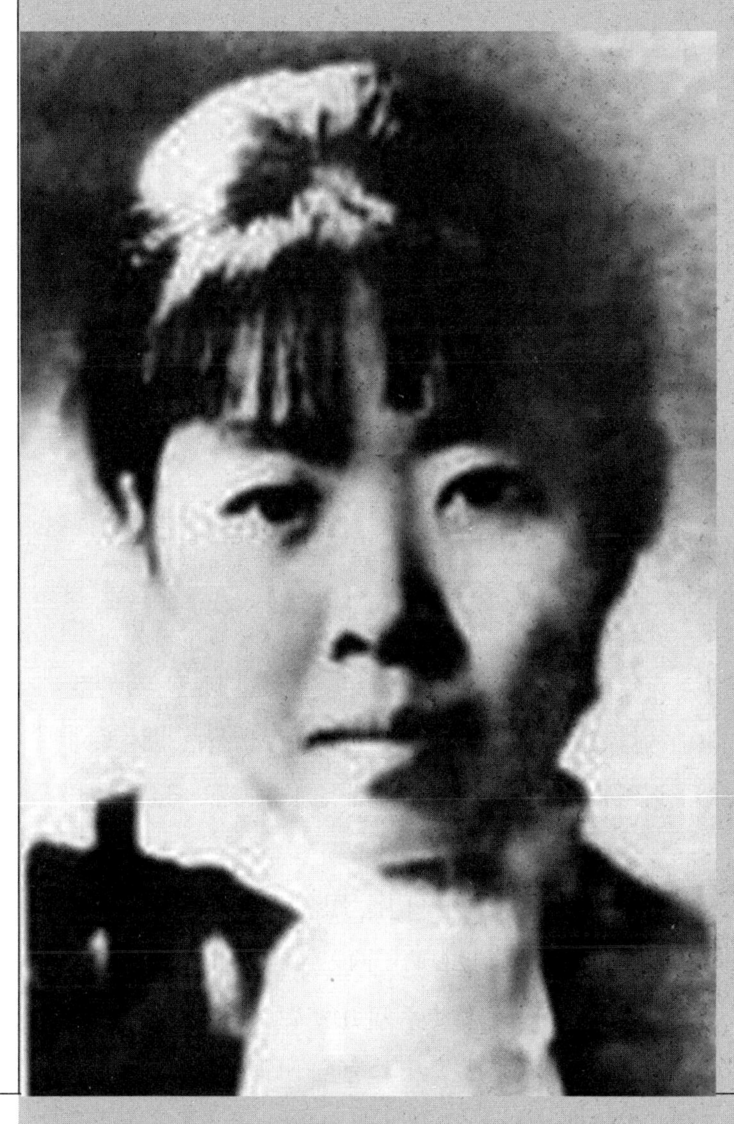

第十章

爱与告别·在忘却之前，再重温一遍

一个安稳的归处

弱水三千，只取一瓢。这样的海誓山盟对于萧红来说，就是奢望。霓虹灯闪亮的上海街头，萧红夹着香烟，沿着南京路一个人徘徊。耳边的歌舞升平不属于她，眼前的灯红酒绿也与她无关。这个被爱情折磨得体无完肤的女子，在深夜的上海滩，站在十字街头，迷茫地张望。下一步，该走向哪里呢？

此时萧红的弟弟张秀珂也已经从日本归国，跟随莹姐的脚步落户上海。张秀珂经常探望萧军和萧红，所以也目睹了两人经常发生口角的场面。当时张秀珂还小，不能理解萧红的苦闷，也不知道两人感情的波折，当萧军责怪萧红时，张秀珂经常站在萧军的立场上，完全不顾萧红的感受。随着年龄的增长，张秀珂才慢慢理解莹姐当年的不易与辛酸。

终日被萧军忽冷忽暖的感情所控制，萧红有着说不出的寂寞和悲伤。但是因为有亲人在身边陪伴，萧红还是略感欣慰的。每当萧红回家看到弟弟的时候，虽然很厌烦他躺在床上那慵懒的样子，但是想到还有亲人陪在身边，便觉得满足。张秀珂来到上海后，生活拮据，也曾写信给家乡的父亲，但是张选三对待这姐弟两人的态度是一样的。张选三对张秀珂表态，钱，没有，在上海待不下去了就回来。张秀珂完全忽视父亲的威胁，依旧我行我素，其作风和胞姐简直如出一辙。

每一天，萧红回到家后，都不知该如何面对萧军。这个男人和别的女人暗结珠胎，却又每晚睡在自己身边，萧红每当想到这一点，便觉得深深地痛苦。既然这个家待不下去了，画院也不能住，萧红干脆选择逃离上海。她离家出走的事情在朋友圈子里传开后，大家对她的行为非常不理解，甚至有人指责萧红。旧的烦恼没能消除，新的苦闷又接踵而至，萧红突然想逃离这令人窒息的气氛，一个人去北平躲一躲。

萧军心里非常清楚，他其实对萧红是有愧的。为了弥补对萧红的伤害，萧军大方地同意萧红“去北平散散心”。萧红临走前问弟弟要不要一起同行，张秀珂厌恶地噘着嘴：“北平乌烟瘴气的，汉奸日寇横行，有什么好去的!”

就这样，萧红再一次独自踏上了开往北平的列车。到了北平，萧红先去投奔了萧军在讲武堂时候的同学周谷香，周谷香暂时居住在岳母家。于是，萧红又找到了李荆山。7 年前萧红在北平的时候，李荆山在汇文中学做教员，没想到现在他仍旧在汇文中学。在李荆山的带领下，萧红竟然再一次见到了李洁吾。

当年第一次离家出走北平的时候，李洁吾帮助萧红渡过了不少难关。李洁吾也是穷学生一个，但是宁愿当掉被子也要拿着几分零钱帮助萧红。大学毕业后，李洁吾留在孔德小学任教。李洁吾自幼丧父，是母亲一手将他和两个年幼的弟妹拉扯大的。

李洁吾毕业后刚在北京安顿下来，年迈的母亲便带着幼小的弟弟、妹妹和李洁吾的未婚妻投奔他。对于突然出现在眼前的未婚妻，为了让母亲高兴，本着“孝”道，李洁吾选择了和这个从小便订下亲的姑娘完婚。

那一天，听到有人叩响房门，李洁吾和往常一样应门。可是，房门打开的一刹那，他愣住了。“廼莹，是你吗?”7 年未见，李洁吾看到这个女人的相貌与身材，有些难以相信，更多的则是怀疑。萧红上前一把紧紧握住李洁吾的手，激动地说："洁吾，是我，你还认得我吗！"

"天哪！"李洁吾轻轻感叹一声，随即和萧红又笑又蹦，搂在了一起。然后两人手牵着手一同回到屋子里。李洁吾热情招待着萧红，一边给她沏茶一边问道："你这是从哪里来啊？"萧红环视着屋子，这才发现李洁吾已经有了一个一岁多的女儿。

对于刚才萧红和李洁吾的互动，李洁吾的妻子将这些场面尽收眼底，也因此误会了萧红和李洁吾的关系。后来，李洁吾的妻子对萧红的态度一直不冷不热，这非常令萧红伤自尊。萧红走后，李洁吾的妻子马上质问他，尽管李洁吾知无不言言无不尽，将所有的事情都讲给妻子听，但自始至终，他的妻子都抱有怀疑的态度。

在李洁吾的帮助下，萧红暂时找到了一家旅馆，但是觉得住得不舒服。李洁吾在报纸上知道萧红现在和一个笔名叫作萧军的人住在一起，便打听萧军是个什么样的人。萧红的眼色黯淡下去，但是仍旧波澜不惊，丝毫没有透露自己和萧军的感情现状，而是尽量维护萧军："他为人挺好的，我也很尊敬他，很爱他……只是他当过兵，脾气太暴躁，有时候有点儿受不了。"

除了李洁吾，萧红在北平还见到了很多老友，这其中包括舒群。舒群为了更好地开展党的工作，于年初来到了北平，主持学生运动，暂时寄居在北大学生宿舍里。萧红在牵牛坊时认识的黄田的妻子袁淑奇最近也正在和黄田闹矛盾，袁淑奇非常理解萧红的敏锐纤细和多愁善感，因为不放心萧红一人北上，袁淑奇托舒群去北平的时候一定要探望萧红。

舒群后来去李洁吾家里找到了萧红，三人经常在一起游玩，还带着李洁吾的妻子去北海公园划船。独自一人在北平的日子是单调又无聊的，好在有舒群这个朋友在。舒群经常跑去找萧红到公园里散步，这无疑对她的情绪是一个很好的缓解和稳定。

除了逛公园，萧红也会请舒群去看电影。电影散场后，两人在闹市区的百货公司橱窗前走着。每当遇到出售母婴用品的小店，萧红都会驻足观看橱窗里的东西。她的眼神是认真的，但又若有所思。舒群知道，萧红想到了那个无缘的女婴，那个一生下来就被萧红抱给了其他人的孩子。

假若孩子仍在人间，也六七岁了呀，这件衣服她穿得合适吗？她喜欢吗？驻足橱窗前，萧红盯着小衣物和小玩具，脑海勾勒着那个从未谋面的女儿的样子。

看电影之余，萧红和舒群还相邀游长城。他们坐上火车一路向西，穿过西郊，随后到达八达岭。萧红走走停停，完全被万里长城雄伟的气势和险峻的高度所折服。萧红感叹的同时，又像一个天真的小女孩一样，展现出她打破砂锅问到底的性格。

“这么伟大的长城是怎么修起来的呀？”

“关外没有人烟，石头是怎样运上来的？”

“古时候还有些用途，现在残破不堪，这个长城现在又能做什么呢？”

萧红其实寻求的并不是舒群的答案，她只想再一次当一个小女孩，单纯幸福，无忧无虑，可以任性地问出一连串让人疯狂的问题。而这时候萧红看着舒群想答案时的表情，笑弯了腰。

无论中国多大，世界多远，北上南下，萧红从来没有忘记萧军。萧红在北平安定下来之后，写信给萧军，向他描述自己在北平的快乐和忧伤，还将采摘的野花寄给萧军。

萧红始终是爱着萧军的，她怎么舍得责骂萧军，无论发生什么事情，萧红都会支持萧军，无条件的。萧红的离开使萧军感到了空虚和恐惧。上一次，萧红远渡东洋时，萧军虽然名义上是孤单一人，但却和一众莺莺燕燕打得火热，他本身就是一名作家，再加上幽默的风格，吸引不少女生。况且，那个时候萧军正忙着和许粤华互诉衷肠，携手良缘。

这一次，萧红不在身边，萧军也没有可以消遣的女性对象了，于是，萧军第一次感到了一人睡觉的双人床是多么宽，没有萧红的家是多么寂寥，萧红对自己的爱到底有多深。

萧红何尝不在忍受着分别和思念带来的痛苦。在写给萧军的信中，萧红难免在欢快之余流露出对他深深的眷恋。出乎意料的，萧军很快回信了。他竟然在心中坦然承认了这个荒唐的错误。他写道：我只好说这是我“自作自受”，自家酿酒自家吃，我不想再推究这些原因……你是这个世界上真正认识我和爱我的人！也正因为这样，是我自己痛苦的源泉，也是你的痛苦的源泉。

人往往都是一样的，只有失去了，才懂得珍惜。没有人会始终站在原地等另一个人，白驹过隙，时间会证明一切。萧军是幸运的，萧红一次又一次给了他改过的机会，给他重新再爱一次的机会。在北平的这段日子，萧红和萧军虽然分隔两地，但是通信却越来越频繁，信里的内容也是越来越缠绵。可以说，这是一段“小别胜新婚”的蜜月期。

那个时候，萧军因为感情的空窗期，或者因为其他原因，对萧红表现出了少有的依恋。原来，萧军经常逗弄萧红直到她哭泣为止。萧军尤爱萧红水汪汪的大眼睛和哭起来委屈的可爱模样，但是后来萧军也坦言，他对萧红有点儿过分了，算是“谑过为虐”。然而萧红在北平旅居的日子里，萧军却对萧红展现了依赖和信任。

他告诉萧红，他在学足尖舞，两个月 15 元，等到萧红回上海就教给她。萧军难得展现情意绵绵的一面，他说，没有萧红在身边的日子度日如年，每天都饱受相思之苦，除了必须应对工作之外，简直像一个孤魂野鬼一样。萧军写了很多首小诗，例如：我不愿爱我的人薄幸，却自怨自己的痴情。萧军如此煽情，萧红哪里招架得住，以往对萧军的不满和怀疑也都被甜言蜜语赶到天边去了。

在北平的这段时间，因为烦乱的心情，萧红工作状态不是很好。她自己反省，觉得这几个月自己是失败的。她虽然有一些写作计划，但是没有一个是长篇。她讽刺自己：“为了恋爱，而忘掉了人民，女人的性格啊！自私啊!”

经过这些时日的分别，两人迫切地想要见到对方。按照原计划，不多时萧军即将北上与萧红会合，因为一些不得知的理由，他最终放弃计划，要萧红回上海。

想要萧红心甘情愿地回上海，萧军还是微微使用了一下小伎俩。他在给萧红的信中写道：我近日睡眠又不甚好，恐又要旧病复发。如你愿意，请即见信后，束装来沪。萧军太了解萧红心性了，他甚至可以预料到萧红看信后的反应，一切都在萧军的掌控和计划之中。萧红看到信件后，说什么也要回上海，一刻都不能停留。

李洁吾夫妇一再地挽留萧红，萧红摇着头心急如焚说道：“不行啊!萧军近来身体不好……平日里睡不好觉。”萧红已经如此坚持，李洁吾夫妇只好作罢。1937 年 5 月，李洁吾和舒群在车站与萧红相别。萧红和舒群约定，秋天回北平，再一同看看金黄色的深秋和壮美的古代楼阁以及惊为天人的八达岭长城。

正如以前的每一次分别，萧红并不知道这一次算不算是永别。然而，这一次竟是舒群和萧红的诀别，直到萧红去世，舒群都没有再见到萧红。

珍惜身边的爱人，每一次分别，互相道声感谢，道声珍重。如果拥抱，请用力点儿，因为可能这次就是永别。

1937 年 5 月，经历了一个多月的分别，萧红再次回到了上海，和萧军团圆。萧军对此真心地高兴，他逐渐意识到，不管他到底爱不爱萧红，总之他是离不开萧红的。萧红变得独立和理智了，岁月和阅历将她打磨成一个睿智坚强的女人。萧军在日记中写道：吟回来了，我们将要开始一段新的生活。

萧红和萧军确实开始了一段崭新的生活——感情仿佛被淡化了，维系两人的，更多的是志同道合的理想。事业方面的共同成就感，也使得他们冷漠了感情的夙愿。回到上海后，萧红将大部分时间投身于写作。但是因为感情琐事的纠缠和受鲁迅先生去世的影响，萧红的心情还是很乱，不知从何下笔。

纵观1937年，萧红竟然一篇小说也没有，只有简短的几篇散文发表于后来左翼作家创办的进步刊物《七月》上。在这期间，萧红每当提笔，又思前想后，不能很好地理清思路，萧军曾经给她建议，但是萧红此时已经敢于大胆地拒绝和修正这种建议了。萧军始终认为自己是萧红写作的启蒙人，不管现在萧红如何出名，她终究是自己的身后人。掌声和赞美为萧红增强了信心，萧红觉得自己要写出女性独有的视角，不能随波逐流，她要将自然的美和人性的真结合起来，跳出行文的框架。

为了写作的事情，萧红和萧军经常发生口角。萧军典型的火暴脾气，经常是“对人不对事”，对于别的朋友，在提出写作意见时，萧军还能稍微容忍控制一下脾气，然而每当和萧红发生针尖对麦芒的争执时，萧军便不加节制地和萧红争吵。又一次，萧军拿起玻璃杯子喝水，萧红形容这个细节：“他用透明的杯子喝着水，那就好像吞着整块的玻璃。”

“什么玩意儿！”萧军马上反驳道，“水在玻璃里流动着，从外面看去，好像溶解了的玻璃液，向嘴角流去。”

萧红觉得自己的句子有美感，萧军觉得自己的描写有细节，能够帮助读者更好地想象，而萧红的句子充其量不过是一些诗歌的碎片，做不了什么用。两个人各执己见，吵得不可开交。其实，虽然萧红身在左翼文学阵营，但是她的观念和文学与以现实描写为基础的左翼文学是有一定区别的。左翼文学阵营的台柱子多是男作家，萧红作为少有的成功女作家，带有女人天生的细腻的情怀和优雅的文风，审美角度也和他们不尽相同。

萧红和萧军虽然立志开始一种新的生活，但是毕竟两人不是完全的工作伙伴关系，还要一同面对爱情和家庭。萧军曾经发誓：我现在要和吟走这一段路，我们不能分别。

萧军就是这样，说得多，想得少，做得更少。每过几日，他就又回到了从前，厌烦起萧红。若是先前萧军对萧红的厌烦还带有戏谑的成分，那此时萧军对萧红的厌烦则是发自内心的——有谁能够忍受另外一个人总在自己心里的伤口上撒盐呢？

可是谁又能眼看着自己的丈夫和别的女人暗度陈仓而淡然自若呢？

虽然萧军和许粤华的事情已成为过去时，但是萧红的心头仍旧有解不开的结，或许，萧军就是她命中注定的劫。萧红想忘掉许粤华，不仅她做不到，现实也一再残忍地逼迫她放弃这个念头，因为这个时候，许粤华频繁出现在萧红和萧军的家里。

许粤华眉眼低垂，泫然欲泣，来找萧军。此时她大概已经彻底和黄源分手了，想在萧军这里寻求帮助。当着萧红的面，萧军只好故作冷硬心肠的负心汉，他劝许粤华不要再来了，萧红和她之间的情谊也已经尽了。萧军认为自己能够说出这一番话，全是萧红的所作所为逼迫的。他总是将自己言不由衷的苦闷原因推给萧红。但是，试想，如果当时萧军身边真的没有萧红，萧军会心甘情愿就和许粤华结合吗？

萧红究竟是一个盾牌，还是一个玩累了可以避风的港湾，这个恐怕只有萧军自己心里清楚。

萧红则认为萧军和许粤华余情未了，萧军一再解释道："许粤华不是你的情敌，即便是，她现在的一切处境不如你，你应该忍受一段时间……你不应该再伤害她……这是根据人类基本的同情。"萧红哭喊着："但同情不是爱，爱也不是同情！"

萧军说："你就不能不带着醋味说话吗！为了吃醋，你就可以毁灭一切同情吗？"两人争吵如同家常便饭，情感危机一触而发。

在萧红再次回到上海的这段时间里，萧红和萧军认识了来自日本的鹿地亘夫妇。因为池田和鹿地亘是与左翼作家完全不同的朋友，这使得萧红有机会接触来自圈子之外的声音。每当萧红和萧军吵架的时候，池田幸子总是着急地出面调解。也正是有了鹿地亘夫妇的帮助，萧红和萧军的感情才步履蹒跚，勉强维持下去。

但是，当又一次因为许粤华的争吵爆发后，萧军觉得忍无可忍，第一次动了分手的念头。他在日记中写道：和吟又吵架，这次决定分开。池田哭得像个孩子，她尽全力劝慰两人。从客观来看，池田以一个局外人的身份所说的一段话还是非常值得深思的。池田对萧军和萧红说：“我不愿你们分开……你们将很性急寻找别人，那将不会幸福的，将永远不会幸福了。”

萧军和萧红的结，无解。他们的性格和成长背景以及天性爱好都是截然不同的，但是萧红又无比需要和依赖萧军，她没有强壮的身体，也不能在这个男人主宰的世界里占有自己的一席之地。所以她对萧军的爱，无形中包含了很多忍让，她是萧军母亲、女儿、妻子的混合体，为了萧军倾尽所有。萧军对萧红的爱是交换和索取，他理想中的妻子不是萧红，但理想中的情人之选，萧红当之无愧。情人，意味着会是一个不吵不闹、不闻不问的安静女子，对于自己和别人的感情问题不能过多干涉。

显然，萧红是以妻子的身份自居的。萧军甚至说道：“女人的感情领域是狭小的，更是在吃醋的时候，那是什么也没有了。男人有时可以爱他的敌人，女人却不能。”

不得而知，这一番荒唐的谬论是否因为男女思想的差别而发出的感叹，但萧红是无论如何也做不到“爱自己的敌人”的，她的一生一直在寻索，追求着真爱和自由。假若萧红真的可以对自己的敌人妥协，那她完全可以在呼兰安心做她的张家大小姐，不用饱受漂泊饥饿之苦，辗转五湖四海，只为那一丝渺茫的希望。

萧军动了分手的意念，但是他不能先说。他要有一天，萧红亲自对他说分手。那样，他觉得自己仍旧是一个胜利者，不是一个负心汉，他就有理由堂而皇之地告诉朋友：是萧红要和我分手的，不是我主动提出的。

小女儿的风花雪月故事还没有结局，萧红又要面对国难。1937 年 8 月 9 日，日军开始实施蓄谋已久占领上海的战争。这就是持续了三个多月的著名的“八一三”淞沪抗战。8 月 13 日，日本以在黄浦江停留的军舰为基地，对上海展开了惨绝人寰的大规模进攻，一时之间，上海一片惨烈。正在上海的各方爱国人士和上海人民展开了一系列英勇的反抗战争。

8 月 12 日凌晨，鹿地亘夫妇跑到萧红这里，急促地敲门。萧红睡眼惺忪地打开门，池田告诉她，中日要打仗了，凌晨 4 点就要开战。萧红心惊胆战，不敢睡觉，和池田一直坐了整夜。凌晨 4 点的时候，她仿佛听到了枪声，更是心神不宁。

一切都是萧红的幻觉，夜里并没有战争，但是萧红因此也意识到局势的动荡，日军的铁蹄终于踏到了上海，她觉得上海也不是久留之地了。此时，处境更加危险的是鹿地亘和池田，日本人抓他们，中国人也抓他们。当时这些人都生活在租界里，在租界里日本人有追捕日本人和韩国人的自由，想要脱离租界，又是寸步难行。就算走出了租界，到中国的地盘，也会被中国人认为是间谍。萧红怜悯地看着他们，心想，他们的生命，就像系在一根线上那么脆弱。

终日的逃脱躲避，逼得鹿地亘没有办法。最终他对萧红说：“我已决心被捕。”萧红想了想，决定做点儿什么以最大限度减小鹿地亘夫妇受到的伤害。她将他们的书稿和日记带走，对池田说：“就算日本人抓到了你们，也搜不出东西，没有证据。”并且嘱咐鹿地亘，希望他回到日本后，能够有机会宣传正义，多写文章，让更多的人看到并且懂得。

受“八一三”淞沪抗战的影响，萧红暂时将和萧军的情愫纠缠放到了一边，写出了诸多纪实性散文，国家的动荡不安和百姓的贫苦聊生，萧红看在眼里、疼在心上，这更加激发了萧红沉睡已久的写作激情。淞沪抗战的翌日，她就写出了《天空的点缀》，后来又创作了表现上海人民同仇敌忾、奋勇抗日的文章《窗边》。嗣后，她又写了自己对全民抗日的内心的担忧和感受，文章取名《失眠之夜》。短短的半个月，萧红相当高产，写出了 3 篇和抗战相关的文章，由此可见萧红投身于民族解放事业的激情和用心。

不仅是萧红和萧军，新近崛起的东北作家群已经声势浩大。从 1936 年开始，这一年间，舒群发表了 20 多个短篇，出版了两部小说，还有一些杂文和诗歌，累计发表文字 30 万字。罗烽、白朗也有文字见报。1936 年金剑啸在齐齐哈尔英勇就义，为了纪念这位伟大的革命战士和文学战友，流亡至上海的东北作家齐力写了一首诗歌《一粒土泥》。参加这次写作的除了萧红和萧军，还有罗烽、白朗、舒群、达秋等人。

在一次文学沙龙上，萧红正在沉思文章的构思，一个年轻男人的声音传来："请问，这里有人坐吗?"萧红抬头，发现这是一位不认识的年轻男子，操着和自己相似的东北口音，穿着讲究，脸色白净，笑容温暖，留着到了脖子的头发，斜戴一顶小帽子。萧红礼貌地摇了摇头。男子加入沙龙后，大家相互介绍，萧红才知道这位就是新近崛起的东北作家端木蕻良。

端木蕻良和萧军同为辽宁人，两人聊得分外投缘。面对萧红的文字，端木直白地给出了自己的赞扬，他大胆地赞美她的文学之美超过了萧军的文学成就。他是第一个站在萧红这边的左翼作家，这也让萧红又有了和萧军抗衡的精神支持。

在上海的匆匆一瞥，萧红和端木又再次消散在茫茫人海。此时，命运的齿轮已经开始了转动，故事向着不可思议的方向发展着。国仇家恨、爱情困扰，这一切都桎梏着萧红的身心。当上海局势一天比一天混乱后，她终于决定和萧军移居武汉。萧红在上海住了 3 年，上海是萧红这一生开启漂泊行程之后所待时间最久的城市。

在这里，萧红飞速成长，涉水上海文坛，和鲁迅建立了伟大的友谊。同时，她也独立思考，更加谨慎判断自己和萧军的未来之路。时间是最不会撒谎的，在时间的洪荒中，铅华尽洗，大浪淘沙，留下了什么又失去了什么，自己的内心最清楚。

悲伤的汽笛是离别的序曲

萧红登上开往汉关的江轮，恋恋不舍地回头望着黄浦江旁的上海，怅然若失。她有种预感，有生之年，她再也回不到这座霓虹灯闪烁灯红酒绿的城市了，她留在这座城市的，何止思念和悲伤，还有至深的爱情。

离开上海，也意味着萧红和萧军的爱情回不去了。这之后两人的相处，只是反复证明一个事实：他们是不合适的，分道扬镳已经成了定局。

萧红和萧军搭上了驶往汉关的客轮，夹在一群难民和伤病员之间，逆流而上，终于到达武昌。1911年，辛亥革命武昌起义，结束了统治中国两千余年的封建帝制。1922年，江岸车站成为京汉铁路罢工的工人总指挥部。1926年，随着北伐战争的胜利，国民政府的首都由广州迁至武汉。七七事变后，全国大部分的文人都撤退到这里。因此，汉口、武昌连同汉阳，武汉三镇一时成为全国政治文化中心。

在入关前，客轮停在江中心，照例进行防疫检查。萧军意外地发现上船检疫的工作人员竟是昔日在哈尔滨的老朋友于浣非。于浣非告诉萧军，因为武汉特殊的政治和地理地位，大批人马从全国各地五湖四海涌入武汉，在武汉租一个旅馆或者找一个空房子难上加难，但是他可以介绍他们到一个诗人朋友那里去住。于浣非说的诗人朋友就是蒋锡金。

当于浣非把蒋锡金带到萧红面前时，蒋锡金看到的是这样一幅场景。一个高高瘦瘦的女人，无神的大眼睛目光涣散地看着地面。女人坐在一堆行李包裹上，两腿中间是一摊呕吐物。“走吧。”萧军搀扶起萧红，和蒋锡金、于浣非一道下了客轮。

蒋锡金当时虽然没有读过《八月的乡村》以及《生死场》，但是他也非常了解这两位东北作家，因为二萧的名字屡次见报，为两人积累了一定的名声和影响力。蒋锡金的家是一套两居室，他搬到外屋书房去住，将内室留给了二萧。

三人度过了非常愉快的一段日子，一同唱歌吟诗，谈古论今。某一日，萧红和往常一样，清扫着院落房间，蓦然一抬头，看到有一位身材瘦弱的男人兴冲冲地走进院子。萧红一时愣了，随即高兴地扭头冲着屋里喊道："三郎！快出来，你看是谁来了！"

出现在萧军眼前的是端木蕻良。他得知当年一起奋斗的左翼文学家朋友大都转战到了武汉。但是他在过镇江的时候碰伤了脚，又犯了风湿病，因此耽误了行程。他特意告知武汉的朋友，叫他们不必等自己。后来，萧军用文言文亲自写了一封信邀请端木蕻良来武汉，信上说胡风、艾青、聂绀弩等人都已经到了武汉，就等他了。

萧军非常热情地出来迎接端木蕻良，一边接过他手里的皮箱一边关切问道："收到我的信了吗？"端木蕻良笑着说："要不是收到你的信，我怎么会下了火车就直奔你们这儿呢！"

端木蕻良打量了屋子，觉得卧室太小，住不下 3 个人。萧红却盛情挽留端木，她说："艾青、胡风和老聂他们经常来这里，你在这里住下也方便见面。蒋锡金一个人睡一个屋子，我让他挪一挪，再给你打一张床铺好了。"

"不用麻烦蒋锡金了，你就睡我们这儿吧。"这一次，萧军竟然破天荒地提出了一个意见，三人共睡一张床。为了决定谁睡在外面，萧红和萧军还小小争吵一番。萧军说，他自己睡中间，萧红睡里面，端木睡外面。端木露出犹豫的神色，萧红忙说："你要是怕睡在外面掉下去，那我睡在外面好了。"萧军冷冷道："你睡在外面最好，省得半夜在我身上跨来跨去。"

这一段奇闻逸事，被后人拿出来反复咀嚼。有人非常不理解，萧红和萧军这对夫妻，怎么可以和一个男人共同分享床铺。床对于个人来讲，是非常隐私的物件。萧军此时对于端木还是热情和大方的，他没有过多的顾虑，因为比起萧红的感受，萧军更在意朋友。那时候，端木对于萧军来说，还是肝胆相照的朋友，何况，就算两人关系并未那样亲近，中国人讲究人不亲地亲，作为同为辽宁的老乡，萧军自然颇为照顾端木蕻良。

就这样，三人同床共枕的日子开始了。端木在左翼作家的圈子里，实属异类。首先，他没有萧军那样结实的身材，也不善于慷慨激昂地发表意见，给人一种温柔和安静的印象。其次，端木出身富裕家庭，穿着尤其讲究，在抗战岁月，许多人穿布鞋和草鞋，他却毫不收敛地脚蹬一双马靴，走到哪里都是引人注目的焦点。这样洋气的打扮，在左翼作家中是特立独行的。据说，因为不是很合群，左翼作家中有很多人都不喜欢端木蕻良。甚至最后，萧军对他也不再那样热情了。

三人同居一室的时候，每天都是萧军买菜，萧红做饭，大家讨论古典文学和文艺问题，讨论着时事，分析混乱战局。那段日子可以说是萧红最后平静的生活了。萧红擅长做罗宋汤，营养丰富，是大家的最爱。这样一个有才有貌、体贴细腻，又能做一手拿手好菜的姑娘，陪伴在萧军身边，但是萧军不以为意，处处拿萧红的自尊心开玩笑。这一切，端木蕻良都看在眼里。

虽然时局混战，但是作为后方，武汉的生活还是相对平静的。萧红可以尽情自由地享受生活。大家在一起讨论文章时，端木从不避讳，直接表达他对萧红文章的赞美。有些时候，为了顾忌萧军的感受，端木会委婉地进行描述，但是萧军听明白了，在端木心中，自己的文章从形到神，和萧红比起，都是略低一筹的。

萧红每天处在两个男人之间，但是她的心始终放在萧军身上。不过，端木对她的认可和赞美，给了萧红不小的冲击。此时的萧红思想成熟，渴望以一个独立的女人形象站在众人面前，萧军总是喜欢把自己的成就感建立在蹂躏萧红自尊的基础上，而端木则是为数不多欣赏萧红的人。萧红心中的天平开始微微倾斜。不过，她仍旧没有表现出什么。

后人评价这段故事，均认为此时萧红对端木的感情，不应该算作是爱情。即使最后萧红和端木结婚后，萧军在她心中的位置也是无可替代的，只是萧军亲手将萧红推开，而端木却赢得了萧红的信赖和依靠。

在蒋锡金这里住过一段时日之后，端木搬到了小金龙巷。萧红打趣说道："以后没有人给你做饭了，看你怎么办。"端木说道："我还会下面条，饿不死。"萧红娇嗔地打了一下端木，正巧这时候，萧军把萧红喊回屋子里。萧红心虚地吐了吐舌头，不知道刚才那一幕萧军是否看到，但愿这个暴脾气不要误会才好。

虽然端木搬走了，但是大家经常聚到他居住的小金龙巷商讨《七月》杂志的相关问题，因此，萧红还是有很多机会能够见到端木。每次萧红一到端木的屋子里，就会皱起眉头看着满屋的纸笔，然后主动帮端木收拾屋子。因为端木小时候也学过一些绘画，萧红很高兴，拉着端木不停地探讨绘画问题。绘画是一种美学，需要心思细腻、富有灵感的技能，萧军是不屑的。当初在哈尔滨，萧红为金剑啸做广告副手，萧军起初也是反对的。

这一天，大家讨论之后，作鸟兽散。端木头也不抬地在修改稿子，灯光下，他认真的身影倒映在墙壁上。萧红提议出去吃饭，端木敷衍道："在家吃吧，顺便尝尝我下面条的手艺。"虽然明知这是端木无心的一句话，但她仍有小小的感动。虽然是再简单不过的面条，萧军却很少做给萧红吃，萧军能下厨房做一次饭，已经足够萧红感激一整年了。

萧红推开了窗，看着一轮晴朗的夜空，心情大好，提议道："今晚月亮那么美，还是出去吃吧，我请客。"

端木抬头看了窗外，也觉得月光美好，不想辜负这良辰美景，于是答应萧红一同出去吃晚饭。两人挑选了江边的一处小餐馆，坐在靠窗的位置，叫了一些小菜，喝了一些小酒。虽然身为东北人，端木的酒量却大不如萧红。不过萧红没有劝酒，两人安静地喝酒聊天。他们各自聊了一些写作计划，还有自己的创作思路。

这样的感觉，是萧红在萧军身上无论如何也体会不到的。萧军就是一团火，走到哪里燃烧到哪里，想得快做得快，但是思维粗线条，喜欢用拳头办事。萧军看不上端木做事慢慢悠悠、反反复复，也看不上端木的文章总是充斥着阴柔和婉转。端木则不同，他从小有着良好的家教，不必过多担心生计，因此在文学上追求完美和细腻，喜欢精雕细琢。

萧军总是风风火火，而端木则是安静的。端木的性格和萧红性格的其中一面很相似。萧红看着端木白皙的脸颊、薄薄的嘴唇和文静的表情，没来由地心头一紧。

“你知道吗，端木，我只想过安安静静的日子，能够安心写作、生活，这就够了。”不过是几两清酒，以萧红的酒力自是不在话下。但不知为何，此刻萧红感到微醺。

“其实我的理想不是做一名作家，而是战地记者。”端木抬起眼睑，深邃的目光看到萧红心里，“现在虽然没什么机会，但是只要一有机会，我就会到前线的。”

“你的身体能吃得消吗？你又有风湿病。”萧红话语中显示了关心。

端木没有说话，只是坚定地笑了笑。这顿饭足足吃了两个小时，两人才意犹未尽地走出餐馆。在回程的路上，萧红拉着端木走上一座小桥，两人凭栏而立，看着天上的一轮满月。

“真美！”萧红兴奋地说着，将手放在端木的掌心里。见萧红一扫平时的阴霾忧愁，这样高兴，端木不想打扰她的兴致，站在旁边静静陪伴她。此刻时间仿佛静止了，萧红不再是一个身处异乡的飘零燕，她忘记了纷飞的战火、复杂的人际以及失意的爱情。这时候，萧红尽情将自己融入这夜色，感受自然的和谐与美。

一朵云彩悄悄划过，遮住了月亮。端木说：“走吧。”萧红点点头，恋恋不舍，挽着端木的胳膊往回走。到了小金巷，端木向萧红告别：“再见。”萧红看着那个背影，站在巷口，迟迟不肯离去。

有一次，端木路过萧红的窗下，看到萧红正在练字，宣纸铺了满桌，行书和草书之间，一行诗引起了端木的注意。那是唐代张籍的《节妇吟》：君知妾有夫，赠妾双明珠。还君明珠双泪垂，恨不相逢未嫁时。其中最后一句话，萧红反复地在纸上抄写。“恨不相逢未嫁时”，用这句话来形容萧红的心情，几分真几分假？端木不敢猜测。萧红在他心中，是站在神坛上的文学洛神，她的文学造诣远远高于自己，即使对萧红有别样的情愫，端木也不敢妄自猜想。更何况，萧军和萧红携手风雨 5 年，有着坚实的感情基础，情比金坚。

同一时刻，萧军来到屋子里，看到萧红在练字，也提笔写起来：瓜前不纳履，李下不整冠。叔嫂不亲授，君子防伪然。末了，还写下了“人未婚宦，情欲失半”八个大字。

“你的字太丑了！”萧红假装不理解内容，笑着打了萧军一下。

“人未婚宦，情欲失半啊！”萧军一边吟诵，一边又写了一遍。看了看宣纸上萧红和自己的字迹，萧军冷哼一声，嘴角扯出一丝鄙夷的苦笑。

给你一片自由尽情飞舞

萧红想要的，是一段互相平等尊重的感情。萧红是一位才女，不甘屈服于人下，因此，萧红越来越感觉到自己和萧军其实已经渐行渐远了。

左翼作家朋友此时大都集中在武汉，对萧红和萧军的感情之事略知一二。在武昌生活一段时间之后，萧红和萧军的关系已经支撑不下去了。端木经常毫不掩饰地赞美萧红，这让萧军觉得难堪。为了弥补这种情面，萧军在众人面前变本加厉揭露萧红的缺点，动辄对她拳脚相向。最后，萧红躲到了朋友家里。

两人之间如此僵持下去，也不是解决的办法，但是朋友们也都没办法调停此事。都说“宁拆十座庙，不拆一桩婚”，尽管大家知道他们分道扬镳是早晚的事情，但是没有人劝慰萧红和萧军分开，那样的结果也是一路走来的朋友们所无法想象的。

因为被各种杂事缠身，萧红的心情一直低沉，并且也没有什么写作灵感。同样受到影响的，还有端木蕻良和萧军两人。这样的情形对于三人来说都是非常不利的。1937 年年底至 1938 年，三人都没有什么作品问世。这期间，萧红只是在《七月》上面零星发表了一些评论性文章和文学报告。初到武昌时，萧红就计划写《呼兰河传》。《呼兰河传》的第一位读者就是蒋锡金。

蒋锡金看完萧红的手稿之后，有点儿纳闷儿，不知她将怎样写下去。蒋锡金已经看完了她写的第一章和第二章的开头，萧红用了很长的篇幅一直在抒情和描写，抒发对家乡深切的思念，描写呼兰美丽的景色。从中可以读出萧红的生活品位非常细腻，文字间透露着悲凉的情意。这种感情的抒发好像永远写不尽一样，人物迟迟没有登场。

蒋锡金想，不知萧红正在构思怎样波澜壮阔的场景，人物之间的关系又是怎样的戏剧和复杂。散文似的小说写法，一直是萧红所习惯的行文手段，她精雕细刻，娓娓道来，用简单的线条勾勒一幅栩栩如生的乡村画面。虽然蒋锡金不知道萧红到底要写什么，但是他明确表示，他非常喜欢这些文字，认为萧红写得很不错，希望她尽早完稿。

1938 年 1 月中旬，由胡风主持的一次讨论会上，来自各方的十余个左翼作家都有出席。那天，萧军抱病请假，但是萧红和端木都在现场。萧红发表的一些意见，和在场的很多作家都有出入。很多作家抱怨留在城市里，就与群众脱离，与生活脱节了，所以无法创作出好的作品。这些激进的作家提议实际参加抗日战争，有了切身的体会，才能恢复写作灵感。

萧红非常果断有力地揭穿了“只有上前线才能写出真正抗战文学”的论调。她说，写作的题材到处都是，作家写不出东西并不能怪材料太少，应该归咎于他们观念不正确或者观察不仔细不深入。有了这种毛病，即使再好、再大的题材和事件，在这类作家面前都会失去意义。

萧红的这番观点，在左翼作家圈子中实属特殊，但是端木非常赞同。客观看来，萧红的这番谈论，即使放在现在也是适用的。萧红从来就不认为只有切身经历了才会体会生活。对于很多事情，萧红以细腻敏锐的洞察力去判断，以女性特有的共情心去体会，就能够做到感同身受。但是尽管这样，萧红怀着一颗炽热的革命之心，仍旧积极地投入到抗日革命战争中去。

1937 年年底，军阀阎锡山在山西临汾创办了山西民族革命大学，李公朴任副校长。1938 年 1 月，李公朴来到武汉，希望聘请一批有名气的文人到山西任教。《七月》杂志的编写者，除了胡风留守编辑之外，所有作家全部转移到了临汾，这其中就包括萧军、萧红和端木蕻良。除此之外，民族革命大学在武汉还招募了一大批学生，总计上万人。

出发离开武汉那天，是一个月黑风高的晚上。胡风、蒋锡金等到车站为众人送行。一轮新月挂在枝头，满天繁星。站台上挤满了黑压压的人，大家彼此看不清对方的脸孔。青年们心情激动，歌声一浪接着一浪，此起彼伏。铁轨震动，一列又一列火车驶出武昌站，开往大西北浩荡的风沙里。萧红站在车尾，看着人山人海，在夜风中第一次体会了“风萧萧兮易水寒”的悲壮。

1938 年 2 月，萧红和萧军来到了临汾。在民族革命大学里，萧军和萧红担任文艺指导。每天清晨，全校师生被短促有力的军号声聚集在一起，跑步、练操、唱《救国军歌》，开展各种训练。山西的冬天虽然不比哈尔滨那样寒风刺骨，但也是寒冷的。不过学生们学习的兴致却是高昂的，学校里的气氛一直是紧张而且热烈的。

这时候，丁玲带着西北战地服务团，从潼关来到了临汾。丁玲在后来的回忆中写道，非常遗憾因为当时要务缠身，和萧红的接触并不多。但是就在这不多的接触中，丁玲惊讶地发现萧红的身上还保留着未被残酷斗争所破坏掉的自由主义和个性的东西。丁玲一方面欣赏萧红的人生和工作态度；另一方面也奇怪，作为一个女作家，萧红笔下的故事百转千回，细腻动人，让人觉得萧红是经历过很多故事的女人，但为何她还能始终保持纯洁和幻想，同时又展现出这个年龄的女人少有的稚嫩和软弱？

殊不知，这就是萧红最打动人心的地方。萧红常年漂泊在外，用她自己的话就是“从异乡又奔向异乡，这愿望多么渺茫”，但是她的心始终保持着纯净，出淤泥而不染。无论环境怎样险恶，人心怎样复杂，萧红一直坚持永恒的信念、纯粹的生活、纯粹的写作以及纯粹的爱。

来到临汾，萧红开始问自己，当初与萧军之间那样纯粹的爱，如今还能找回吗？

不到一个月的时间，日军就攻下了太原，直逼临汾。民族革命大学决定撤退，招聘来的作家，可以根据个人意愿进退，或者留下来和教师员工一起撤退，或者跟着丁玲的西北战地服务团去西安。

这件事情放在原来，是一个显而易见的决定，萧红和萧军根本不必争吵。只要有萧军在的地方，萧红觉得那里就是家，无论跋涉多远。然而这一次，这对感情关系已经如履薄冰的情侣，却面临着分别。萧红想撤退到后方，多年来，她就是顺着日军攻打的方向一路撤退逃离的。在后方，更安全些。但是萧军决定留下来和同校师生一起打游击。

参加游击队是萧军的一个梦想，早在哈尔滨，萧军就有参加游击队的想法，辗转青岛、上海之后，萧军虽然投笔从戎，但是他始终渴望站到一线战场，正面剿灭敌人，而不是躲在后方，一辈子只能做一个口诛笔伐的作家。

因为这件事情，两人起了非常大的争执，最后已经到了不能调和的地步。萧红质问萧军：“你为什么不能跟我到后方去？那里更安全。”

“我说不会去就是不会去，我要参加游击队。放心吧。”萧军躺在窑洞里的土炕上，心里算计着出发的倒计时，对于萧红的提问，回答有些心不在焉。

“我不要在这个时候和你分开。”萧红的眼眶红了。萧红心里非常清楚，此刻的分别对于两人来说都是一种磨难，一个难以越过的考验。萧军早就怀疑端木和萧红之间的互动了，他认为自己这次和萧红分开，更能看清端木的动机，以便查个“水落石出”。

“我饿了，你给我弄点儿吃的去。”萧军没有继续这个话题。萧红气得嘟起嘴巴，拐进厨房。不多时拿来一个小簸箕，里面是洗好的葱，葱叶上还带着冰碴。萧红将大葱和大酱放在炕桌上，跟着坐在萧军身边。

“你决定了?”萧红小心翼翼地问道。

“用不着你管!”萧军大手不耐烦地一挥。

“那至少带上端木也好……”萧红再也忍不住了，在萧军面前号啕大哭。萧军参加游击队，萧红的头脑中第一个闪过的担心竟然是死亡。从小到大，在短暂的二十多年生命中，萧红体会了太多亲朋好友的离世。那种疼痛，没有经历过的人是不会懂的。这一次，萧红不能让自己身边最亲爱的人再去冒险。

让一个白面书生，尤其是自己很瞧不起的端木蕻良陪伴自己打游击?萧军想来都觉得是无稽之谈，这简直就是对他莫大的耻辱。萧红哭哭啼啼地哀求萧军。萧军吃完了饭，顺势躺在了炕上，他知道萧红一时接受不了分别，但是，他也有自己的选择，后方，目前是没有必要去的。

“我看上了别的女人。”过了一会儿，萧军幽幽地说道。

“我不相信!”萧红笃定地说。萧军即使移情别恋，也不向萧红隐瞒，萧红明白这是萧军为了使自己离开的一个借口。她躺在萧军身边，感受着温暖的怀抱，鼻子一酸。这次分别，不知道为什么，萧红有种预感，萧军再也不会回来了，两人的关系或许真的要画上句号了。

实在不知道该怎么挽留，萧红突然说道：“我想要一个孩子。”萧军随便找了个借口岔开了话题，孩子不应该是父母感情的挽留者，它应该是父母爱情的结晶。萧军此时对于萧红的感情也被岁月消磨殆尽了，没有感情的结合，对一家三口来说，都是折磨。

萧红临行的前一晚，她和萧军又爆发了争吵，这次丁玲和端木都过来劝慰两人，但是气头上的两人吵得失去了理智。萧红的出发点是好的，她一直担心萧军的安全，她说：“你这人怎么这么固执！留你一个人我不放心……我不去运城了，死活我们都要在一起。”

“你怎么这么傻，好好去运城，不久我们就会见面的。”

“我已经说过一千遍了，就算我不是你的爱人，仅仅是同志关系，也不愿意看到你这样……你从不肯听我的劝。”萧红不由自主提高了分贝。

这场争论最后不了了之，萧红还是要和丁玲离开临汾，萧军留在临汾和师生一起参加游击队。火车站台上，萧军和聂绀弩来来回回地走，谈了很多，最后，终于谈到了萧红。像是下了很大决心，也像是早就做好准备一样，萧军对聂绀弩说：“萧红和你最好，你要照顾她。她在为人处世方面，简直什么也不懂，很容易上当的。”

“以后你们……”

“她单纯、淳厚、倔强、有才能，我爱她。”萧军缓缓吐出三个字，重重咬着音节，随即补充道，“但她不是妻子，尤其不是我的。”

“怎么？你们要……”聂绀弩简直不敢相信，萧红和萧军携手走过了风风雨雨，辗转中国南北，此刻却因为一次分离而互道再见。

外人哪里知道，二萧缝缝补补的爱情，早已千疮百孔，正如萧红的心。

“我说过，我爱她。就是说我可以迁就。不过这是痛苦的，她也会痛苦，但是如果她不想和我说分手，我们永远是夫妻，我不先抛弃她!”这番话细细想来，反映了萧军的自私。他的理论就是，你不来和我提分手，我是不会和你分手的，但是你也明白，我们两个人在一起都是痛苦的。你若找我来分手，我会成全你，并且让你明白，是你先放弃我的。萧红单纯，哪里懂得这些尔虞我诈，当一段感情走到了尽头，她是不会勉强自己坚持下去的，就算那个人是萧军。

深夜9点，火车启动了。萧军透过窗子，借着月光在站台上寻找那一抹熟悉的身影，然而，熙熙攘攘的送别人群中，唯独没有萧红。

萧军走后，端木和萧红越走越近，他对萧红发起了明显的攻势。因为端木很主动地迎合萧红，萧红有时候也会觉得他矫揉造作，但总体来说萧红是喜欢的。这样的日子持续了不久，一天，在西安，萧红和端木在团里聊天，突然丁玲、聂绀弩和萧军回来了。

萧红即使做一千遍梦，也想象不到，临汾分别仅仅半个月后，她就在此见到了萧军，并且是在这样尴尬的情况下。5个人面面相觑，哑口无言，空气仿佛静止了。丁玲和聂绀弩还有端木识趣地走开。

萧军就当没看见萧红一样，走到一旁，低头洗脸。

虽然他一个字都没说，但是眼神和表情已经透露了一切。萧红长叹一口气，点燃一支烟，默默站在一旁，等待萧军洗完脸上的尘土。

萧军洗完脸，仍旧不理会萧红，当他和她错身的一刹那，萧红笑着说："三郎，我们永远分手吧。"

"好。"一秒钟的迟疑都没有，萧军点了点头，没有停顿，仿佛在商量着"今天吃什么"诸如此类的问题。萧军与萧红擦肩而过，转身回到屋子里，只剩萧红一个人傻傻地立在院子里，笑容僵在了脸上。

心字成灰爱成伤

萧红和萧军的分手，近乎以一个闹剧结尾。

那次简短的交谈之后，萧红和萧军彻底正式分手了。对此，萧红的态度是非常决绝的，萧军屡次想找萧红谈一谈，都被萧红拒绝了，有时候实在拒绝不了，萧红也坚持两人商谈的时候一定要有端木蕻良在场。这对萧军无疑是一个耻辱，他非常不喜欢端木，看到萧红一心想着端木，更是觉得难受。

到底萧红是用端木来驱赶对萧军的相思之苦，转嫁这种爱恋，还是萧红真的喜欢上了端木，这些事情都已经无从考证了。不过非常肯定的一点是，端木对萧红很尊敬，对萧红在文学上的思想和观点也很认同。这是端木和萧军非常大的区别，也是端木最吸引萧红的地方。

其实，萧红的很多文学观点都是非常独到的。她生性清静，喜欢一个人沉浸在创作中。萧红始终认为写作是一个人的事情，是不需要什么组织和团体的认可的。况且，自从鲁迅先生逝世后，萧红不认为当今中国文坛还有什么导师，因此，独自一人写作、独立思考对一名作家而言才是最重要的。

萧红越发显现出来的淡然和冷漠，也和端木蕻良有分不开的关系。朋友们不是很看好她和端木的关系，甚至有一些朋友认为萧红处理个人问题过于草率，每次见到她，眼神里都写满了鄙夷和不解。可萧红本来就是世界的弃儿，她从来不需要别人的认同，这一次，也不例外。

为了最大程度地创作文学作品，萧红要做到时间完全自由。这一天，萧红刚从床上起来，就感到胃里一阵翻江倒海。她忙跑到门外，扶着门框呕吐起来。端木不明所以，拍打着萧红的后背，将温水递给她："怎么这么不小心，吃坏肚子了？"

萧红脸色苍白，冷汗涔涔，想到这几日的晨吐和一直迟到的生理期，萧红的心沉了下去，"我怀孕了。"四个字，冷冷淡淡，听不出感情。

"怀孕？"端木愣了，有些疑惑，"是萧军的。"

萧军很快知道萧红怀孕的事情，为了孩子，他们之间有好几次不愉快的谈判。命运总是一个又一个轮回，有些情节在生命中反复出现，那么讽刺，又叫人无力改变。萧红觉得连悲剧都是相似的，怀着汪恩甲的孩子，遇见了萧军，这一次怀着萧军的孩子和端木走到了一起。这个爱情遗产对于萧红来说是沉重的负担。

端木在处理这个孩子的事情上面，采取了回避的态度，他作为当事人在日后的回忆录内并没有具体提及此事，他那时候太年轻了，对于这突如其来的生命，一点儿心理准备都没有。他爱着萧红，但他不确定是否能完全接受萧红腹中的胎儿。

萧红想过做人工流产，处理掉这个孩子。萧红一生怀孕两次，每一次，孩子来得都不是时机。萧军不会爱别人的孩子，同样的，端木也不会爱别人的孩子。失去父爱的孩子，如何能够幸福地成长？萧红觉得日子更加艰难了，心理上的悲哀一再折磨着她。她总是一个人承担所有，最终她悲哀地发现，无论是萧军还是端木，都没有办法真正理解她的内心。所以，明天的路，还是要一个人走，正如一个人走过的这些路。

第十一章

流离宿命·等风来，像云霞一般飘过

相逢，已是陌路

爱情的发生可能是一瞬间，但是爱情的结束却是藕断丝连。人们常说，若是分手的两个人还能做朋友，只有两种可能，其一，两人从来没有真正地爱过彼此；其二，一个人的爱远比另一个人深沉。

萧红和萧军分手了，这件事情在朋友之间引起了不小的波动。曾几何时，他们是一对模范夫妻、革命伉俪、文字双煞，无论多苦多难的日子，两人都一同携手走过。萧红的心中有着太多的不舍，她爱萧军有多深，从细节中就可见，直到生命的终结，她都还惦记着要将《生死场》的版权完全留给萧军。

萧军在萧红的生命里刻下了刻骨铭心的印记，他注定是萧红生命中的贵人，也是一个劫数。萧军第一眼见到萧红，就被她从骨子里散发出的美丽气质所吸引，两人冲破繁文缛节的枷锁，结合在一起。萧红挺着即将临盆的肚子，在那个潮湿的旅馆里，和萧军结合在一起，听起来无比梦幻，也匪夷所思。

萧红不是没有怀疑过这段爱情。她和萧军反复地彼此相爱，又彼此伤害。出轨、背叛、挽回、暴力、求饶，最后，这些名词组成了一圈，成了恶性循环。萧红努力经营过，用心修补过，奈何，岁月已经将这一段本就不合适的爱情腐蚀得斑驳，萧红最终无力修葺，只好放弃。

有些人，一转身，便是一辈子。

萧红和萧军虽然分开了，但是萧军对萧红的影响却是不容忽视的。不能否认，萧军确实带领萧红走上了文学之路。虽然之前萧红在报纸杂志上也零散发表过一些文章，但是她并没有计划将写作当成一份事业，是萧军引导她重新拿起了笔，进行创作。

除此之外，萧军为萧红打开了交际圈。虽然萧红是个非常开朗乐观的人，但她也是极度内向和自卑的。萧军曾说过，萧红在人前一直是很内向的。萧军带领萧红进入文艺青年聚集的圈子，使她更自然地融入其中。

但是和所有的感情一样，爱情带来的不仅有甜蜜，还有悲伤。不知萧红的心上，已经被萧军的爱情之剑划了几道伤口？萧军大男子主义，做事粗线条，灵性不如萧红，他对待萧红的态度时而好，时而糟糕。但无论怎样，萧军在萧红生命里留下的故事，或彩色或灰白，都是两人爱情的见证。

分手之后，萧红铁了心不见萧军，但是萧军坚持要找萧红谈一谈。萧红躲了几日，终于被萧军堵在院子里。两人伫立在黄土飞扬的院子里，默不作声。萧红倔强地将头扭向一边，不看萧军，但是后者的目光却定定地落在萧红的身上。丁玲看到了两人，和其他学生一起很识趣地回屋避开了。

“把孩子生下来。”

“我没什么可跟你说的。”萧红转身就走。

“好，如果你真的不打算见我，就把我留在你那里的书信还给我。”萧军扣住萧红的手腕，低声在萧红耳边说道。

男人的气息充斥于鼻旁，听到那熟悉的嗓音，萧红只能软下来，带着萧军回房。萧红进了屋子，准备打开箱子拿出书信，萧军一下子坐在了箱子上，用炯炯有神的目光看着萧红：“我有话说。”

“我不听！”萧红始终低着头，不看他一眼，迅速打断萧军的话。

“你要听！我……”

“你自己说吧，我走了。”萧红依旧低着头，摔门而出。

时过境迁，物是人非，当初双唇相印的一刹那，谁会想到今日的分道扬镳呢？再见，已经是陌路。世间最残忍，莫过于今年相爱的某某，已变成来年的陌生人。

在新的憧憬里，播下新的失望

萧红结束了和萧军6年的爱恨痴缠。人们常说，一份好的感情，应该不冷不热，和血液一个温度，这样，爱才能融入骨髓，直达心中，在生活中点滴释放，温暖彼此。

萧军的爱如火焰，瞬间将萧红包围，而端木的爱则如清泉，小心翼翼，只等萧红接受。萧红和端木在西安确定关系后，不多久，便再次选择退回武汉。

初到武汉时，萧红想在报上刊登一则启事，公告自己和萧军已经分手的事情。但是端木制止了萧红。按照端木的想法，萧红和萧军不算真正意义上的夫妻，只是同居关系，况且，爱情是一件隐私性极高的事情，成败荣辱，没有必要和外人分享。

再次回到武汉，萧红和端木直奔曾经居住过的小金龙巷，在那里遇见了蒋锡金。蒋锡金表示，自己已经欠了两个月房租，无力承担了。端木满口答应，说自己可以负担房租。萧红和端木在小金龙巷住下后，朋友们很少去那里探望萧红，因为，这个地方是如此的熟悉，如此的引人回忆。太多的人怕自己触景生情，生出无限感慨。

几个月前，同样的地点，萧军萧红和朋友一起探讨稿子，如今，萧红还在，但是身边的男人已经不是萧军。

萧红和端木的结合是不被大多数人所认可的。尤其是端木的家人。此时端木的三哥曹京襄请了假，从杭州到武汉，与女朋友刘国英举行订婚仪式。因此，曹京襄见到了萧红。当得知端木即将和萧红完婚时，曹京襄惊讶得说不出话来。他看了端木半晌，终于找回自己的声音，试探问道："你可是第一次结婚啊！找什么样的女人不好！她可是怀着孩子……"

端木打断了曹京襄的质问，他坚定地告诉三哥，无论别人怎么看待，他都会娶萧红为妻。看着那个一脸病容、略显苍老的女人，曹京襄无论如何也难以将这个人和自己的弟弟联想到一起，尤其是，萧红此时还怀着别人的孩子。这样的情况，格外讽刺，曹家人难以接受也是人之常情。

但是端木非常坚决，曹京襄知道劝不了弟弟，只好答应帮着他在母亲面前隐瞒萧红的身份。因此，端木的母亲仅仅隐约知道端木结婚的消息，但是对于新娘却所知甚少。

端木给了萧红一个盛大的婚礼。这样华丽梦幻的婚礼，是每个女人的渴望。萧红爱过两个男人，怀过两个男人的孩子，用大好青春换取了他们短暂的疼惜，却自始至终也没得到一场正式的婚礼和一个名分。端木认为，萧红这样的女人，一定要配上一个美好的婚礼，才不枉这份真挚的感情。

两人商定结婚后，萧红赠送端木四颗红豆，其中两颗是鲁迅先生送给萧红的，另外两颗是许广平先生送给萧红的。珍贵的四颗红豆，象征鲁迅夫妻和萧红伟大的友谊，平日里，萧红都用布袋子装上这四颗红豆带在身边，视为平安符。如今，萧红将这样一份珍贵的礼物送给端木，颇有定情之意。

婚礼筹备一切顺利，萧红给自己做了一身旗袍，衬得她更加美丽脱俗。婚礼当天来酒店祝贺的多为端木在武汉的朋友，还有一些两人共同的文学界的朋友，比如艾青、胡风等人，共计 12 人。

当萧红挽着端木的手出现在众人眼前时，大家惊艳得差点儿忘记了呼吸。萧红苍白的脸色在胭脂的衬托下显得略微红润，她有点儿害羞地微微低头，将手挎在端木的臂弯，像花朵一样含羞待放，那模样完全就是一个沉浸在新婚中的快乐新娘，对新生活有无限的憧憬。

是的，面对新的生活，萧红有无限的憧憬。无法说她是否喜欢过去的自己，但是可以肯定，萧红想要一改面貌，忘掉和萧军牵绊在一起的曾经。从今以后，萧红作为曹太太，要开始崭新的生活。每一个转折都是新的机会，萧红望着端木清瘦的侧脸，心里悄悄地播下了希望的种子。希望，这个男人是值得托付终身的。

席间，大家开玩笑起哄，要新娘和新郎讲一讲罗曼史。端木以为萧红会尴尬。因为他们的过去，是一个公开的隐私，萧红一向崇尚自由，只要开心快乐不委屈，自己想怎么做就怎么做，所以她的行为，特别是对待自己感情的态度令很多朋友颇有微词。也正是如此，萧红不介意将自己的私事广而告之。所以，大家几乎都知道萧红的过去，也知道那段传奇的故事。

萧红大大方方地举起酒杯，安静片刻，用柔情的目光看着众人，看看酒杯，最终回到端木身上。她亲昵地站在端木身边，从容说道："掏心剖肺地说，我和端木蕻良没有什么罗曼蒂克式的恋爱历史，是我决定与三郎永远分开的时候才发现了他。我对他没什么过高的希求，只是想过正常的老百姓式的夫妻生活。没有争吵，没有打闹，没有不忠，没有讥笑，有的只是互相谅解、爱护、体贴。"

一席话毕，大家竟然仍旧沉思在其中。良久，才纷纷举杯寒暄庆祝。萧红这段话，已有所指，明白人都知道她在说什么。确实，一段健康的婚姻关系，一段美好的良缘，应该是互相平等尊重的。萧红尤其强调了，希望这段婚姻中，没有争吵打闹，没有不忠，没有讥笑。可见，萧军带给萧红的伤害有多大。

然而，恨有多深，爱就有多深。萧红在和端木大婚的当天，语言里暗示中，都提起过萧军。端木从来没奢求萧红完全放弃萧军。他爱着萧红，崇拜尊敬着萧红。端木和萧军是迥然不同的两个人，端木从小身体瘦弱，体弱多病，和萧红在一起，他会觉得安心，觉得萧红是一个可以照顾他的人。

端木体谅萧红怀着身孕，身体欠佳，嘱咐她早些休息。萧红哪里睡得着，她想得最多的，还是这个孩子。思前想后，尽管端木一再建议萧红留下孩子，萧红还是决定做一个绝情的母亲。

萧红去看望蒋锡金，刚一进门便疲惫地倒在床上，两眼失神地望着天花板。

“锡金，你认识能做人流的妇产科大夫吗?”面对最好的朋友，萧红无须隐瞒。蒋锡金吃惊之余还有愤怒，萧红一再这样，是对生命的极其不负责。他直白地问孩子是谁的，虽然萧红听了心里很难受，但还是诚实地告诉他，孩子是萧军的。

“不能打掉，留下来吧。”蒋锡金给出了自己的意见。

“不……”萧红仍旧失神，双眸失去了焦点。

“我认识的医生里面……也只有于浣非了……”蒋锡金的话还没有说完，萧红顿时坐起了身子，用近乎反抗的嗓音喊道：“不！不要找他！不要让他知道!”因为于浣非是她早在哈尔滨时候结识的朋友，这一路走来于浣非几乎知道所有萧红和萧军的故事。

萧红想挣脱牢笼，彻底将萧军的朋友圈子从自己脑海中删掉。分开便是分开，萧红做好了万全的准备，不再留恋，对未来充满了希望。有些人是用来成长，有些人却是用来厮守一生的。

萧红一次又一次播下希望，但是一次又一次地失望。那颗希望的种子总是不发芽，她不知道是因为种子太瘦弱，还是自己的心田太贫瘠。从蒋锡金那里离开后，萧红一边抽着烟，一边想着肚子里已经有了胎动的孩子。

她敬畏生命，但是却无法享受生命以及供养生命，人这一世，无非生死轮回，萧红将百转千回的故事写进《生死场》，却书不尽自己的生死劫。

蜷缩在走廊里的女人

萧红和端木婚后很长一段时间都过着简单安静的生活，以至于这种状态一直持续到了萧红生命的终点。因为很多朋友无法接受萧红和端木的结合，所以来萧红家做客的朋友逐渐减少，萧红也推掉了一些不必要的社交。

萧红对于男人的心结始终没有打开，或者说，她将对萧军的怨念和思念与对端木的爱情和抱歉交织在一起，旧症未解，又添新病。

在她和端木的这段感情中，萧红一直觉得端木是牺牲者，她尽量地去弥补端木的遗憾，但是，殊不知，爱情里哪有尊卑贵贱，所有的感情都是建立在平等关系基础之上的。因为怀孕，又因为战乱，再加之个人的感情问题，萧红情绪糟糕透顶，每天都在抑郁和苦闷中度过。

她明白很多朋友不赞成她的做法，和她因此疏远。她非常不解，工作是工作，生活是生活，为何因为隐私的个人爱情问题而疏远同她的交往呢？在有空的时候，萧红会去胡风和梅志家里做客，起初，梅志看萧红的表情也不再自然，然终归同为女性，慢慢地，梅志也理解了萧红。但是胡风对于萧红始终不再那么友善。

每当萧红一个人去做客时，大家气氛还算融洽。但是当萧红带着端木一同做客时，气氛就略显尴尬。萧红也不愿意多讲，仿佛不想让端木知道太多的事情，端木也比较缄默，因为他也说不出来太多的因为所以，胡风梅志夫妇更是觉得坐立不安，在左翼文学圈子里，端木本来就是个不受欢迎的异类，如今萧红和萧军分手，他们不知道该怎样面对已然代替了萧军的端木。

胡风知道萧红怀孕和结婚的事情。他没说什么，但是也没有祝福的话。胡风对萧红说："作为一个女人，你在精神上受了侮辱，你有权这样做，这是你坚强的表现，我们做朋友的，为你能摆脱精神上的痛苦感到高兴。但是，又何必这样快呢？你冷静一下好吗？"

3 月末，武汉就进入夏天。天气一天比一天燥热，萧红的肚子也一天天长大。她拼命地想遗忘萧军，但是，胎儿的每一次胎动都无情地提醒她，雁过留痕，已经发生的，是不能被否认的。萧红怀念过去同萧军一起生活的点点滴滴，怀念和萧军一起推敲的每一个段落、每一个句子。她以为离开萧军，她可以开始全新的生活，此时此刻，萧红才不得不承认，萧军已渗透到了她生命的每一个角落，点点滴滴，“新”的生活倒是可以开始，但是快乐与否、幸福与否，都是未知数。

6月来了，萧红的生日快到了，日军也包围了武汉。在这危急的关头，萧红和端木蕻良发生了分歧，这个分歧也导致后来两人感情淡漠。

很多作家和文艺工作者都在这个时候选择转移至重庆。那时候，从武汉到重庆的船票一票难求。端木仍旧提及自己想做战地记者的梦想，萧红只觉得世事轮回，连同发生在自己身上的悲剧都是那么相似。端木不顾萧红的反对执意要上前线做战地记者，这和萧军在临汾的时候，执意要去打游击有什么区别?

萧红甚至悲观地想，是因为自己这个做妻子的失败吗?为什么自己所委托终身的男人，在关键时刻挂念的都不是自己?自己只想得到一个爱人，过平凡的生活，安静地写作，这个梦想，真的就那么难以实现吗?萧红的大眼睛里闪着水光，看着端木坚定的表情，突然语塞。

因为船票十分紧张，罗烽只帮萧红和端木弄到了一张船票。本来罗烽是准备带着萧红一起去重庆的，但是端木此时提出了自己的异议。当时正值8月，正是武汉酷暑难当的季节，罗烽带着一个有8个月身孕的女人前往重庆，确实太不方便。并且端木听说因为大批人马转移至重庆，重庆现在的房子非常难找。所以端木决定拿着船票先到重庆落脚，等安排好后再接萧红过来。

不知当时萧红以怎样的心情面对端木的建议，总之她平静地接受了。其实，就算她不接受也无可奈何。自从端木走后，萧红怅然若失，每天行尸走肉，觉得自己再次被丢弃了。她开始怨恨自己，怀着另一个男人的孩子，自己的丈夫没有多加指责这已经很难得了，哪敢奢求什么形影不离的扶持?她开始怨恨腹中的孩子，因为他，拖慢了萧红的脚步，萧红只能笨拙地挪动脚步，跟在端木身后，任凭端木自私地做出选择，却追不上他。

1938年8月10日，端木走后没几天，日军全面进攻武汉，对武汉进行了轰炸。听到隆隆的炮火声，萧红没有时间用来害怕，她用尽最后一点儿力气，在小金龙巷的屋子里，收拾好被褥和行李，带着铺盖卷奔向了蒋锡金。

“让我住在这里!”萧红提着行李箱，搭乘人力车，费力地挪到汉口三教街“中华全国文艺界抗敌协会”的大楼，找到蒋锡金。这里是留守文协人员的聚集地，萧红想不到别的更安全的地方了，住在这里，离朋友们很近，这也使得一个即将临盆的孕妇略感安心。

“你怎么还在这里？端木为什么不带你?”看到萧红憔悴浮肿的脸颊，蒋锡金感到难以置信。他得知了端木动身去重庆的消息，却万万想不到萧红仍旧留在武汉，并且一个人操持这一切。

“我为什么要跟他走?”萧红满不在乎地在楼里转圈。萧红对端木到底有多深的爱和依恋，至今仍旧是一个谜。她其实也想和端木转移到安全的重庆，但是端木的所作所为再一次打击了萧红。萧红冷眼观世界，发现到头来自己还是孤苦伶仃，谁也不能依靠。

“你看到了，这里面住不下了。”蒋锡金跟在萧红身后，帮她一一介绍每个房间，萧红冷笑一声，超乎寻常的冷静，她最后停在楼梯口，平静地告诉蒋锡金：“我决定了，就睡在走廊楼梯口。买个席子回来就好。”

“席子倒是有……但是这里人来人往的……”蒋锡金很是犹豫。

萧红没再说话，用行动打断了蒋锡金。她找来席子，搬来自己的被褥枕头，在走廊上打了地铺，疲惫地躺了上去，闭上双眼，再也不理睬蒋锡金。

因为战乱的缘故，萧红已经中断写稿一阵时间了。端木没走之前，两人就没什么经济来源，那时候端木写信向茅盾借了一点钱。端木走后，萧红的经济状况再次陷入困境。不过她已经不在乎了。

睡在走廊上的萧红，极其的颓废。每天，她几乎都是在躺着，或者坐起来抽烟、发呆。这期间，萧红也进行了创作，算是写作的一个惯性。她完成了短篇小说《黄河》，后来又完成了以自己在临汾的经历为背景的短篇小说《汾河的圆月》。

在这期间，高原探望过萧红。萧红就坐在席子上，一边抽烟一边和高原聊起自己的近况。得知萧红和萧军分手后，萧红带着肚子里萧军的孩子嫁给了端木，高原非常震惊，他指责萧红不顾忌政治影响，这样处理感情问题。萧红非常反感地摆摆手，认为高原现在说话带着政治腔，这是萧红非常讨厌的。感情是非常隐私的问题，和政治何来瓜葛？萧红还对高原打趣道："现在说话越来越上纲上线了！"

看到萧红生活得如此窘迫，高原在临走时留给萧红 5 块钱。高原上一次见到萧红是从日本回沪的客轮上，那时候的萧红虽然脸色依旧苍白，眉角带着忧伤，但生活却是富裕稳定的，如今的萧红睡在走廊里，格外落魄。

萧红大方地接过了高原的钱。这天下午，一群朋友来找蒋锡金，喊他请客吃冰。蒋锡金无奈说道："吃冰倒是可以，你们谁吃，带上我一个就好。"

"我有钱，走吧。"萧红一反近几天的阴霾，满不在乎地笑笑，挺着大肚子招呼众人下楼吃冰。大家哄笑着跟在萧红身后，蒋锡金看到那个没落的背影，却有说不出的辛酸。

那次吃冰一共花了 2 块 5 角钱，萧红将手里的 5 块钱递给卖冰小妹，潇洒地挥挥手，"不用找了。"蒋锡金责怪萧红不应该花钱这样大手大脚。现在是战乱时期，到处都需要钱，应该珍惜。

萧红瞪大了双眼看着一本正经的蒋锡金，仿佛后者在讲什么天方夜谭。不过确实，蒋锡金的顾虑在萧红看来根本就是无稽之谈。萧红觉得自己的生命苟延残喘，每多活一天都是上天给自己的施舍，一个将死之人，要钱有什么用呢？

只为那深深的一瞥

一个月后，萧红独自一人拖着行李，赶往码头，搭乘前往重庆的客轮。绿川英子在回忆录里写到萧红逃难时的凄惨。萧红夹在蚂蚁一样的逃难人群中，挺着大肚子，一手拿包一手撑伞。萧红没有觉得自己可怜，也拒绝别人因为她是孕妇而给予的帮助。萧红不时用轻蔑的眼光看着自己的肚子。

她已经无暇悲伤，她没想到自己竟然活了下来，还有希望去重庆，有希望生下这个孩子，有希望和端木再次重聚。正思索着，突然，萧红被绳索绊倒了。

怀孕9个月的萧红就那样仰面躺在地上，挣扎着想起来，却没有力气。她在心里默念，多希望就此流产。她实在拖不动这个孩子了。萧红一夜都躺在地上，看着苍穹从墨黑变成橘色，再变成蓝丝绒，太阳终于缓缓升起。幸运的是，终于有人路过萧红身边，向她伸出了援手。

虽然有先兆流产的迹象，但是孩子始终还是保住了。一路颠簸，几经周转，萧红终于到了重庆。端木来接了她。

在重庆，端木在复旦大学一个学院做讲师。萧红安静地在家待产。在重庆，萧红见到了白朗，这个朋友是为数不多的在萧红和端木结合后还对萧红如此仁慈心肠的女作家。她听说萧红和萧军分手了，还爱上了一个并不喜欢的人。

萧红躺在床上，肚子里的胎儿已经9个月了，她有气无力地和白朗聊起了萧军，聊起了分手还有分手后的岁月。萧红即将生产，白朗将萧红送进附近一家校医院。

萧红第二个孩子顺利生产了。

这是一个白白胖胖的男孩，长得特别像萧军。当天很多朋友来探望萧红，但是3天后，他们再来看萧红时，没有看到孩子。萧红说过了3天，孩子便死了。但是萧红的主治医生不知道这件事情，医院的档案也完全没有记录这件事情。很多人猜测，像是在哈尔滨一样，萧红背着大家将孩子送人了。但是不管孩子怎么样，萧红终于“处理”掉了自己第二个孩子。

和端木恋爱，生下萧军的孩子，很多人都指责萧红。但一向潇洒的萧红根本不在乎。

一个月后，白朗和萧红即将分别，萧红对白朗说：“我祝你幸福。”

“我也祝你永远幸福。”白朗真诚地说道。

萧红苦笑：“我？我会幸福吗？我还配得到幸福吗？”

没多久，梅志也来到了重庆。梅志觉得萧红比原来胖了一点儿，也显得白皙很多，不知道是不是重庆氤氲的空气和慢节奏的生活滋润了萧红。谈笑间，梅志提到了萧军的来信，然后不假思索地拿出了信。

刚把信交到萧红手上，梅志就后悔了。萧红打开信封，一张照片掉了下来。

萧军和一个姑娘坐在一处山石上，旁边还有一条狗。

梅志说：“萧军结婚了。”

萧红手里拿着照片，像是一尊雕像，动也不动坐在那里，面无表情。

第十二章

梦回呼兰·我将与蓝天碧海永处

难以逃离的苦寒梦魇

年轻时的萧红，青涩的脸上总是凝着一抹倔强，面对镜头，很少微笑，眼神和嘴角挂着坚强，仿佛不屑与世人纷争，也不在乎他人评价。

此时的萧红，笑容多了，但是那笑容再也笑不到心底了。她变得更加从容，岁月为她增添了女人独有的韵味。再次面对镜头留影时，尽管心底仍旧是凄苦的，萧红还是大大方方地挤出一抹欢快的笑容。

腹有诗书气自华，萧红的才华经年累月累计在心中，流淌在笔下，幻化成一朵朵娇艳的花，绽放在笑容里，灿若繁星。

萧红生产的这段期间，端木在沙坪坝的对岸，歌乐山脚下找到了一处房子。萧红从医院返回来的时候，端木亲自到渡口码头迎接萧红回家。

虽然是 11 月，但是重庆的气温仍旧没有那么寒冷。那一天，雾气依然缭绕在嘉陵江上和歌乐山上，萧红只身一人带着一个小小的行李包站在码头。端木清瘦的身影从迷雾中走出，他看了看萧红，接过她手里的行李，一面在前面带路一面向萧红介绍新居：“你一定会喜欢的，那里环境幽静，适合静养，对你的身子也有好处，并且远离喧嚣，也能静下心来写作。”

萧红默默地跟随在端木身后，有半个身子的距离。若干年后，朋友们回想起来，也都发现每次在街上见到端木和萧红的时候，两人都是步履匆匆，一前一后行走，鲜有十指紧扣并排行走的场面。

这一路上，萧红和端木非常有默契地没有提到孩子。端木不想提起任何和萧军有关的事情，孩子也不例外，他怕萧红刚刚结痂的伤口再次血流不止。

为了生计，白天的端木要赶去北碚的复旦大学任教，下了班还要到沙坪坝的报社帮忙编辑报纸，有时候太晚回不来，不知道在哪里就挤一挤度过一夜了。在歌乐山的居屋里，大多时间萧红是独自一人度过的。没有了尘世的喧嚣，远离了世俗的烦扰，萧红把全部的精力投入到写作中去，深居简出。以至于邻居都以为这个家里只有萧红一个人，大都不知道端木是这个家里的男主人。

论及端木对萧红的感情，很多人都抱有怀疑。都说陪伴才是最长久的告白，但是端木和萧红相处的短短几年中，却是明显缺少陪伴的。萧红一直希望有一个男人能真正懂她。萧军爱她，但是践踏了她的自尊；端木爱她，但是过分地小心翼翼，将她捧在手心，无形间拉开了两人的距离。萧红苛求的爱，就不是强硬的，也不是软弱的。这个世上，萧红感叹，除了鲁迅先生以外，大概再没有人能真正懂得她的心酸和自卑了。

此时的萧红，经常和曹孟君一起散步，探讨儿童的教育问题，还去孤儿院探望那里的孩子。

说来讽刺，也着实矛盾。明明可以抱着自己的一双儿女过着承欢膝下的日子，萧红却以惊人的理智和冷静放弃了。她日后说道："我常想，我一个人，要怎么把他拖大……"孩子对于萧红来说，不仅仅是一个生命，还是一份沉甸甸的责任。第一次生产，萧红没有心理准备做一个母亲，第二次生产，萧红觉得自己不够资格做一个母亲。

其实萧红是非常喜欢孩子的，她天真单纯的性格也吸引了很多小朋友。早在上海的时候，萧红去鲁迅家里做客，小海婴就特别喜欢"红姑姑"。在孤儿院里，萧红用一颗满怀母爱的心，关怀着每一个孤零零的灵魂。其中，一个叫林小二的孩子给萧红留下了深刻的印象，以至于后来，萧红干脆写了一篇文章讲述这个故事，取名《林小二》。

从孤儿院回来的路上，萧红照旧点燃一支烟，享受这难得清闲的时光。“萧红!”大街上，自己的名字突然被人喊出，萧红有些警惕，也有些诧异，在这异乡街头，又有谁认得自己呢?

是绿川英子。再次见到萧红，绿川毫不保留地夸赞道：“你真美，又变漂亮了。你的人美，心美，文章也美!”这之后不久，绿川英子搬到了米花街1号，于是萧红、池田幸子、绿川英子三个人经常聚集到一起聊天，就像是亲姐妹一样。

此时池田幸子正有身孕，萧红非常关心她，还给她做自己拿手的俄罗斯大餐以及罗宋汤。三个人经常聊到日落天黑。在朋友面前，萧红是一个非常有主见的女人，她的经典姿势就是夹着香烟，在烟雾中半眯着双眼畅谈未来和理想，然后狠狠地吐出一口烟，又轻轻将眼前的烟雾吹散，仿佛将刚刚说出的幻想和期冀全部吹破，逼着自己回到现实。

有一天，三人聊到很晚，月已挂在天幕正中央。萧红仍旧没有动身离去的打算。端木提早回到了家，左等右等，看不见萧红的身影，不禁急得坐立难安。

端木索性去米花街1号接萧红回家。推开门，却看到三个女人聊着笑着，不亦乐乎，正拿着一块布料比画来比画去，商量着怎么做旗袍好看。端木说明了来意，还没等萧红开口，绿川英子打趣道：“萧红好不容易出来，我们不会这么快就放她走的。”端木在一旁哭笑不得。萧红心里满满的知足，她看着端木，替他解围，说道：“我不回去了，等我们聊够了我再走，你放心。”“哎呀，你放心吧，没人抢她的！在我这里吃了晚饭再走!”池田幸子对端木保证。端木只好摸摸鼻尖，在萧红耳边体贴地叮嘱了一番，一个人又回到了歌乐山的家里。

在重庆的日子，萧红过得依旧苦闷，但是因为有朋友的相伴，这苦闷中也夹杂了一丝甜蜜，可惜，这甜蜜全部来自友情，而不是爱情。

来年的5月，萧红和端木搬下了歌乐山，在北碚找到一间房子。这样，离复旦大学近了，端木也不必每天奔波于三地之间。复旦大学曾经邀请萧红去讲文学，萧红断然拒绝了。她认为，写作是私人的事情，文学却上升到了理论的高度，自己万万不能接受教授这个称呼，再者，若是讲课，还需备课和批改作业，会分散精力，自己就没有充足的时间投身写作了。

“我还是当教授夫人好!”萧红开玩笑地说道。

这位教授夫人，不图名利，一心只做自己喜欢和自己真正该做的事情。萧红始终记得鲁迅在给她和萧军的第一封回信里就说道：不必问现在要什么，只要问自己能做什么。

萧红一直有写长篇的计划，在北碚这段时间，萧红开始了长篇小说《马伯乐》的创作。为了安心创作，萧红再一次闭门，甚至极端到把窗户用茶色的纸贴住了。这一次，不仅邻居不知道端木是家里的男主人，甚至不知道家里原来是有人住的。

正是在这个时候，萧红结识了靳以。靳以是天津人，毕业于复旦大学国际商学院国际贸易专业，后来跟随父亲来到哈尔滨做小生意，战争爆发后，靳以一路辗转来到了重庆，和端木共同编辑《文摘战时旬刊》，但是靳以和端木的往来仅限于工作。

因为工作的原因，靳以不时来萧红家里，多次接触之后，靳以深深地被萧红不屈不挠的坚强所感动，同时也感叹萧红总是遇人不淑。作为教授夫人，萧红并没有把大把的时间浪费在穿衣打扮上面，不用故意涂抹，萧红就已经很美，仿若白莲，纯洁干净。靳以看得出来，这个家，里里外外都是萧红一人在打理。

萧红和端木的相处像是姐弟。与其说萧红对端木心理的依赖与日俱增，不如说端木在生活上几乎都是依靠萧红的。

端木出身富家，从小没干过什么活儿，又是白面书生，身体瘦弱。他身上具有典型的艺术家的气息，留着长发，写文章吟咏诗歌，文艺生活丰富，即使在战乱年代，也颇有滋味地享受生活，每天自然醒，睡到日上三竿，有时候下午还要打个小盹。

每天往返于曲折的坡路与平地之间，寄稿件，见朋友，参加讨论会，这些，萧红都是一个人完成的。与此同时，萧红写的东西也慢慢地不再拿给端木看了。萧军曾经讥笑过萧红作为女人写出的文字，而端木的心思虽然细腻，但是心却不放在萧红这里。所以，萧红认为，只要她和端木的文学创作，不互相打扰就好了。

其他的，不敢奢求。

女人其实是有一种猫性的，会撒娇，会黏人，虽然保持着神秘的独立感，但是仍会在夜幕来临的时候，窝进爱人的怀里，慵懒地伸一个懒腰。当一个女人变得越来越独立、越来越不需要身边的男人时，两人的感情也就岌岌可危了。

即使身在人群，萧红也总是感到孤独从四面八方涌来，将她吞噬。爱情的花朵凋零了，亲情的树木也枯萎了。萧红拖着疲惫的身子，一个人走回位于半山腰的家里，看着还在床上酣睡的端木，没来由一阵悲哀，说不出的悲哀。

大海，渡我到新的未来

1939年，日军频繁轰炸重庆，复旦大学遭到破坏，所有人都无法安宁，端木的教学工作也没办法如期开展。萧红此时已经将生死置之度外了，她不在乎日军的狂轰滥炸，经常是伴着侦察机的轰鸣声写稿子，等到敌军的炸弹投下来，再夹着稿子逃跑。

萧红的作品多是反映底层人民的劳苦艰辛和反抗日伪压迫的故事，这在当局看来是一个不和谐的声音。国民党特务早就盯上了所谓的左翼作家。

端木和萧红在重庆，要承受被朋友排斥不理解的压力，还要为了躲避国民党特务不得不中断写作。那时候，不仅仅是写作无法保证，就连萧红的作息时间都受到了严重影响。

就在此时，戴望舒在香港主编星岛日报副刊，邀请萧红来香港发展。萧红思考了一下，日军的铁蹄踏遍了中原，逐渐南下，现在很多朋友都去了桂林和广州，重庆也很快就要沦陷了。但是去了广州仍旧还要逃亡，不如直接去香港。

起初萧红很是犹豫，因为在香港，萧红没有什么认识的朋友，和香港文艺圈的联系又少之甚少。但这也是吸引萧红的一点，去了香港，脱离了萧军的朋友圈，那里的人没有人知道萧红的过去，没有人用奇怪的眼光打量萧红和端木。萧红或许真的可以“重新”开始自己的生活了。恰在此时，孙寒冰邀请端木为复旦大学设在香港的大时代书局编书，于是，萧红和端木商量后决定旅居香港。

这一次，萧红走得静悄悄的，连家里的女仆都没有辞退就走掉了。其一，萧红不想引起国民党的注意；其二，她也不想让太多萧军的朋友知道自己和端木的行踪。在临走之前，她只把去香港的计划告诉了老友张梅林。去香港的机票很难买，萧红的出逃时间又非常紧迫，她几乎是空着手狼狈地逃上飞机，书信和手稿都是请端木的亲戚代寄的。

胡风知道此事后，对萧红非常不满，在给许广平写的信中，提及萧红和端木“秘密飞港，行止诡秘”。这还不算什么，胡风在萧军的朋友圈子里散布消息，甚至公开发表言论说端木在香港安了一个“香窝”。此件事情大大激怒了萧红，萧红彻底和萧军的朋友们划清了界限，关系也极度降温。

这样的结局是预料之中的，也是萧红所期冀的。不管以怎样的方式结束，萧红就是要和所有与萧军有关的人彻底脱离关系。

刚到香港，萧红绷紧的神经一下子放松下来，看到人们悠闲地生活，到处是一幅南国风光的景色，虽然觉得不适应，但是萧红总算是稍微安心下来。

1940年初到香港，香港的文艺界朋友为萧红和端木举行了欢迎仪式。后来，萧红还计划筹备一个纪念鲁迅先生的刊物，取名就叫作《鲁迅》。这个想法萧红早在内地就有了，但是苦于其他原因，到现在才实现。

在香港最后的岁月里，萧红非常高产。其实那时候她仍旧是郁闷的，她和端木的关系名为夫妻，却不如当初和萧军在一起那样亲密。很多苦闷和孤独，萧红只是藏在心里，不对丈夫诉说。她在写给多年好友白朗的信中提道：不知为什么，莉，我的心情永远是如此抑郁，这里的一切都是多么恬静和优美……这一切不都是我以往所梦想的佳境吗？……如今我只感到寂寞！在这里我没有交往到可以推心置腹的朋友。

也正是因为没有了交往和社交活动，萧红才能够安下心来，完成自己的创作。端木形容萧红在香港期间的创作态度为"对创作有一种宗教的感情"，也许，此时萧红已经不再相信从男人身上能汲取力量了，她发现，能够帮助和解救自己的，也只有自己，所以她将满腔的热血奉献给了写作事业。4月10日，她发表了《后花园》，这部作品是萧红初到香港时，在忙碌的搬家和社会活动间隙抽空完成的。随后她继续写在重庆未完的长篇小说《马伯乐》。

《马伯乐》算作萧红小说中的优秀作品，萧红用自己天生的幽默感打动了读者，勾勒出乱世中各种卑鄙小人的丑恶嘴脸，讽刺大千世界里醉生梦死的人们。《马伯乐》第一部出版后，萧红准备再写两部。与此同时，萧红还有另一个长篇计划。如此密集的长篇写作，是萧红之前的工作中所不曾尝试的。很多人也认为，这是萧红在经历一系列失败的恋情后，转移注意力的一个方法。

然而，说到萧红在香港的一系列创作，就不得不提及举世闻名的《呼兰河传》。这本书萧红在武昌时候就开始写，直到香港，萧红都没有给书取名字。后来在端木的建议下，仿照《尼罗河传》取名《呼兰河传》。通篇小说，或者准确地说是散文，带有浓厚的回忆色彩，萧红将满满的乡愁倾注到笔下。这部作品是萧红给呼兰河母亲的一份礼物，她在其中祭奠了所有呼兰河的亡灵和那些一同逝去的青春与快乐。

虽然萧红深居简出，但是因为此时她已经在内地颇有名望，有很多社会组织找她出席活动，还有一些杂志向她约稿或者请她去做审稿人。深秋，萧红在香港参加了鲁迅先生逝世 4 周年纪念会。她穿着优雅的黑色旗袍，朗读先生的杂文。有评论形容萧红当时“瘦却高高的，发音不高但朗诵得顿挫有致”。这之后，萧红在大公报上连载纪念鲁迅的文章《民族魂鲁迅》。

萧红又一次在公开场合祭奠鲁迅，这也是她生命中最后一刻与鲁迅先生这样亲近了。在写纪念文章的过程中，萧红一再地回想起在上海经历的风风雨雨。那时候初到上海，她走投无路，文章多被退稿，生活艰辛，是鲁迅先生热情地帮助提携她，并且对她的才华进行了肯定。鲁迅也是为数不多真正理解萧红的人，萧红可以在先生面前放下所有防备，像孩子一样尽情地发问和欢笑，一如回到童年和祖父相处的时光。

想到这里，萧红不禁潸然泪下，泪水打湿了稿子。她甚至有时候幻想，假若鲁迅先生此时仍在人世，对于自己和萧军的分手以及后来这一连串的变故会作何评价，又会给出怎样睿智的建议呢?

早在重庆时，萧红的身体便每况愈下。来到香港后，因为旅途的劳累和长期精神高度紧张地从事写作工作，萧红经常咳嗽、高烧。虽然在香港吃的住的都不差，但是萧红总是计划再次回到内地。

此时，传来了噩耗。日军误以为复旦大学是我军的军营，对校园进行了轰炸，连带孙寒冰在内牺牲了几百人。萧红像是捡了一条命一样，她心惊胆战地想，要不是这时候来了香港，可能自己也难逃一劫。

尽管在香港萧红得到了优渥的待遇，但是却始终觉得自己不属于这个地方。广东女佣的语言她听不懂，饮食结构也不习惯。这期间，萧红并没有中断和内地朋友的联系。萧红是一个非常重视友谊的人，更何况在她和端木的感情中规中矩没有热浪高潮的时候，大多数的感情，萧红都寄托在了朋友身上。

原来的几位好朋友，因为萧军的关系，渐渐变得疏远。萧红和端木来到香港的事情，是秘密进行的，因此又惹恼了胡风。胡风在报纸上公开讽刺端木。萧红不能直接给胡风写信，就给梅林写信解释自己飞往香港的原因，并且一再保证等到过几天时局平稳了，就回重庆。

话虽这样讲，但萧红是矛盾的。

她对于祖国和故乡似乎有着割舍不断的眷恋，她的一片深情都留在了隔海相望的那片土地上。在香港的每一天，萧红都在心里盘算着如何回到重庆。可是，萧红又害怕回去。回去面对什么呢？残存的记忆，破败的城市，紧张的战局？看着满目疮痍的街道，只会更加心痛，自己却无能为力。

回去还是留下，萧红一直摇摆不定。每当香港战事风声紧的时候，萧红就归心似箭，在信里写道，正在积极购买回重庆的机票。可是风声一过，萧红就会以写作为理由，留在香港。

萧红的苦闷除了来自乡愁，当然，仍旧来自她的感情。

在朋友看来，端木并不是一个单纯的少爷，他的阴柔，却是软中带“硬”，他将萧红的情感控制于股掌之间，单纯的萧红根本不是端木的对手。这样的评论或许过于武断，但是不能否认，端木确实暗中有着自己的计划，一个和萧红完全不一样的计划。

萧红想回内地，想再次投奔重庆的朋友。而此时端木选好的落脚点却是昆明。两人从一开始，就没打算回到内地还在一起。萧红对于端木来说，只是可有可无的调味品。有了萧红，端木的生活自然美味，但是没有了萧红，白开水一样的日子，或精彩或颓废，端木还是能照旧过下去。从离开武汉时，端木一个人拿着船票，没有等待萧红，只身前往重庆就可以看出，端木对萧红的真情到底有几分。

不能全否认，毕竟在这场感情中，大家也都投入，也都付出。每个人的天性不同，原生家庭带给彼此的影响也是迥异的。萧红从来不奢求一个和自己严丝合缝思想心灵完全契合的伴侣，只求一个能安心陪在身边的爱人。对于萧红的苦闷，端木不是不知道，但他从来没有仔细想过，萧红为何如此抑郁和悲哀，自己身为她的枕边人，能为她做些什么。

“成日尽是吃酒抽烟!”端木逐渐对萧红失去了耐心，看着满屋子的烟雾缭绕，不禁抱怨。

萧红从烟雾中深深看了端木一眼，没有作声，红唇贴近酒杯，默默喝下了一整杯酒。

端木哪里知道，烟酒就是萧红苦闷的延伸。灵魂再次迷失了方向，这一次，萧红竟然无比怀念起远在呼兰的亲人。

无法抚平的灵魂深痛

萧红因此写了一封长长的家书，写给弟弟张秀珂。但是，这是一封无法寄出的信，当时张秀珂在游击队抗战，萧红并不知道弟弟的具体地址，而张秀珂甚至不知道萧红和萧军分手后和端木一同来到了香港。

“有弟皆分散，无家问死生。”冥冥中，萧红像是感觉到了什么，竟然无端地感叹起生死。萧红这一生走到现在，不过30岁，但是她却经历了太多生与死。萧红不是没有感慨过死亡，但是这一次，她隐约感到不安，觉得提笔写信给弟弟，不捎个音信给远在呼兰的父老乡亲，内心就无比的惶恐。

对于萧红的病情，端木起初觉得问题不大。但是后来萧红整日地发烧咳嗽，吓坏了端木。1941年，萧红的身体明显变得糟糕。连续的熬夜写稿，耗费精力，拖垮了萧红的身体。其实，此刻距离她上一次生产还不到一年时间。萧红一生两次生育，在生产前后都没有受到很好的照顾，留下了疾病。加之萧红一直有吸烟和饮酒的习惯，并且不加节制，这些习惯更使得萧红的身体一天不如一天。时年萧红年仅 30 岁，但是脸颊已经布满了沧桑，也没有了年轻时的活力。

这一年的秋天，萧红的身体每况愈下，经常失眠、咳嗽、发烧。端木几次劝萧红去医院检查，都被她拒绝了，她甚至还称自己“正常体温 37℃，本来就比别人高一些的”。但是萧红连日地咳嗽，最后竟然咳血，这吓坏了端木。10 月中旬，萧红住进了香港玛丽医院，进行全面检查。

萧红当时的肺结核病情已经非常严重了，医生建议她打空气针进行治疗。萧红犹豫一番后，在朋友的建议下接受了治疗。在打针之前，萧红还可以在医院里散步，在病房里看书写稿，但是打针之后，萧红成了一个真正的病人，只能躺在床上，呼吸不畅，憋得难受，也没有办法进行创作了。

萧红躺在病床上，可以说如砧上之肉，任人宰割。她的病情只有她自己最清楚，萧红不认为目前医生的治疗方法是最有效的，相反，这是在拖垮她的生命。她执意要出院。周鲸文劝说她，回家后条件肯定没有医院好，万一出了什么急症，在医院里医生也方便处理。

萧红无力说服周鲸文，又将自己的想法说给了香港东北救亡协会领导人于毅夫，在于毅夫的帮助和支持下，萧红回到了那个潮湿破败的房子。房子非常阴暗，只有一张桌子和一张大床，萧红病快快地躺在大床上，连看书的力气都没有。

许多朋友听闻萧红的病情后，都赶来探望她，萧红努力做出很有精神的样子，还是无法掩饰满脸的病容。每一次客人到来，萧红就想起身迎接，无奈，她勉强坐起身子，就已经花光了所有力气。

这一次，萧红觉得自己是天命将近了。萧红在病榻上，只要有精神，就坚持写作，反复修改《呼兰河传》的手稿，文字已经成为萧红生命力的最后一个寄托，而对于端木，萧红只有苦笑。

浅水湾的冰河红影

1941 年的中秋节，端木突然接到一个陌生年轻人的电话。这个陌生人告诉端木，他叫骆宾基，是来自内地的一个作家，初来香港，找工作四处碰壁，希望获得萧红和端木的帮助。因为骆宾基和萧红还有端木都是东北作家，所以萧红热情地帮助了他。这时候出现的这位年轻的男子，陪萧红走完了生命的最后一段行程。以至于他和萧红的关系，引起了很多人的猜想。

骆宾基经常来萧红这里陪伴她并且照顾她。对此，萧红非常高兴，她早就把骆宾基当成了弟弟，当作了朋友。而端木对于骆宾基的到来也是高兴的，因为终于有人可以代替自己照顾萧红了！此时，端木正在密谋一件事情，决定偷渡回内地。去还是留下，一直是端木没有放弃思考的问题。早些时候，端木和萧红都是计划回到内地的，但是现在以萧红的身体状况，显然无法承受舟车劳顿了，但是端木不同。

端木不会因为萧红的抱恙而改变自己的计划。他成日计划如何偷渡到港岛，与那里的朋友商量一同回内地的事情。

这一天，端木带着诗人柳亚子来看萧红，也正是这一天，端木告诉萧红，他决定偷渡到港岛，暂时离开几天，去去就回。

“暂时离开”这四个字顿时窜入萧红的脑海，萧红惊慌了。此刻的萧红，神经已经纤细脆弱得不堪一击，任何的分别都会令她联想到无情的抛弃。

柳亚子俯身轻声问萧红：“你好一些了吗?”

萧红却惊恐地瞪着圆圆的大眼睛，一把抓住柳亚子的手，掌心微微沁出冷汗，答非所问地说：“我害怕。”

“不要怕。”柳亚子轻轻拍了拍萧红的手背。

“我就要死了……”萧红毫不忌讳说出自己的顾虑。

可是，战争面前，即使是一个健康人，又怎能保证自己的生命一定会延续到明日呢？柳亚子安慰了萧红一番，还说了一些慷慨激昂的话，展现了一个诗人的悲世情怀，然后离开了。跟随柳亚子离开的，还有端木。

端木就这样走了？就这么放心将自己留在这里？

萧红躺在床上小憩，骆宾基帮萧红整理桌子上散乱的书稿。这时，他被《呼兰河传》一段秀丽灵性的描写吸引了，拿起稿子贪读起来，连萧红醒来都没有发现。

“先生，你醒了？”骆宾基略带害羞地放下稿子，帮萧红坐起身来。

萧红用尽全身力气，从烟盒中抽出一根烟，毫不顾及自己是一个重度肺结核病人。“若是萧军在四川，我打一个电报给他，请他接我出去，他一定会来接我的。”萧红在烟草的麻醉中，幻想着，憧憬着。不可否认，萧红这一生所爱，只有萧军一人。萧红将自己最美好的年华全部奉献给了萧军，即使分手，即使陌路，即使生命垂危之际，这个人仍然是萧红最放不下的。

已经走到这个田地了，对于自己的病情，萧红比谁都清楚。这个时候，为何不能真实面对自己的内心呢？萧红始终爱着萧军，即使萧军让她承受了太多痛苦。

一根烟熄灭了，萧红又觉得疲惫了，临睡前，她以恳求的语气对骆宾基说道：“拉着我的手，好吗？别离开我，我怕。”

这一生，萧红一直在经历漂泊与分别，一次又一次，分别已然成了萧红挥之不去的梦魇。

第二天，按照计划，端木一个人备足了装备偷渡海峡，骆宾基留下来，照顾萧红。书店的店员帮助骆宾基用门板当作担架，抬着萧红来到了思豪大酒店。这里一切都是那么的破旧，像是一个古董店，也没有服务人员。萧红明白了，战争已经洗劫到香港这片土地了。

这段时间，萧红一直和骆宾基促膝长谈，她紧紧攥着骆宾基的手，给他讲自己传奇的一生，低低呢喃，像是为自己的生命做最后的注脚。

“现在，我要在我父亲面前投降了，因为我的身体倒下了，想不到，我会有今天……我要回到故乡去。”萧红倚在床上，近乎用唇语说道，看着《呼兰河传》的手稿，悲喜交加。喜的是，有生之年，这本书终于完稿；悲的是，自己怕是没有机会能够看到这本小说付梓问世了……

“端木么……各人有各人的打算，谁知道他到底追求什么呢?”萧红陷入沉思，向骆宾基讲述自己10年来感情的纠结，最后说到端木。已经3天过去了，端木没有按照预约的时间回到萧红身边，对此，萧红并不感到意外。

她的思绪飞回了十几年前，当她身怀六甲在旅馆等待回家拿钱的汪恩甲归来时，等来的却是无尽的空虚。或许端木确实没有抛弃萧红的意思，但是此刻萧红脆弱的心灵经受不起再一次的分离了，哪怕，这分离是短暂的。

在战火纷飞的岁月里，骆宾基静静地陪伴萧红，让萧红在最后的时刻，仍旧有个可以说话的知心人。一股暖流在两人心底同时激荡着。骆宾基甚至握着萧红的手，用发誓的口吻说道：“我绝不会丢下你不管的!”

“我为什么要向别人诉苦呢?”萧红痛苦地用双手遮住脸颊，欲哭无泪。曾几何时，在萧军面前，萧红动辄撒娇地掉几滴眼泪，哭着哭着就笑了。如今，一世的悲痛全部凝结于心头，让她喉咙哽咽，眼泪却是一滴都不曾落下。

是变得坚强，还是麻木?或者已经无所谓了。“有苦，你就自己用手遮起来，一个人不能生活得太可怜了……”萧红终于抬起头，看向骆宾基的双眸。

四目相视。一股不知名的情愫在空气中涌动。

几日后，端木回来了，对萧红和骆宾基的互动颇有微词，也因此惹恼了骆宾基。萧红却是满不在乎。骆宾基用讥笑的口吻问道：“你不是突围去了吗?”端木大方地承认：“是突围去了，东西都准备好了。”

两人明枪暗箭地争吵，萧红并不在乎。端木只是回来拿了一些东西，就再次消失了。

炮声轰隆，防空警报划破天空，尖锐的声音震动着每个人的耳膜。思豪大酒店也不再是安全之处了。骆宾基抱着虚弱的萧红，挤在逃难的人群中，跑向养和医院。

十几天后，端木再次出现了。他刚踏进病房，萧红便用尽全身力气喊道：“端木！你出去!”

对于根本不在乎自己的男人，连一个字都懒得说。萧红此刻已经明白了，更加清醒了，也为自己隐忍与性格不合的端木在一起生活了四五年而感到悲痛。

为什么，一次又一次的悲剧都是自己亲手造成的？难道上天注定我萧红就不该得到幸福吗？难道我降临在人世间，就是要体会苦痛吗？

萧红的心在滴血，病床上奄奄一息的她，在无声地呐喊，最后的呐喊。

1942年1月，萧红住进了跑马地养和医院。因为被误诊为喉部肿瘤，萧红接受了手术。术后，她的咽喉部并未发现什么肿瘤，但是因为患有肺结核，萧红的伤口不易愈合，这给她带来巨大的痛苦。

像是有所预感，萧红开始写遗嘱。在香港养病的这段时间，骆宾基一直照顾萧红，骆宾基曾经向别人透露，萧红告诉他，若是自己的病好了，等端木回来就和他离婚。但是这种说法是否属实尚不得考证。但可以肯定的是，萧红非常信任骆宾基。骆宾基看过萧红的《呼兰河传》手稿，为她的文学造诣和文字功底所折服。

这一天，萧红将身后事一一向骆宾基交代。这一生坎坷走来，对萧红来说最重要的就是书稿。她将刚完成不久的《呼兰河传》的版权赠予骆宾基，《商市街》的版权留给弟弟张秀珂，成名作《生死场》的版权留给萧军。而端木蕻良，却两手空空，什么也没有。

萧红平静地躺在医院的 6 楼，当时已经说不出话来，吸痰和大小便都要人照顾。她就那样瞪着眼睛凝视着天花板，过了子时，她突然叫骆宾基拿来纸笔，她在纸上写道：

我将与碧水蓝天永处，留得那半部《红楼》给别人写了。半生遭尽白眼冷遇……身先死，不甘，不甘！

后来，萧红陷入昏迷，时而清醒，时而昏睡。1 月 22 日早上，日军闯进了玛丽医院，宣布管制。萧红被医院的工作人员转移到了法国医院。但是战乱时期，药物极度匮乏。萧红陷入深度昏迷，医院暗示端木需要准备后事了。

萧红仰面躺着，脸色苍白，头发披散垂在枕后，但是嘴唇还是红润的。后来，嘴唇也逐渐变黄，脸色逐渐灰暗，喉头上的刀口没有愈合，仍旧渗出血水。

上午 10 点，萧红停止了呼吸。她心有不甘，满怀遗憾，撒手人寰，离开了深深眷恋的世界，享年 31 岁。

端木剪取了萧红的一缕头发一直带在身边。当时香港也陷入动乱，端木蒋萧红的骨灰分装两份，其中一份埋在了丽都酒店花园的一个小花坛里，另外一份埋在了香港圣士提反女校。然而，埋在圣士提反女校的那份骨灰，至今没有找到，这也成为萧红留给世人的最后一个谜。

萧红一生所经历的苦也好，悲也罢，都化作缕缕青烟，还给了生养她的大地与河流。萧红挚爱的萧军，早在和萧红分别几个月后就在延安与王德芬姑娘结婚了，两人婚后育有 8 个子女，厮守了一生。而端木，却在萧红死后表现出对她深深的眷恋，以至于世人都相信，当初在香港，端木不是有意抛弃萧红的，他真的是准备带着萧红回内地的。萧红的弟弟张秀珂到底没有收到萧红的家书，等到张秀珂得知萧红的消息时，她已经香消玉殒。

那时，时序已经入夏。张秀珂无法想象，在香港潮湿阴冷的冬天里，没有亲人守在身边，莹姐是怎样咽下最后一口气，走完这孤苦伶仃的一生的。

十年浩劫之后，端木每年都会来到香港拜祭萧红。直到萧红去世 18 年后，才娶妻。“落花无语对萧红”，是端木为萧红写的诗句。萧军得知萧红逝世的消息后，心中百转千回，疼痛万分。他写道：乡心何处鹃啼血，十里山花寂寞红。

萧红临死之前说过：“我这一生最大的不幸却是因为我是一个女人。”她以一个血肉之躯，承担了太多的苦难。她在感情的旋涡中挣扎，为贫苦的百姓呐喊，为民族的解放事业贡献自己的绵薄之力，她生前身后遭尽非议和不平等的对待。

作为中国文学史上的一抹璀璨的嫣红，萧红穷尽一生，留下了百万字的文学作品。她的生命虽然短暂，但是萧红用短短的 31 年，讲述了一个作家的故事，演绎了一段关于爱恋的传奇，诉尽了一个女人的辛酸。她虽一生大多不幸，但她的热情一直感染着后来者，她的奋斗精神一直激励着人们。

虽然如流星划过天空，但是萧红在世间留下了最美的身影，她的故事与她的作品一样被人们讲述着、品评着，人们总是不会忘记，满园春色，那一抹耀眼夺目的鲜红。

后 记

短短31个春秋，萧红将岁月写成了一本书，令人回味无穷。

纵观萧红的一生，反抗和漂泊是她生命的两个主题词。萧红每一次的辗转，背后都是一个新时期文学青年与封建社会抗衡的故事。

大家之所以偏爱萧红，甚至消费萧红，大多因为她短暂又传奇的一生。萧红自从踏出呼兰河畔那一刻，直至生命的终结都没有再回到故乡。她辗转哈尔滨、北平、青岛、上海、东京、武汉、重庆、香港等多个城市，在每一个城市居住的平均时间不超过一年，只有在上海待满了3年。在香港弥留之际，萧红已经说不出话，枕边放着刚刚完稿的《呼兰河传》，在双眼轻合的一刹那，萧红的灵魂化作一缕青烟，回到家乡呼兰，完成了一生的漂泊。

萧红的爱情，是自由和忠贞的。她这一生面对诸多男人，却始终没有一个完美的归宿。萧军的关心与扶持，端木的崇拜与呵护，萧红得到了比一般女人更多的宠爱，却始终挣扎在感情的旋涡里，日复一日品尝着爱情的苦涩。萧红死后几十年间，端木蕻良、骆宾基、萧军都曾因为萧红著作的版权问题争论过。世人评价：三个男人吃一坛陈年老醋。

萧红是不幸的，她漂泊半生，内心孤独，失去了两个孩子，最后英年早逝。但萧红又是幸运的，她用短暂的一生诠释了什么叫作生命的价值。她用血肉之躯承担起了女性和民族的解放，她用实际行动和充满血泪之情的文字告诉世人，一个新时代渴望自由的女性，一位进步的文学青年，可以给这个世界带来多少温暖和帮助。

萧红永怀一颗悲悯之心，在浮世中难得葆有童真。她始终相信人间的真善美，她对自然的美和人性的善有着毕生的追求。短短 31 年，萧红给世人留下的珍贵财富，却是穷极几个 31 年都无法消用殆尽的。

幸与不幸，爱与不爱，在萧红的生命中激烈地碰撞。中国的文坛上，几乎没有一个女作家像萧红这样，一人展现多面，将平凡与伟大共同展现给世人。

经历了战争、饥饿和贫穷，萧红更加理解和懂得了人生的真谛。漫长的岁月里，萧红的精神和执念已经被无数后来者所传承发扬。后人的评说与萧红再也无关，香港一别，萧红终于挣脱了凡世的劳苦，回归了自然和母亲的怀抱。

萧红已经化作一个符号，深深刻在人们心头。她的传奇也必将是一个永恒，流芳百世。